U0540301

THE READ-ALOUD HANDBOOK

Seventh Edition

朗读手册

［美］吉姆·崔利斯 著 陈冰 译

新星出版社 NEW STAR PRESS

新经典文化股份有限公司
www.readinglife.com
出 品

致 谢

1979年，吉姆·崔利斯为了说明大人给孩子朗读的重要性，自费出版了一本小册子。1982年，美国企鹅出版公司请吉姆·崔利斯把这本小册子进行扩充，推出了《朗读手册》正式的第1版。之后，每隔几年作者都会根据最新的研究进行修订。您手中的这个版本是《朗读手册》的最新版本——第7版。

吉姆·崔利斯在书里这样写道："当成年人给孩子朗读时，他们也是在一代又一代地传递火炬——阅读的火炬。"而在《朗读手册》中文版的出版推广过程中，我们同样看到了"火种"的力量。

2006年8月，《朗读手册》（原版的第5版）在中国内地首次出版。得益于著名出版人、小鲁文化执行长沙永玲女士的推荐，也是在她和麦倩宜、麦奇美女士翻译的《朗读手册》繁体字版的基础上，我们得以较快地推出简体字版。

10年前，"大声为孩子读书"还只是一个书本上的概念。儿童心理学专家、中国人民大学及中国科学院博士生导师俞国良教授，教育专家、亲近母语儿童阅读教研中心创始人徐冬梅老师，为《朗读手册》撰写了长序进行推荐。

10年前，中文的儿童绘本出版数量还很少。两位著名的儿童阅读推广人——红泥巴读书俱乐部创始人阿甲老师，以及北师大儿童文学博士王林老师，结合《朗读手册》原版中的英文书目，为中国孩子开出了一份朗读书目。

由衷地感谢以上专家打下的基础，使《朗读手册》成为中国儿童阅读推广不可缺少的理论支持著作，老师、家长、图书管理员的必读书。同样感谢众多官方及民间机构，团体及个人。大家的专业精神与人文情怀点燃了中国儿童阅读推广的火种。

十几年间，童书出版数量增长迅速，吉姆·崔利斯在《朗读手册》中所列的参考书目，多数已经出版了简体中文版，因此本版没有再另附朗读书目。

每一个版本的《朗读手册》都会有40%左右内容的修订，现在的这部新版与上一版简体中文版相比，修订的内容约70%。因此，我们对新版本进行了重译。老版本中曾引用了一首诗，打动了无数中国读者，在新版本中，已替换为另外一段重要的引语。在这里，我们特别以那几句诗作为本篇致谢的结束语，向所有陪伴孩子阅读的大人表示感谢。

你或许拥有无限财富，
一箱箱的珠宝与一柜柜的黄金，
但你永远不会比我富有，
我有一位读书给我听的妈妈。
——史斯兰克·吉利兰

爱心树童书编辑部

献给我的孙辈，康纳、泰勒、科尔曼、苔丝和艾迪森
——我们这些老朗读者最好的听众

献给阿尔文·施密特，新泽西一位九年级英语老师，
是他在半个世纪前写信给一位学生的家长，
告诉他们有一个有天赋的孩子。他和他的信任永远不会被忘记。

我们必须保证孩子的早期阅读经历一点都不痛苦，只有这样，无论是现在还是将来，他们才会愉快地回到阅读之中。但如果这段经历反反复复充满痛苦，那么我们最终培养出的只能是学校阅读者，而不是终身阅读者。

目 录

前　言 /1

这本书不是教孩子"如何"阅读，而是教孩子"渴望"阅读。阅读是教育的核心，学校中几乎每一科的知识都是通过阅读来学习的。很多孩子与书籍痛苦奋战多年，不只错过学校学习内容的绝大部分，而且甚至一生都将阅读和痛苦联系在一起。这本书告诉家长、老师可以采取哪些方法阻止这种痛苦的发生，让孩子爱上阅读，并使他们在毕业后继续阅读，成为终身学习者。

第一章 | 为什么要大声朗读？　/27

浏览网页算是阅读吗？哪个国家的人阅读能力最强？阅读能力强的人有什么共同之处？进幼儿园前，孩子需要掌握哪些技能？为什么有的孩子词汇能力发展较早？丰富的词汇在交谈中还是阅读中？如果我都不认识这些词，怎么教孩子？……

第二章 | 何时开始（结束）朗读？　/55

孩子几岁时可以听大人读书？想让孩子自主阅读与听大人朗读矛盾吗？早慧儿童的家庭环境有什么共同之处？如果一直念书给孩子听，他的阅读能力怎么能进步呢？怎么做才能延长孩子集中注意力的时间？有什么东西可以买来帮助孩子提高阅读能力？……

第三章 | 朗读的不同阶段 /87

哪类书适合给婴儿读？孩子听大人读时的正常反应是什么？为什么孩子喜欢反复听同一个故事？孩子几岁时，可以为他朗读章节故事书？孩子多大，就该不再给他读绘本了？什么样的书适合朗读？是否需要检测朗读的效果？……

第四章 | 朗读要领与朗读禁忌 /123

尽早给孩子朗读。每天至少安排一段固定的读故事时间。从一页只有几行字的绘本开始，再逐步使用文字较多、图画较少的童书，然后到章节故事书。如果你朗读的是绘本，要确保孩子可以看到图画。读完一个故事后，匀出时间与孩子讨论。……

第五章 | 持续默读：朗读的最佳拍档 /131

有必要在课堂上开展持续默读吗？过了个暑假，孩子会出现不同程度的倒退，如何防止这种现象？规定孩子读书，最后会不会让他们兴趣全无？看杂志算阅读吗？该制止孩子看"没营养"的书吗？孩子爱看漫画好吗？如何判断持续默读时，孩子是否真的在阅读？……

第六章 | 家庭、学校和图书馆的阅读环境 /165

跟踪研究证明，家中藏书越多，孩子获得的成绩越高。那么家庭图书馆应该有多少本书？如何用有限的经费让学校和公共图书馆更成功？孩子是不是应该阅读经典作品？电子书对小孩子会有怎样的影响？……

第七章 | 数字化学习的利与弊 /197

电子书对学习有什么好处，又有什么劣势？发展迅猛的在线学习有何弊端？……

第八章 | 电视和音频：对培养读写能力有害还是有益？ /211

电视看多了到底会怎么样？看多长时间电视对孩子无害？家长如何妥善处理看电视的问题？听有声书算阅读吗？……

第九章 | 父亲必读 /231

如何让父亲对阅读和教育更感兴趣一些？不如让他们读读这章的内容。如果你是一个父亲，而且从来都不是个阅读者，那么请为了家中的下一代改变自身。

第十章 | 一个好动的孩子通往阅读的道路 /241

一个孩子通往阅读的道路，不是一次独自的旅行。在整个旅途中，他都有人陪伴，家人、图书管理员、老师……他们确保这个孩子平安到达目的地。虽然没有一张适合所有人的阅读地图，但在阅读的路上，总会有人通过每天给我们朗读，给我们提供丰富的印刷读物，以及给予我们鼓励而非考试，帮助我们走得更轻松。

附录 | 朗读书目 /253

前　言

教育的核心任务是激发学习的意愿和能力，它创造的不是被动而是自主学习的人。真正的人类社会应该是学习型的社会。在这样的社会中，祖父母、父母，以及孩子同为学生。

——埃里克·霍弗[①]

[①] Eric Hoffer，1898～1983，美国道德和社会哲学家。1983年2月获得总统自由奖章。

本书首次出版后的 30 年间，全球以及美国教育都发生了翻天覆地的变化。

回顾 1982 年，当本书第一次出版时，那时没有互联网、电子邮件，没有移动电话、DVD 播放器、iTunes、iPod、iPad，也没有亚马逊网站、电子书、无线网络、Facebook 和 Twitter。最接近即时信息的就是妈妈生气的面部表情，作为警告传达给孩子。文本输入就是在打字机上打字。第一台 CD 播放器刚刚问世。星巴克还只不过是西雅图一家卖咖啡豆的商铺。此外，如果你提到"laptop[①]"，大家肯定以为你说的是某种冷冻快餐盘。

虽然有如此之多的变化，但仍有一些情况维持不变。1982 年，美国经济出现了自大萧条以来最严重的一次衰退。全国的商业领袖都在寻找可以问责的人或事。这听起来是不是很熟悉？由于美国 SAT[②] 分数连续 20 年出现下滑，企业主管们便责备教育是经济衰退的罪魁祸首之一，并要求实施多层次的改革和教学效果考核制——这更像是一种商业手段。[③] 由此拉开了美国近 30 年的考试热和学校改革的序幕。

与此同时，大学的花费增长了 400%，超过了医疗保健和中等家庭收入的增长速度。到 2011 年，学生贷款的总额超过了全国信用卡债务总额，也超过了汽车贷款总额。

何以至此？随着新技术的应用和考核制度数十亿美元的投入，1971～2008 年，美国学生的阅读成绩仅仅提高了 1 分。（见下表）

---

① Laptop 意为（坐下时，可放在膝上使用的）便携式电脑。
② SAT，全称 Scholastic Assessment Test，中文名称为学术能力评估测试。由美国大学委员会（College Board）主办，SAT 成绩是世界各国高中生申请美国名校学习及奖学金的重要参考。
③ 出自 1983 年国家教育优化委员会（National Commission on Excellence in Education）发表的《国家处于危机之中：教育改革势在必行》（A Nation at Risk: The Imperative for Educational Reform）。

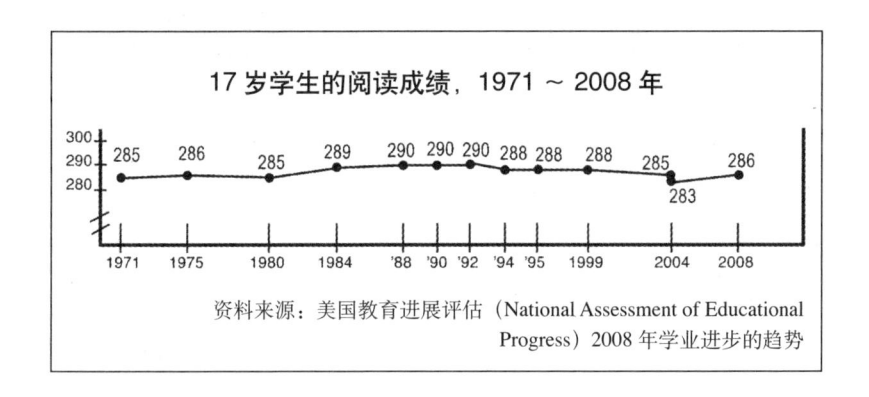

17 岁学生的阅读成绩，1971～2008 年

285　286　285　289　290　290　290　288　288　288　285　286
　　　　　　　　　　　　　　　　　　　　　　　　283
1971　1975　1980　1984　'88　'90　'92　'94　'95　1999　2004　2008

资料来源：美国教育进展评估（National Assessment of Educational Progress）2008 年学业进步的趋势

即便你的头脑不够清醒，你也应该问自己："到底是哪里出了错？"我希望这本书可以回答你的问题，并说明我们可以做些什么，因为一定有某种方法比过去我们所做的更好。

虽然我们在教育上犯了很多错，但仍有一些积极的因素。过去30 年，200 个电视频道分散了美国学生的注意力，大部分孩子（通常是成绩最差的学生）的卧室内配有电视，超过半数的青少年每天花大部分时间玩手机，1/4 的孩子由单身父亲或母亲抚养，每分钟就有一位未成年妈妈诞下一名婴儿——在这样的情况下，学生的阅读成绩竟然提高了 1 分，而不是下滑了 10 分或 15 分。既然事实如此，一定有某种东西起了作用。这本书将会为你找到它。接下来，就让我们一起来了解其中一个"起作用的东西"。

理想的（也是最实惠的）辅导方法

我们从苏珊和塔德·威廉斯，以及他们的两个儿子——克里斯托弗和戴维说起。2002 年，克里斯托弗和 40 万学生一起参加了 ACT[①]

[①] ACT，全称 American College Test，与 SAT 均被称为"美国高考"。它既是美国大学的入学条件之一，又是大学颁发奖学金的主要依据之一。

考试。这40万学生中只有58人获得了满分，而克里斯托弗就是其中之一。这位来自肯塔基州拉塞尔（人口为3645人）的少年获得了满分36分。消息一经传出，苏珊一家就被各种问题包围了。人们问得最多的就是："他参加了哪些考前培训课程？卡普兰[①]？普林斯顿培训[②]？"事实上，不同于某些收费高达每小时250美元的培训课程，从克里斯托弗婴幼儿时期起，他的父母就让他参加了一项免费课程。

威廉斯夫妇直接告诉大家，包括《纽约时报》，克里斯托弗没有参加任何考前培训。当然，这并不完全正确。在克里斯托弗和他弟弟的整个童年时代，从婴幼儿到青少年时期，威廉斯夫妇一直给他们上免费的课程：每天晚上，为他们朗读30分钟，年复一年，甚至在他们学会自主阅读之后还是如此。

他们的家中摆满了书，却没有《电视指南》、任天堂游戏机，或者"好易学英语拼音课程"。尽管苏珊是家中的第四代教师，在两个孩子入学之前，她并没有专门为他们设计一份家庭阅读指南。她和塔德只是朗读给孩子们听——将语言的特征，如发音、音节、尾音及混合辅音都融入对书的热爱之中。因此，两个孩子很快就学会了阅读，并且爱上了阅读。他们享受着书籍的饕餮盛宴。大声朗读促进了家庭和谐。它不是考前辅导，更像是一种"保险"——保证无论在求学路上遇到什么事情，孩子们都可以做好准备。

2011年，戴维从路易斯维尔大学毕业，成为一名工程师。克里斯托弗在杜克大学攻读生物化学博士学位。有时，在生物化学学院，克里斯托弗的言行中会不经意透露出他早年的阅读经历。例如，在杜克大学篮球队比赛失败的第二天，他对一同用午餐的伙伴说："我想今天马德维没有欢笑。"但是，其他研究生中没有一个知道这出自

[①] 卡普兰是美国最大的教育集团之一，业务遍及全球，尤以提供备考服务闻名。
[②] 普林斯顿培训是一家美国教育培训集团，提供各种考前培训。

欧内斯特·泰尔经典的棒球诗。①

威廉斯家的经历并没有让我吃惊,因为我对把大声朗读作为辅导课程已经太熟悉了。汤姆·帕克一直以来都在推广大声朗读。他是威廉姆斯学院的前招生主任,现在阿默斯特学院工作。这两所都是美国久负盛名的小型学院。帕克告诉那些询问如何提高孩子 SAT 成绩的焦虑的家长,"世上最棒的 SAT 辅导课程就是在孩子们还小的时候,为他们进行睡前朗读。久而久之,如果孩子们觉得这是一种美妙的体验,他们也会开始自己阅读"。帕克告诉我,他没有见到过哪个不爱阅读的学生,可以在 SAT 考试中取得词汇部分的高分。而且这些取得高分的学生总是会经常回忆起父母为他们朗读的经历。朗读的作用是 ACT 或 SAT 考前培训课程无法比拟的。像苏珊和塔德·威廉斯这样的父母可以做到,你也一样可以。就算是没有受过教育或受教育程度有限的父母也可以做到——我们将在本书中讲到曾有这样一位父亲,他只是因为好玩,连续 3218 个夜晚为女儿朗读,从未间断。

在美国历史上,从来没有像过去 20 年那样,有过这么多以阅读为主题的图书。从来没有在学生的各项测试上花过这么多钱。一届又一届的政府也从未给学校制定过这么多关于阅读的规章制度——但学生的成绩几乎没有进步,无法证明这些举措是有价值的。

奇怪的是,最大的影响似乎出现在最富有和受教育程度最高的家庭中。40 年前,这些家庭的孩子们将课余时间用于练习芭蕾舞、参加童子军或者踢足球,而现在,父母们为他们报名参加了课后培训。这些住在郊区,对全国性考试有着偏执的热情的家长,让教育培训产业迅速膨胀为一个价值 40 亿美元的产业,且不完全针对学龄

---

① 马德维(Mudville)是一个虚构的城市,这个典故出自欧内斯特·泰尔(Ernest Thayer)的诗《神速凯西》(*Casey at the Bat*)。

儿童。到2005年，西乐万学习机构（Sylvan Learning）已经开办了1100家服务4岁儿童的教育中心。而公文式教育中心（Kumon）甚至开始接收2岁的儿童。这些教育中心曾经以补习为主，而现在一半的父母送孩子来是为了在升学时增加优势。例如，有位妈妈告诉《华尔街日报》的记者，她给4岁的儿子报了名，因为他使用剪刀的技能还未达标。当孩子要上幼儿园时，甚至有家长聘请顾问，帮助孩子学会与幼儿园主管进行良好的眼神交流，并展现出"领导者的特质"。

就像为自己聘请人生导师一样，这些"直升机父母"[①]也开始为孩子聘请大学升学顾问，花费约在3000～6000美元。顾问须帮孩子选择"合适的"学校，保证申请文件合乎规范，并准时提交给学校。

临床心理学家温迪·孟格尔看到这一切后，提醒那些"窃取了孩子童年"的家长，他们有一天可能会成为这些孩子集体诉讼的对象。

不仅仅是家长有这类极端行为。学校董事会和高级政客中也有太多人认为，如果要"治理"学校，就要"治理"孩子。所以，2003年，亚拉巴马州加兹登市的学校官员取消了幼儿园的午休时间，以便孩子们有更多的考前准备时间。

在距加兹登两小时车程的亚特兰大市，学校官员指出如果取消休息时间，孩子们就有更多的学习时间。为了防止狡猾的老师偷懒，亚特兰大新建的学校都不再有操场了。"我们要致力于提高学生的学习成绩，"负责人说，"如果你让孩子一直赖在单杠上，他们的成绩是不可能提高的。"[②]几年后，当取消休息时间显然没有使孩子们的成

[①] 指望子成龙心切的父母，像直升机一样盘旋在孩子上空，希望所有的一切都在掌控中。
[②] 说这话的是前亚特兰大教育局主管本杰明·加拿大，见于《纽约时报》1988年4月7日的报道"许多学校禁止儿童玩耍"。

绩提高时，该市新任主管为了追求高分，实施了州调查员所称的"恐惧的文化和沉默的阴谋"。于是，学生的成绩提高了，老师们拿到奖金，但是，随后的州调查揭露了这桩美国标准化考试最大的丑闻。超过170名教育者，其中包括38名校长，涉嫌欺诈。

对于孩子们休息和玩耍时间的消减问题，《纽约时报》一篇文章进行了探讨，作者大卫·伯恩斯坦将今日的应试教育课程和狄更斯的小说《艰难时世》，以及书中以功利主义为原则的教育家托马斯·格莱恩进行了比较。"美国的孩子平均每天只有26分钟的休息时间，其中包括午餐时间——低收入家庭的孩子休息时间更少。"伯恩斯坦写道。① （在学生成绩较高的芬兰，每节课45分钟，课间休息15分钟，后来更多。）

孩子们玩耍的时间和空间都在日益减少。

中学阶段，马萨诸塞州尼德汉姆镇久负盛名的新英格兰高中，新任校长对学生的压力表示非常担忧。他组建了一个委员会，商讨应对策略。结果瑜伽成为高中必修课程。此外，他勇敢地停止了在当地报纸上刊登学生光荣榜，并且推行政策减轻学生的作业负担。这两项举措引发了家长的盛怒。上任不到一年，他就被调往伦敦的一所美国学校担任校长。尽管如此，在学校教职员工的努力下，四

---

① 见于2011年4月4日《纽约时报》，伯恩斯坦引证说超过250次研究发现适当的休息与更好的学习分数、儿童社会和情绪指标的提高有明显的联系。

年后瑜伽课程依然保留下来,以提高学生的适应能力,而且只有节假日时才布置家庭作业。光荣榜名单也以信件的方式直接由校长寄给家长,而不是刊登在当地报纸上。其他重点高中也不得不强制规定午餐时间,因为太多的学生认为一天中每个时段都必须被安排得满满的,只有这样才能对大学申请书和个人简历有帮助。不管怎样,午餐时间都不符合他们的要求[①]。曾经只有芝加哥大学可以被贴上"娱乐必死"的标签,现在重点高中都适用。

大学的招生人员和顾问们也都感到了压力,但是出于不同的原因。哈佛是全美历史最悠久的大学,也是招收跳级生最多的高校。这里一位从业30年的招生人员说,现在的学生"就像是终身训练营里茫然的幸存者"。他警告"如果不转变,我们将失去他们中的大多数"。他说,我们的教育在追求越来越高的分数,这让"家庭生活的根基都遭到了破坏"。

因此,肯定有某种方法可以培养热爱阅读的人以及有才干的学生,而不是塑造一堆不堪重负的"茫然幸存者"。当然,在那些总在给孩子增加压力的家长之外,还有另一类极端——认为教育完全是老师的责任的人。这些家长的数量远远超过那些争强好胜的父母,他们带来的是另外一种问题。从这一点上来看,如果我把从家长和教育者那里收集到的问题进行分类讨论,也许会更有帮助一些。下面,我们就从那些与"直升机式"完全相反的家长谈起。

[①]见于2008年5月24日《纽约时报》"忙碌的学生要上一门新的必修课:午餐"。通常认为,是家长传染给这些学生"忙死了"病毒,当《纽约时报》文章说这种病很大程度是自体感染时,引发了超过800条线上评论。

你认为给孩子朗读是家长的责任吗？
我认为这是学校的事情。

让我们从"海绵效应"开始说起。2002年的一个早晨，我送我的孙子泰勒去幼儿园报到，在那里遇见了一个小女孩比安卡·科顿。那天，家长们受邀进入园内帮助孩子们破冰，时间约为一小时。当我给泰勒和一位新朋友照相时，我听到身后幼儿园的小家务区里，有人正在煲电话粥。一转身，我看到比安卡在过家家做饭，同时还在用玩具无线电话，假装打电话。正如我抓拍的照片，你能看到比安卡的全部肢体语言都显示出她在一边打电话一边做饭。

每一个孩子，无论是幼儿，还是其他年龄段的，都像一块海绵，吸收着周围其他人的行为。如果比安卡从来没有见过成年人边打电话边做饭，那么她也绝不会假装一边打电话，一边"烹饪"自己在幼儿园里的第一餐。

如果你觉得比安卡的例子无法说服你的话，那么请看下面这个例子。从1956年开始，对总统选举结果的预测，没有什么报纸、网站或者新闻社能够超越后来的课堂杂志《读者周刊》的记录。半个世纪以来，每四年都有250万名学生参与《读者周刊》的总统民意调查，14次大选中有13次准确地预测了结果[①]。这些孩子待在父母的起居室、厨房和汽车里，就像小海绵一样，吸收着父母的想法，然后又将这种想法挤出来，反映在《读者周刊》的投票中。

我们进行一个简单的计算：每年孩子们有900小时待在学校，7800小时在校外。是哪个"老师"对孩子的影响更大呢？在哪里有更多的时间做出改变？900和7800这两个数字将一次次出现在本书

[①]《读者周刊》（*Weekly Reader*）唯一的失误是1992年乔治·布什与比尔·克林顿的决选。2012年，《读者周刊》停刊，结束了110年课堂读物的历史。

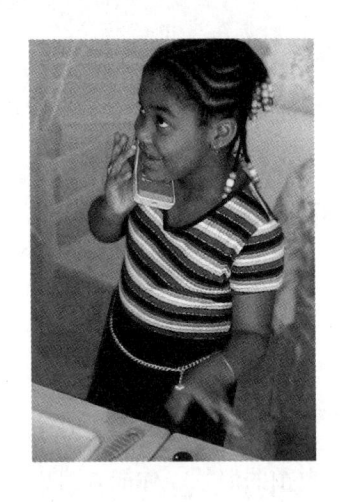

在打电话的比安卡·科顿

中。我想答案您一定已经清楚了。

《华盛顿邮报》教育专栏的长期撰稿人杰伊·马修斯,回顾了22年来成功学生的故事,得出这样的结论:"我想不出任何一个例子可以证明学习成绩的提高和学习时间的延长完全无关,或者部分无关。"许多年来,我一直都在强调同一件事情。你要不延长在校的时间(就像成功的KIPP[①]特许学校一样),要不就充分利用在家的那7800小时。因为延长在校时间在最需要这么做的地方都会遭到禁止,所以最现实的选择就是挖掘在家的7800小时。

哈佛大学讲师、非裔学者罗纳德·弗格森,长期研究公立学校中不同种族学生成绩的差异。虽然这个问题很复杂,但是弗格森把它归纳为一点:"真正的问题在于长久以来形成的养育理念上的差异。那很难解释清楚,但这就是成绩差异的根源。"根据弗格森的研究,黑人家庭一贯将教育视为老师的责任。然而,白人家庭则更多地参与到孩子的教育当中,或者愿意承担一些特别活动的费用。

---

① KIPP(Knowledge Is Power Program)计划目前覆盖美国20个地区66个学校的16000名学生,是一个免费的教育团体。通过免费提供优质教师,增加学习时间,帮助学生考入大学。

与当下长篇大论地将学校的一切问题归罪于老师相反,研究结果显示远在孩子上学之前,阅读和学习成绩优劣的种子就已在家中播种。例如,有一项研究检测幼儿园中 21 个班级的孩子阅读兴趣的高低,然后,研究人员对这些孩子的家庭环境也进行了详细的检测(参见下方表格)。这些数据再次印证了"有其父必有其子"。因此,如果你希望有个不一样的孩子,那么就从改变自己开始。

幼儿家庭/行为调查目录

家庭信息	阅读兴趣高的孩子(%)	阅读兴趣低的孩子(%)
妈妈的业余活动		
·看电视	39.3	63.2
·阅读	78.6	28.1
妈妈看报纸	80.4	68.4
妈妈看小说	95.2	10.5
爸爸的业余活动		
·看电视	35.1	48.2
·阅读	60.7	15.8
爸爸看报纸	91.1	84.2
爸爸看小说	62.5	8.8
家中图书数量	80.6 本	31.7 本
孩子拥有图书证	37.5	3.4
父母带孩子去图书馆	98.1	7.1
父母每天给孩子朗读	76.8	1.8

资料来源:莱斯利·曼德尔·莫罗(Lesley Mandel Morrow),《家庭和学校对孩子早期阅读兴趣的影响》(Home and School Correlates of Early Interest in Literature),《教育研究日报》(*Journal of Educational Research*),1983 年 4 月。

这样的研究可以将在政治类谈话节目中空谈的事实具体化。但是，研究报告往往读来枯燥无味。因此，我将在本书中添加一些个人经历和案例，让调查报告变得生动起来。

这里我将引用小伦纳德·皮兹和他妈妈的故事。他这样形容自己的妈妈，"她并不是一个有学问的妇女，甚至连高中都没有毕业。不过，在大萧条时代的密西西比州，黑人很难有条件接受教育。但是，没有接受过教育并不等于不聪明。"他的妈妈"总是如饥似渴地阅读书籍和报纸，是一名有着强烈求知欲的妇女"。让我们想象一下这个46岁的儿子，也是一位作家，2004年坐在电脑前，敲出了下面这段文字：

> 我的第一位朗读者是我患有心脏病的福利妈妈[①]。她住在洛杉矶市中心附近的政府安居工程。在1962年或1963年，准确地讲，那时她并不是我的朗读者，而是我的倾听者。当她在熨衣服或者准备饭菜时，我总是围在她身边，大声给她朗读我最近的诗歌。就像我所有的诗歌一样，这些作品都和一个小男孩有关。他是一个神秘的超级英雄，有超能力，还能在空中飞行。
>
> 当然，这个可怜的女人可能暗自后悔过教自己戴眼镜的孩子英文字母，但她从来没有表露过这样的情绪。她只是在恰当的地方点点头或者发出惊叫。故事讲完后，她便让我去打扫自己的房间，或者去洗手准备吃晚饭。

小伦纳德·皮兹正在给他的母亲写一封感谢信。尽管母亲已于

[①] 福利妈妈指有孩子但无丈夫供养而接受社会福利救济的母亲。

16年前去世了，但是他想让母亲知道自己是多么感谢她。这封感谢信登在他获普利策评论奖当天的《迈阿密先驱报》个人专栏上。皮兹太太根本没有钱让自己的儿子在7800小时里奔波于补习班，而是用倾听、热情和朗读亲自教育孩子。她付不起教"眼神交流"的老师的高额费用，但是她省下钱来在孩子8岁的时候，给他买一台玩具打字机，14岁时又买了一台二手的。那剩下的钱呢？刚刚够儿子买最新的《蜘蛛侠》和《神奇四侠》漫画书。

皮兹夫人和威廉斯夫妇所做的是美国教育领域最伟大的商业机密之一。忽视这个机密，仅仅关注考试成绩，就像是在告诉患了癌症的朋友应该处理头皮屑一样。而这正是政府几十年来所做的事情——"不让一个孩子掉队"和"力争上游"教育改革计划。

威廉斯和皮兹家所做的并不需要花费太多。这对于低收入家庭也许不易，但绝不是不可能。例如，对美国小学生（22000名学生）最全面的一项调查[①]显示，尽管进入幼儿园时贫困学生占据了成绩最差的1/4学生中的52%，但也在成绩最好的学生中占了6%——都与美国最富有的孩子所占比例相似。在每年获得高等学位的学生中，9%来自贫困家庭。这些数据表明，如果家长的指导得当，孩子取得较好的成绩或者达到平均水平都是完全有可能的。但是，必须首先有人告诉家长什么是"得当的指导"，而不是告诉他们错在老师身上。

我们真的能够改变家长和家庭教育吗？

我们曾经这样做过，为什么不再做一次呢？设想一下，我们展开一个全国性的觉醒运动，告诉家长在家中他们能够、应该，以及

[①] 教育研究与促进办公室针对1998年秋季上幼儿园的孩子，进行的儿童早期纵向研究。

必须做些什么。我的意思并不是举办一个小型斯文的活动,让第一夫人走访幼儿园,然后说:"为孩子们朗读!"我期待的是一场真正的"声势浩大"的改革运动。

在过去的 50 年中,一场持续不断的禁烟运动在美国展开。禁烟运动三管齐下的模式是我们的家庭朗读宣传运动可以借鉴的。在禁烟运动中,首先是宣传吸烟的危害,然后是让吸烟者对此感到恐惧,最后是让他们因羞愧而戒烟。利用一切可以利用的媒介,告诉他们吸烟致癌和致死的数据;我们播放了吸烟者通过人造喉头说出的临终忏悔;我们还竖起了广告牌,用"亲吻吸烟者就像是在舔烟灰缸"这样的话语来羞辱吸烟者。

渐渐地,公众意见动摇了公共工作和公共政策,使得禁烟法令和诉讼程序最终出台,影响了美国大部分家庭和所有公共场合。50 年后,美国只有不到 23% 的人口吸烟,亿万生命和金钱得以挽救。

仿照这个模式,我们也可以改变全国家长的教育行为。这不是一年或者一个总统任期就可以实现的,而是需要几十年。但是,只有延续这种三管齐下的模式,我们才能取得成功。因为促使家长改变的因素各不相同,一种方法无法适应所有的家庭。首先是宣传。我们会告知家长一些与儿童阅读有关的数据,这些数据本书都会提到。接下来,我们会告诉家长如果不在阅读上对孩子进行正确的指导,会损害子女或孙子女的未来(让家长感到害怕)。最后,我们会像对待吸烟者那样,让一些家长感到羞愧,从而对孩子进行正确的阅读指导。

当然,我说的并不是公开的羞辱,而是非常私人化的。我的目的是为了让家长对自己所做的感到内疚。难道我们没有对那些在孩子面前抽烟的家长这样做过吗?没有对那些酒后开车的家长这样做过吗?没有对那些晚上 10 点了却不知道自己孩子在哪里的家长这样做过吗？很遗憾的是，政客不会追究家长的责任，因为他们害怕失去家长们的选票（这可比教师选票的数量要多得多）。改变这种自私的想法需要很长时间。

下面我要举一个小例子，用来证明改变家庭教育的可能性是存在的，只需要做小小的努力。三十多年来，联邦政府反复提到要对学校进行改革，却没有人告诉家长他们应该做些什么。所以我做了一个尝试。我找了一些自己曾经写过以及谈论过的话题，把它们各自分别浓缩在一张黑白三折宣传页上，又分别存成pdf文件上传至我的网站，在首页上附上几行说明文字，声明这些文件可供家长免费下载打印。[①]就是这样，没有广告，没有推销，也没有出版社链接。只是一些为非营利学校和图书馆提供的小宣传册，发放给寻求帮助的家长。

我很好奇有谁会使用这些文件。因此，我在网页上留了言，要求用户给我发送一封使用许可请求——只是一封请求信而已。之后三年，我收到了两千多封来自学校的请求信，大多来自美国，但几乎每个大洲也都有来信。这些请求信有来自大城市的，也有来自西南部小乡村的；还有来自中东、印度、韩国、日本、哈萨克斯坦的。这些学校反复提到当他们想上网找些资料帮助家长的时候，意外地发现了这个宣传册。设想一下，如果有人努力向家长推介，如果有人对家庭教育进行严肃的投资，并且铺天盖地地宣传，效果会如何？再设想一下，如果有了这样的进展和资金，而且认为家长和家庭教育值得这样投资，政府能够做些什么？最后设想一下，如果我们像宣传超级碗[②]或美国偶像一样宣传家庭教育，情况又将如何？

---

① 见http://www.trelease-on-reading.com/brochures.html；仅提供给非营利团体使用。
② 超级碗是美国国家美式足球联盟（也称为国家橄榄球联盟）的年度冠军赛。

15

这本书会帮我教孩子阅读吗？

这本书不是教孩子"如何"阅读的，而是教孩子"渴望"阅读。诚如一句教育格言所说："我们教孩子去热爱与渴望的，远比我们要求孩子去学会的有价值得多。"事实上，在阅读学习方面，有些孩子学得比别人更快，有些孩子学得比别人更好。差异是客观存在的。有些家长认为早点开始学习比较好，他们让18个月的小娃娃对着识字卡片哇哇大叫。我对此的回答是：早未必好。晚餐时提早一小时到的客人，难道会比准时到达的客人更好吗？

然而，我关心的是那些本不应该迟到的孩子，他们与书籍痛苦奋战多年。他们不只错过学校学习内容的绝大部分，而且甚至一生都将阅读与痛苦联系在一起。这本书讲述了家长可以采取哪些方法作为"预防措施"，防止这种痛苦的发生。你已经读到了一些例子，而且在随后的章节里你还将读到更多。

没有必要急着强迫不足6岁或7岁的孩子阅读，而是应当遵循儿童发展的自然时间。如果一个孩子自然而然地很早就开始了阅读，那么就顺应他的发展趋势。（参见第67页，了解这类家庭的特点。）直到孩子7岁时，芬兰人才开始教孩子阅读，但他们的阅读成绩是全世界最高的（更多内容可以参见第一章）。这本书的主旨是培养孩子爱上印刷读物，并使他们能够在毕业后继续保持阅读的习惯，而不是教孩子为了取悦父母或者仅仅为了毕业而阅读。

这一版和之前的版本有什么不同？

每一次对本书进行修订，改动的文字大约占40%。我会加入一些新的研究和信息，例如这版中关于婴儿推车的部分。婴儿推车面向不同方向会对儿童语言发展有什么不同影响吗？你将在本书中找到答案。我还加入了一些在巡回演讲过程中遇到的奇闻趣事。例如，一个二年级老师说他的学生从班级图书馆中偷走了600本书——恰恰是一些家长想让学校禁止学生阅读的系列书。此外，我要指出购买本书的一半是家长，一半是老师和图书管理员，还包括几十所大学里胸怀理想的老师们。请相信：我得出的结论都是以研究为基础的，绝不是想当然的评论。

如果这是您阅读的第一版，那么我要告诉您这其实是一本二合一的书。前半部分给出了大量证据来支持大声朗读，并且包含了培养终身阅读者的实践。后半部分则是朗读书目，为刚刚开始尝试朗读的人提供了参考书单，从绘本到小说都有。整理朗读书目的目的是为了帮助忙碌的家长和老师（他们中大多数人在小的时候，父母也都没有为他们朗读过）减少选书的困难。他们希望开始为孩子大声朗读，但他们没有时间去上关于儿童文学的课程。

儿童阅读这一概念的外延很广，绝不仅仅只是我热衷的大声朗读那么简单。这正是第五章讲大声朗读的搭档"持续默读"的原因所在。就像国家队和州级队伍中的棒球运动员有更多的机会和条件打棒球一样，研究显示那些有更多机会接触印刷读物（杂志、报纸和图书）的孩子有更好的阅读成绩。这就是"阅读环境"，我将在第六章中具体阐述。谈到书的话题不可回避新科技：电子书会代替传统纸质书籍吗？电子设备（和短信）会提升还是降低读写能力？我们甚至会拜访一家完全电子化的学校图书馆。因为孩子每天耗在电视机前的现象依然呈上升趋势，所以第八章会探讨电视对孩子大脑的影响。

一位家长是如何代替教授写下这本书的？

我最好的朋友中有很多位教授。他们在各自的工作领域都非常优秀，但是你肯定会问为什么不是他们完成了这本书。下面，我将告诉您我是如何写这本书的。

这得从 20 世纪 60 年代说起，当时我是个年轻的爸爸，有两个孩子，以艺术家和作家的身份为马萨诸塞州《春田日报》工作。每天晚上，我为儿子和女儿读书。那时我一点也没意识到这对孩子的认知与情绪发展大有帮助，更没意识到这对孩子的词汇量、注意力和对书的兴趣影响深远。我给孩子读书只有一个原因——我爸爸给我读书。这让我感觉很棒，而且永远不会忘记。我想让自己的孩子也体会一下这种感觉。（更多内容请参见第十章。）

因此，每天晚上我都会给孩子们朗读。有一天，我为六年级的一个班做志愿工作（几年来，我每周到学校里去，跟学生们谈谈自己的艺术家与作家生涯）。一小时的活动结束后，当我收拾资料准备离开时，我注意到教室门口的书架上有一本小小说，那是玛丽琳·萨克斯的《小熊们的家》（*The Bear's House*）。这本书吸引了我的视线，因为我刚为女儿读完它。

"谁在读《小熊们的家》？"我问。几个女孩举起了手。接下来，我随性地和孩子们聊起了阅读，谈论《小熊们的家》，还向他们介绍了其他我给自己孩子朗读过的书，并和他们分享我知道的作家们的秘密。（"你们知道吗？起初麦克洛斯基在画《让路给小鸭子》时，怎么都画不好，非常苦恼。最后，他为了观察得更仔细，把 6 只小鸭子带回了公寓，但是小鸭子到处乱跑。你们知道他是怎么办的吗？说起来真是令人难以置信，但是千真万确！为了让小鸭子不要乱动，他竟然给它们灌了酒！"）

在离开前,我们一共讨论了45分钟。老师随后写信告诉我,孩子们一次又一次地要求去图书馆借阅我谈到的书。那时我奇怪自己到底说了什么不寻常的事。我所做的只是谈谈家人喜欢的书,只是发表"读书心得"。(就像奥普拉25年后所做的一样。)想到这个词时,我一下子就明白是什么东西不寻常了——这可能是这些孩子头一次听到大人发表读书心得。这相当于在孩子面前为一本书"打广告",激起了他们的兴趣。从此以后,只要我到班级里去,就会在最后留出一些时间来讨论图书。一开始我会问学生们:"你们最近在读什么书?最近有谁读了什么好书?"

令我沮丧的是,我发现学生们读的书都不多。但我也慢慢注意到一个不同之处。在一些个别的班级,孩子们在阅读——大量地阅读。我对此迷惑不解,为什么这些孩子如此热衷于阅读,而走廊对面的班级(我几个月前刚去过)却完全不阅读?相同的校长、相同的街区、相同的教科书,这究竟是怎么回事?

进一步探究后,我发现差异就在于站在教室前面的那个人——老师。几乎在每一个热爱阅读的班级中,老师都定期地给学生们朗读。这并不是我自己的主观想法,我在当地教育学院的图书馆发现一项研究,其结果显示,给孩子朗读可以提高孩子的听、说、读、写能力——最重要的是,它可以培养孩子对于阅读的兴趣。只是有一个问题:该看到这项研究结果的人没有看到它。老师、教学主任、校长甚至根本不知道它的存在。

我还发现家长和老师并不知道有哪些好的童书。20世纪70年代后期,当我意识到家长想给孩子读书却没有可用的书,甚至连书单(除了那些文学教科书后边的附录)也没有时,我决定编写自己的书单。起初,这差事简直是自讨苦吃(首印花掉我650美元——这是我们全家一个夏天的度假费用)。最初书单只委托给当地书店代为销售，结果三年之内，在30个州及加拿大卖掉了2万册。1982年，企鹅出版公司看到了这本书，希望我将之扩充为第一版的《朗读手册》（如今你看到的是第七版了）。

当成年人给孩子朗读时，他们也是在一代又一代地传递火炬——阅读的火炬。在这本书的成长过程中，我们看到了"火种"的力量。第一版上市几个月后，有一位年轻的研究生刚刚做了父亲，他的朋友送了一本《朗读手册》给他。这位年轻人还兼做些木工活，弗吉尼亚州的阿灵特夫妇为了迎接新生儿，找他干了一些活，他把这本书当作礼物送给了这对夫妇。结果，这家的妈妈不只是读完而已，还主动写了一份读书报告，寄给一位答读者问专栏女作家艾比盖尔·冯·布伦，她的专栏文章会在多种报纸上同时发表。1983年2月23日，她的信与回信一同在"亲爱的艾比"专栏刊出，企鹅出版公司一夜之间收到了12万册的订单。不用说了，2月23日成了我们家"最最亲爱的艾比日"。

如何说服丈夫为孩子朗读？

在之前的版本中，我用了一些篇幅来说明这个问题——父亲在培养男孩的阅读兴趣中扮演着重要的角色。当时，我认为我们只是在男性阅读上有一点小问题而已。现在我发现是一个巨大的问题。从小学到大学，人们一直在问：男孩怎么了？因此，这一次，我用了一整章来解答这个问题。说服另一半为孩子朗读的技巧就是告诉他，他不需要阅读整本书——你只让他看第九章（或许还有第十章中的一点内容）。如果这样还不能说服他多为孩子朗读，那么我只能说他很愚蠢。

影像时代，阅读依然重要吗？

阅读是教育的核心，学校中几乎每一科的知识都是通过阅读来学习的。我们必须先会读文字叙述的数学题，才能了解题意；如果你不会读社会学科或自然学科的课文，怎么能回答每个章节后的问题呢？

阅读是教育的关键所在，所以有人会说阅读是长寿的安全带。兰德公司的调查员曾分析过长寿所有的可能因素——种族、性别、地域、教育、婚姻、饮食、吸烟，甚至是否常去教堂做礼拜——最重要的因素是教育。另外一位调查员回顾了一百多年前，刚刚开始实施义务教育时的情况。她发现每受一年教育，被调查者的寿命平均高出 1.5 年。她对其他国家的调查结果也是如此。如今阿尔兹海默症的研究人员也发现，该疾病的免疫因素受到儿童时期的阅读和词汇积累的影响。（见第 53 页）

总而言之，阅读——而非影像——才是生活中唯一的，也是最重要的社会因素。以下是支持这个论点的定律，听起来很简单，虽不能说放之四海而皆准，但验证起来通常都是正确的：

1. 你读得越多，知道得越多。
2. 你知道得越多，你越聪明。
3. 你越聪明，在校学习的时间越长。
4. 你在校时间越长，获得的文凭越多，受雇工作的时间就越长——你一辈子赚的钱就越多。
5. 你的文凭越多，你的孩子在学校的成绩越高，你的寿命越长。

反之，以下定律也成立：

1. 你读得越少，知道得越少。
2. 你知道得越少，越早辍学。
3. 你越早辍学，越早变穷，穷得越久，入狱的概率越大。

这些定律建立在牢固的基础上，因为贫穷与文盲相关——都会滋生绝望，导致犯罪：

- 70% ~ 82% 的受刑人员都是辍学的学生。
- 60% 的受刑人员处于文盲到半文盲状态。
- 受教育程度越高，被聘用的可能性越高，而入狱的可能性越低。

为什么这些学生会辍学呢？那是因为他们不会阅读，以至于无法完成指定的课业——最终影响到整个成绩单。改变阅读成绩，也就改变了毕业率和入狱人数——从而改变整个国家的社会风气。

鉴于当下的经济状况和日益增长的学费，大学还值得花钱去读吗？

对于这个问题，布鲁金斯学会的经济学家们进行了分析，并将其重新阐述为：如果你有 10.2 万美金，接受真正优质的大学教育，或者投资股票、保险、黄金，或者投资房地产，哪样会得到更好的回报呢？我们计算了大学毕业生工作一生所得工资的平均值，并和过去 60 年的投资回报进行了比较，结果可见下页的图表。这看上去很容易选择：读大学的回报是其他任何投资的两倍。

大萧条给所有人都造成了损失。但损失最少的是那些受教育程度最高的人。只获得高中文凭的人失业的可能性是他们的两倍。

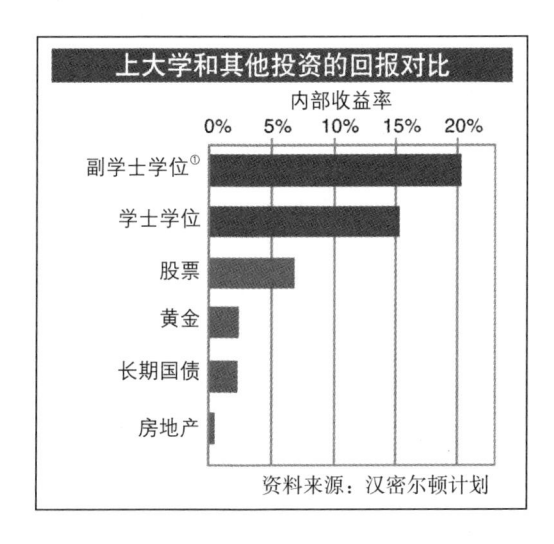

上大学和其他投资的回报对比

内部收益率

项目	收益率
副学士学位①	~20%
学士学位	~15%
股票	~7%
黄金	~2%
长期国债	~2%
房地产	~0%

资料来源：汉密尔顿计划

在所有可能的投资当中，收益率最高的是更高的教育水平。

如果就学生而言，上大学是对时间和金钱最好的投资，而在学校中取得成功的最佳途径就是成为一个善于阅读的人；那么就父母而言，最佳的财务投资就是花时间和金钱去培养一个阅读者。如果孩子不想上大学，但是热爱阅读，那么他一样可以在个人生活和经济生活中做出明智的决定，而且肯定能够成为见多识广的选举人和陪审员。这对整个社会都将有益。总之，培养阅读者是一个双赢的举措。只不过我们需要认真地去做这件事。

为什么全国性的考试和学校改革没起作用？

已经有人对这个话题做出大量的研究总结，所以我只想把自己

---

①在大学里，完成两年的全日制学习或同等程度的业余学习，由大学授予的学位，与我国的大专类似。

的想法归纳成几段话。过去的30年是考试公司和政府大把赚钱的30年。如果你需要证据，那么只需要读一读《纽约时报》教育专栏作者迈克尔·维纳里普在2011年做出的半个版面的事件总结[①]。迈克尔收集了过去十年中州政府教育主管和官员做的官方报告，与学生的考试成绩一年一年地进行对比。市政府或州政府官员曾骄傲地宣布新的考试形式（由考试公司开发的），并声称这种考试形式可以让成绩得到提升。瞧！新的考试可以创造更高的成绩。接着是几个月后同一批学生的在全国考试中的成绩——哎哟！成绩下降了。一来二去，事实证明了那些预测成绩会立刻提升的话都不准确，自相矛盾，不值得相信。而且这一结果来自一个成绩较高的州——不是路易斯安那，也不是哥伦比亚特区，而是纽约。在这些"人民公仆"的管理之下，只有上帝才能帮得上这些孩子了。

政府中各级别的教育官员垄断了电视广播等媒体，到处充斥着他们对于考试重要性的豪言壮语。但是这些话中没有几句是真的，或可以引发人们更深刻的思考。然而，我认为有三个独特的观点一直没有得到应有的重视，每一个观点都可以帮助你深入思考这个问题。这些在网上都可以看到，我列出名字和链接以供查找。你看了是不会后悔的。

1. 里克·罗奇，从1998年起，曾任教师（拥有两个硕士学位）、顾问、教练、商人，以及佛罗里达州奥兰治县教育委员会成员。他参加了佛罗里达州指定的十级水平考试，在数学和阅读中只拿到了"D"。他对考试的总结会让你停下来好好想一想。(http://www.washingtonpost.com/blogs/answer-sheet/post/revealed-school-board-member-who-took-

---

[①] 见于2011年12月9日《纽约时报》文章"*10 Years of Assessing Students with Scientific Exactitude*"。

standardized-test/2011/12/06/gIQAbIcxZO_blog.html）

2.约翰·泰勒,曾任南卡罗来纳州兰开斯特市一所学校的主管,也是南卡罗来纳州教育部门的顾问。就全国范围内热衷考试的现象,他发表了一篇文章《没有牙医掉队》。文中他把教师比作牙医,把考试分数比作蛀牙。(www.trelease-on-reading.com/no-dentist.html)

3.大卫·鲁特,俄亥俄州一所"知名"中学的资深校长。在2008学年期末,他给学生和社区写了一封道歉信。无论你对于当下的教育立场如何,他的道歉都会发人深思。(www.cleveland.com/brett/blog/index.ssf/2008/07/students_pass_state_test_but_a.html)

如果你想等政府来拯救我们的阅读灵魂,那将遥遥无期。它的实现要靠每一个学生、家长、老师,以及图书管理员的努力。所以,让我们去看看他们能帮助我们做些什么。

第一章 | 为什么要大声朗读？

教育不是注满一桶水，而是点燃一把火。

——叶芝

20世纪80年代的某天，我到小时候就读的幼儿园访问。那是新泽西州尤宁郡的康涅狄格农庄小学的幼儿园。大约15个孩子坐在他们的故事毯上，小脸仰起望着我，充满期待。"今年你们谁想学习读书？"我问道。孩子们都毫不迟疑高高地举起手，许多孩子还得意地说："我已经知道怎么读书了！"那种热烈的气氛就像幼儿园老师们曾经告诉过我的一样：每个孩子在开始上学时都想学习如何阅读。换句话说，孩子刚上学时，对阅读有着百分之百的热情与渴望。

随后的几年，全美学生阅读成绩报告（National Reading Report Card）对学生的调查显示：随着年龄的增长，学生对阅读有着完全不同的态度和行为：

- 在四年级学生中，54%的孩子每天会将阅读当成休闲活动。
- 在八年级学生中，只有30%的孩子为了兴趣而阅读。
- 到了十二年级，只有19%的孩子每天享受阅读的乐趣。
- 凯撒家族基金会2010年的纵向研究显示，8～18岁的学生，一天当中不读书的占53%，不读杂志的占65%，不看报的占77%。
- 劳工统计局2010年的调查显示，15～19岁的青少年学生（大部分是高中生和大学生）每天的阅读时间仅为12分钟，而看电视的时间是2小时14分钟。

思考一下这个问题：刚上幼儿园时学生们对阅读有着百分百的兴趣，而当他们长到18岁时，我们竟然失去了3/4潜在的终身阅读者。任何产业持续失去大批消费者都将面临破产。然而，无可否认的是在青春期和成年初期我们对阅读的兴趣会自然下降。因为这是人生中最忙碌的社交和情感时期。但是如果最初的兴趣永远不再回来了怎么办？学校的目标是培养终身阅读者，培养那些毕业后仍然愿意阅读以及自学的人，但学生并没有成为那样的人。这就是对学校教育最严厉的控诉。

让我们来看看儿童调查数据是如何反映了成年人的情况的。国家艺术基金会（National Endowment for the Arts）追踪调查了成年人25年的阅读习惯，最新的一份调查报告与美国教育进展评估对13～17岁人群休闲阅读情况的调查结果惊人的一致。对所有年龄段、性别、种族以及受教育程度的成年人的调查中，阅读文学的人数比1982年下降了22%。到2002年，只有46.7%的成年人曾在前一年阅读过小说[1]。另一项调查[2]扩大了阅读物的范围，涵盖了报纸、各类图书和杂志，结果这项数据也只是上升到50%而已。简言之，就是有一半的美国人不阅读。

正如我在前言中提到的，从1971～2008年，17岁学生的阅读成绩仅提高了1分，13岁学生提高了5分。这37年中有一半的时间都在进行全国和各州的课程改革。再加上8～18岁的学生如今每天使用移动多媒体的时间超过了7.5小时，我们可以预见一场风暴即将到来，它将进一步威胁人民的阅读灵魂。

孩子们上Facebook、Twitter，或者浏览网页，难道不是在阅读吗？

有某种思想流派在这种理论中找到希望了吗？但是，我不会加入那个流派。对于阅读而言，短信息就像是贴在冰箱上的留言条一样。唯一不同的就是留言条通常拼写得更准确、句子更长而已。根据最近的统计，美国青少年每个月要发3339条短信（这一数字还

---

[1] 2004年发布的美国文学阅读调查 "*Reading at Risk: A Survey of Literary Reading in America*"。
[2] 由国家教育统计中心（National Center for Education Statistics）所做的国家家庭教育调查。

在增长），或者说是醒着的每小时发 6 条。如果每条短信的长度在 130～160 字，那么他们根本没机会提高阅读或思考的能力。此外，短信息的内容大部分是关于八卦、服装、音乐和娱乐的，根本不需要深度的思考，尤其是当你的回复都是"即时的"时候。至于网上阅读，研究显示每个网页上只有 18% 的内容会被浏览者阅读，平均每个网页浏览时间为 10 秒钟甚至更短。（更多内容参见第七章）

无论过去还是现在，有相当一部分学生在整个学生时代甚至没有完整地读过一本书。而现在，老师们担心这样的学生所占比例还在增长，甚至在大学中也是如此。这是我从一些教授（包括那些培养未来教师的教授）那里听到的数字：我的学生中只有 25%～30% 的人热衷阅读。在过去的一年中，很少有人主动地阅读一本小说。他们甚至说不出一个最喜欢的作者，或者童年时代最喜欢的一本书。

曾经有一位顶级预科学校的老师告诉我学生们都是怎么对待阅读的："他们要么只读关键的部分，要么上网，要么让其他阅读的学生告诉他们主要内容，或者坐在教室里，依靠听老师的讲解了解这本书讲了什么。"因为对阅读没有兴趣，他们通过"投机取巧"来蒙混过关。为什么对阅读没有兴趣呢？课堂作业或者预习测试绝不可能培养或激发阅读兴趣，学生们没有与阅读建立愉悦联系的空间。

这并不意味着美国是一个无知的国家。我们不是这样的。美国学生基本都能阅读。事实上，相比 1940 年只有 20% 的年轻人上大学，如今 60% 的年轻人都会接受高等教育。换句话说，就是他们"都还可以"。

学生们没有进行过大量的阅读，就进入大学课堂，这个时候，就暴露了阅读的缺失。调查显示，74% 的社区大学学生没有获得学位，43% 的四年制大学学生肄业。伍迪·艾伦有句话也许是对的："生活中 80% 的成功来自于出席。"但是，这不包括大学文凭。要获得大学文凭，仅仅"出席"是远远不够的。

为什么他们没有获得文凭？纽约州 3/4 刚入学的社区大学新生需要阅读、写作和数学方面的指导，这需要花费纽约州 3300 万美元的教育预算。这些学生大部分都刚刚从高中毕业。更重要的是，那些来自工薪阶层家庭或者收入水平更低的家庭的学生，通常都是家里第一批上大学的。在任何层次的课堂中都很难取得成功的学生所在的家庭和学校，阅读环境最差——图书、杂志、报纸等都是最少的，这一点值得注意。如果没有什么可读，学生自然不会擅长阅读，也无法进行大量阅读。（更多内容参见第六章）

我们怎样改善阅读问题？

我们从阅读委员会 1983 年的建议开始说起。美国教育部因为对学校的成绩感到震惊，出资成立了该委员会。由于学校课程的每一项内容几乎都根植于阅读，因此阅读是所有问题与解决方案的核心，这是大家的共识。

委员会耗时两年，详读了过去 25 年间成千上万份研究报告，于 1985 年发布了一项名为《成为阅读大国》（*Becoming a Nation of Readers*）的报告。在主要的研究结果中，有两项简单的论述很震撼人心：

• 建立孩子必备的知识体系，引导他们最终踏上成功的阅读之路，唯一且最重要的方式就是为孩子大声朗读。

• "朗读应该在各年级都进行。"证据显示，朗读不只在家庭中有效，在课堂里也成果非凡。

专家口中"唯一且最重要的方式"意味着，朗读比试卷、家庭作业、评估表、读书报告和识字卡片更重要。朗读是最便宜、最简单、最古老的教学手段，在家里或教室使用都再好不过了。朗读既简单又有效，甚至不需要高中文凭，你就可以用得得心应手。

阅读究竟能给一个人带来什么好处？一切都可归纳为一个简单的两个层次的公式：

• 你读得越多，理解力越好；理解力越好，就越喜欢读，就读得越多。

• 你读得越多，你知道得越多；你知道得越多，你就越聪明。

四年级时，大部分学生已经知道如何阅读。可事实上，到了八年级，学生中有24%的阅读水平低于基本水平，42%为基本水平，25%为熟练水平，只有3%为优等水平。从基本水平提高到熟练，再提高到优等，学生必须进行大量的阅读。这就跟骑自行车一样。你骑得越多，跌倒和爬起来的次数越多，你的技能就会越好。你会学着左转时向左倾斜，要停下来时把脚放在该放的位置上等等。这种练习就相当于玛格丽特·米克所说的"私人课程"（见第185页）。

四年级时就可以看出哪些学生在阅读上存在困难。

学生四年级时必须将头三年掌握的单个技巧应用到整段和整页的阅读中,他们开始对阅读产生消极的态度。这种现象被称作四年级滑坡(Fourth Grade Slump)。这一术语来源于已故的珍妮·卡希尔[①]的研究。她认为四年级是一个分水岭,可以看出哪些学生在阅读上存在困难。

这是一个非常响亮的理论。但是,如果他们学习或者接触基本阅读技巧的途径非常无趣,而且他们很讨厌这种方法,那么学生们绝不会在课后进行阅读。因为孩子们有更多的时间(每年 7800 小时)是在校外,所以他们是否利用这些时间进行阅读就决定了他们会成为一个熟练的阅读者,还是慢慢开始落后。课堂外不进行阅读,那么在校的分数就会低。

给这些孩子朗读,最好从婴幼儿时期开始。但是,长大也要为他们读,无论是在校内还是校外。这也是阅读委员会请求大家去做的——播种渴望阅读的种子。

有什么事能像阅读一样做起来简单却成效显著呢?

字词是学习的基础,让人的大脑记住字词只有两个有效途径:一是看,二是听。婴幼儿需要很多年才能学会用眼睛进行真正的阅读。因此,学习字词的最佳途径就是听,听进去的东西才能成为儿童"大脑屋"的基础。当孩子们之后通过眼睛学习阅读时,这些有意义的声音可以帮助他们理解单词的含义。

读书给孩子听就像跟孩子谈话,同样是为了:安慰孩子,带来

---

① Jeanne Chall,心理学家,哈佛大学教育研究院教授,从事阅读研究和指导工作超过 50 年。1966 年,她在哈佛建立了阅读实验室,并指导实验室工作二十多年,培养了众多研究者、阅读老师及政策专家。

欢笑，拉近彼此的距离，向孩子说明或解释问题，引发孩子的好奇心，激励孩子。在朗读中，我们还可以：

- 建立词汇基础
- 在孩子的脑中，将阅读与愉悦联系在一起
- 创造背景知识
- 树立一个阅读的典范
- 植入阅读的渴求

学生休闲阅读兴趣下滑的一个因素是成年人为他们朗读的时间减少。中学时期，几乎没有家长为孩子朗读。如果大声朗读是推广阅读乐趣的广告，那么广告的减少自然意味着学生休闲阅读兴趣的下降。

许多教育界人士忽略了两项有关阅读的基本"人生事实"。少了这两个定律的相互作用，教育不论怎么改革，效果都微乎其微。

阅读定律一：人类是追求快乐的。
阅读定律二：阅读是积累渐进的技能。

现在我们来研究定律一：人类是追求快乐的。对于能给自己带来快乐的事，人们会自愿地反复去做。我们去自己喜欢的餐厅，点自己喜欢的食物，听自己喜欢的音乐电台，探望自己喜欢的邻居。反之，对于自己讨厌的食物、音乐及邻居，我们则唯恐避之不及。这不仅是一条定律，更是一个心理上的事实：我们接近带来快乐的事，回避带来痛苦或不愉快的事。

我们给孩子朗读，就会发送一个愉悦信息到孩子的脑中，甚至

将之称为广告亦不为过，因为朗读让孩子把书本、印刷读物与愉悦关联起来。然而，很多时候，不愉快却同阅读和学校联系在一起。学习的经历可能是乏味、无趣、威胁性和毫无意义的——没完没了的习题、密集的发音指导，以及一考再考的小测验。如果一个孩子很少体验到阅读的乐趣，只遭遇到无趣，那他的自然反应就会是回避。

这种现象将我们带到阅读定律二：阅读是积累渐进的技能。阅读就像骑自行车、驾驶汽车或缝纫一样：为了要做好，你必须去实践。你读得越多，就读得越好。过去30年的阅读研究证实了这项简单的公式——对任何性别、种族、国籍和社会背景的学生都适用。读得最多的学生，读得最好，成绩最高，在学校学习的时间最长。相反，读得不多的学生，就无法很好地掌握阅读。为什么不多读书呢？因为根据阅读定律一，学生在学校生活中获得了太多关于阅读的不愉快信息，在家里也没有富有吸引力的书籍带来愉快的信息。他们对书本避之唯恐不及，就好像小猫躲避热炉子一样。我对下一个问题的解释可以为此提供充分的证据。

哪个国家的人阅读能力最强？

1990～1991年，在沃里克·埃利的指导下，国际教育成果评估协会（IEA: International Association for the Evaluation of Educational Achievement）对32个国家21万名9～14岁儿童展开一项广泛的国际阅读研究。这些儿童中，哪个国家的阅读程度最高呢？

在9岁儿童组，前4名的国家是：芬兰（569分）、美国（547分）、瑞典（539分）、法国（531分）。但是在14岁儿童组中，美国落到第8名。

这项研究证明，美国孩子在开始阅读时，阅读水平在世界上名列前茅。但由于阅读是积累渐进的技能，随着年龄增长，美国孩子显然读得越来越少，而其他国家的孩子则越读越多，相比之下，美国孩子的分数自然会下降。我们还有大批贫困的儿童。他们的成绩随着年级的升高而降低（见142页）。近些年教育的种族差距正在缩小，而贫富学生的成绩差距竟然比20世纪60年代拉大了40%。诺瓦东南大学是佛罗里达州的一所研究型院校。这所学校的教授莎拉·兰斯德尔调查了佛罗里达州布劳沃德县259所学校的27万名学生的阅读理解能力。她发现那些不擅长阅读的学生有一个最重要的共同点，就是贫困。很少有人与这些学生交谈，很少有人为他们朗读，在学校或家中，他们所看的阅读物最少。因此，他们在阅读上存在最多的困难。

芬兰儿童阅读成绩最高，是因为提前进行阅读训练吗？

恰恰相反。对那些认为学习越早效果越好的人来说，芬兰的阅读高分正是当头棒喝。他们绝不是被当作小小爱因斯坦来培养的。芬兰与美国参与9岁组调查的儿童平均年龄差距只有3个月，而且芬兰的孩子直到7岁才开始接受正式的阅读指导，足足比美国孩子晚了两年，却仍然在9岁时超过美国。事实上，芬兰所做的每一件事几乎都和一些美国专家倡导的截然相反：在芬兰，大部分妈妈都是职业女性。大多数孩子在1岁时，就被送去托儿所。7岁时开始上小学，但每天只上半天学。学生7～16岁就读于同一所学校。那里没有天才班，每个班的人数通常接近30人。每堂课45分钟，课间有15分钟的休息时间。（比起其他发达国家，芬兰学生的上课时间较短。）在16岁之前，没有全国性课程，也没有标准化考试。包括大学在内的学费全免。这里家庭识字率高，非常重视给儿童朗读，并且有着强大的图书馆系统的支持。

此外，芬兰家庭都广泛使用某种机械设备。这些机械设备都是指导孩子们阅读的老师。想了解更多内容，参见第八章。沃里克·埃利研究的 20 年期间，在经济合作与发展组织三年一度的测试中，芬兰学生的阅读、数学和科学成绩一直处于国际排名第一位。值得注意的是，美国有一种学制——军事化学校，在教师考核、学生人数和考核规则上与芬兰教学环境非常接近，并废除了强制测试，成绩轻松地超过了那些热衷考试的同等公立学校。

阅读能力强的人有什么共同之处？

在沃里克·埃利的研究中，以下两个因素影响了学生的阅读成绩（另外两个因素将在第六章中论及）：

- 老师给学生大声朗读的频率。
- 在校持续默读或愉快阅读的频率（SSR: Sustained Silent Reading）。每天持续默读的学生，其阅读水平要比每周默读一次的学生高很多。

这两个因素也说明了之前提到的两项阅读定律。朗读是引导孩子自己想要阅读的催化剂。另一方面，朗读也丰富了孩子的听力理解，从而提供了阅读的基础。一项对 15 万四年级学生的全球调查显示，父母"经常"在家为孩子朗读的学生比那些父母只是"偶尔"为他们朗读的学生，成绩要高出 30 分[①]。这表示父母为孩子朗读的

[①] 见国际教育成果评估协会在 35 个国家进行读写能力研究，做出国际小学生读写素养进展（PIRLS: Progress in International Reading Literacy Study）报告（2001）。

次数越多，孩子听到的单词就越多（孩子能够理解的也就越多）。这样孩子才更有可能将阅读和每日愉悦的体验联系起来。

自然拼读法效果何在？

有许多研究验证了自然拼读对儿童阅读能力培养的重要性。孩子能了解阅读的技巧——知道字是由音节组成，了解声音的符号——是一大优势，正如下表所示。美国教育部1999年儿童早期纵向研究调查显示，那些父母每周至少为他们朗读三次的学生比那些听不到三次的学生，在上幼儿园时，有更好的音素意识。而且他们的阅读成绩排在前25%的可能性是其他学生的两倍。

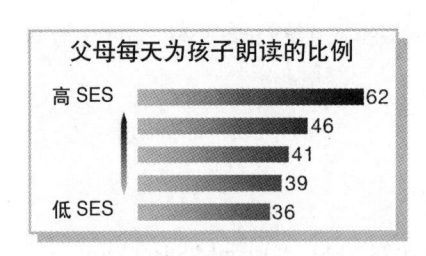

父母每天为孩子朗读的比例

高 SES	62
	46
	41
	39
低 SES	36

社会经济地位（SES: socioeconomic status）越高的父母，为孩子朗读的次数越多。当孩子上幼儿园时，他们就有更好的读写能力。

资料来源：理查德·J. 科利（Richard J. Coley），《不均衡的开始：儿童入学认知准备的不平等》（*An Uneven Start: Indicators of Inequality in School Readiness*），美国教育考试服务中心，2002年。

但自然拼读法不会产生动机。没人会有最喜欢的元音或辅音。自然拼读法就像是教一个男孩如何洗脖子。对于一个成长中的男孩，这是非常重要的技能。但是，教一个男孩如何洗脖子，并不能保证他的脖子是干净的，尽管他知道应该用毛巾和肥皂。大家忽略的要点是动机，他知道如何洗脖子，但他并不想洗。直到男孩有一天遇到心上人，他的脖子才会干干净净——由此可知，知识与动机必须相互作用。

如果你问医生、教练,甚至监督缓刑犯的官员,动机对于那些他们每天面对的人群的重要性,他们一定会告诉你它至关重要。一项针对阅读老师的全国调查显示,他们最感兴趣的教育环节就是培养学生的积极性。然而,课堂上根本没有什么时间去培养学生的阅读积极性,除非你认为准备考试也是培养积极性的一种方式。

孩子和成人的阅读动机无非是这三种:(1)他们喜欢这种体验;(2)他们喜欢这些图书的主题;(3)他们喜欢并且愿意模仿那些进行大量阅读的人。

调查中有支持大声朗读的证据吗?

在过去 30 年,支持大声朗读的证据越来越多。研究者对其中的 33 项证据进行了综合分析,观察是否站得住脚。结果显示父母经常在家为他们朗读的学龄前儿童有更好的语音意识、语言发展和阅读技巧。此外,大声朗读的效果,无论是对社会经济地位较低家庭的儿童,还是对社会经济地位较高家庭的儿童,都是一样的。而且越早开始为孩子朗读,效果越好。研究还发现当孩子开始上小学时,反复为他朗读同一本绘本(至少 3 次),孩子的词汇量将提高 15%~40%,而且学习效果相对持久。2001 年对全球 15 万名四年级学生的评估显示,父母经常为他们朗读的学生成绩比其他学生平均高出 35 分。

有 50 年历史的经济合作与发展组织是一个全球工业国组织,它的目标是帮助成员国共同应对现代经济增长的挑战,包括教育。该组织用了十多年的时间对全球几十万 15 岁学生进行了不同学科的测试,并分国别对他们的成绩进行了比较。从 2006 年开始,经济合作与发展组织已经采访了参加测验的5000名学生的家长，问他们当孩子上一年级时他们是否为孩子朗读过，多久朗读一次。对比这些学生参加国际学生能力评估计划（PISA: Programme for International Student Assessment）考试的阅读成绩，结果惊人地吻合：家长为孩子朗读的次数越多，孩子15岁时的阅读成绩就越高，有时能超前学校教育半年之多。另外，结果的确和家庭收入毫不相关。

我曾在北加州社区进行过一次演讲。几年后，我收到了当地居民写给本地报纸编辑的一封信的副本。这封信讲述了曾获得年度优秀教师称号的一位五年级教师的故事。信中还引用了另一位老师对获奖老师为学生们朗读时声音魅力的惊叹。但是，这封信显然引起了社区中一位父亲的不满，他写道，"这位老师明目张胆地利用课堂时间大声朗读，抓住'角色的声音和学生的注意力'，这让我感到不解。难道我们的学校是托儿所，还要大声为孩子读故事？我的女儿上五年级时，我希望她能够自己阅读。如果这位老师想对角色进行再创造，那么他应该加入当地的戏剧团体。"

大声朗读绝不是"用讲故事的方法来哄孩子"，它有着漫长的思想发展史。两千多年前，《塔木德经》中就告诫犹太父亲，应该让孩子坐在自己的大腿上，为他们朗读。一千年后，基督修道院生活指南《圣本笃会规》中的第38章规定，就餐时必须保持安静，只有修道士可以对就餐者大声朗读特定的话语。难道有人认为这是在"哄骗"带着希望度过黑暗时期的修道士和人们吗？此外，我还想指出"就餐时"大声朗读在本笃会修道院中依然是至少每天一次的功课——有时是精神读物，有时是世俗读物，但绝不会是教科书。一位修道士为我写道，"我们和这些图书、手稿已经有了1500年的爱恋。"在他写下这句话时，明尼苏达州克里奇维尔镇的圣约翰修道院的修道士们正在聆听希拉里·辛梅西神父撰写的《马塞尔·布鲁尔[①]和建设教堂的12人委员会：一个修道院的回忆录》。(书中谈论的就是圣约翰教堂。这是一座宏伟的建筑，贝聿铭曾经说过如果它位于纽约市，一定早就闻名世界。)

再让我们一起看看大声朗读在劳动阶层中的发展史。你甚至可以说这就是有声读物的前身。19世纪中期雪茄行业兴起，当时最好的烟草来自古巴（尽管大部分工厂最后搬去了佛罗里达州帕坦地区）。工人们用手卷雪茄，每天要完成上百个完美的烟卷，他们成了制作精致工艺品的工匠。这似乎很有艺术性，但依旧是在令人窒息的工厂里进行重复劳动。为了打破这种单调，工人们想出了一个办法，让一个人在他们劳作时大声朗读。这在行业内叫"创造激情（la lectura）"。

朗读者（仅帕坦地区就有上百个这样的朗读者）通常坐在一个可以升降的平台上或者工厂中央的指挥台上，然后为工人们大声朗读4小时，包括报纸、经典作品，甚至莎士比亚。（不管怎样，这对我来说绝不像是哄孩子。）

朗读者坐在升降台上为古巴和美国雪茄工厂的工人们朗读，让工作不那么单调。

资料来源：该图片经帕坦地区希斯堡县图书馆授权使用

[①] Marcel Breuer，圣约翰教堂的设计者。

随着美国的工人越来越组织化，这样的朗读成了工人们的一种娱乐方式，也是他们获取全球进步思想的来源。当工厂主意识到朗读给工人们的思想带来了启蒙时，他们试图停止这种活动，却遭到工人们的坚决反对。这些工人甚至以每人每周25美分的价格自掏腰包支付给朗读者。

每日的朗读让工人们增长了见识，锻炼了能力，同时车间的风气也逐渐变得文明。但是，20世纪30年代，雪茄销售因为经济大萧条而不景气。此外，工会对即将到来的机械化愈加焦虑。工厂主宣布大声朗读计划应该取消。工人们立刻组织了罢工进行反抗，却没有成功。最终，朗读者被收音机取代了。但在古巴，朗读者依然存在。

古巴小说家米格尔·巴尼特曾记录，"现在，在整个古巴，这个传统依然完整地保存着。从圣地亚哥到哈瓦那，再到比那尔德里奥，所有的工厂都有朗读者。他们有具体的朗读时间表，一般都是从当天报纸的头条开始读起。读完报纸后，朗读者会休息一会儿，再接着读以前没有读完的图书。大部分朗读者都是女性。"不同于昔日，如今的古巴工厂装着现代化的照明设备、空调和扩音系统。（我想补充一句，这里的条件比同时期美国一些城市里的学校还要好。）

现实是美国学校沉闷得令人窒息，许多高中如同工厂。我认为就像古巴工厂一样，学校应是大声朗读的最佳场所，尤其是在你了解了大声朗读的历史，并看到本书中提到的朗读带来的学业进步时。至于"哄孩子"这种说法，如果有保姆能做到这些，那么雇她一定是笔划算的买卖。

什么是"背景知识"？

想弄明白什么是"背景知识"，最简单的方法就是阅读下面这两段话，看看你的理解有什么不同。

1. 沙巴西亚在三天前的第三场比赛中担任了投手。但是作为先发投手，他向奥斯汀·杰克逊打出了一支二垒安打。然后又三振二人出局。接着又故意将米格尔·卡布瑞拉送上一垒。

2. 卡利斯和罗德得了84分，但是马克·沃夫却无法顺利得分，而他8轮击球只得了37分。在罗德把雷菲尔拖到贝文所在的正后外野时，麦克拉斯还将回击，而沃恩只剩最后两轮了，这一局每轮至少拿到7分。

你可能更容易明白第一段话在谈论什么。这是关于2011年一场棒球比赛的新闻。第二段话则是1999年世界板球锦标赛的一则新闻。你对这个主题的了解和相关词汇的积累越少，读得就越慢，理解起来也就越困难，能够明白得也就越少。逐个单词地去"揣度"这段关于板球的文字，是不是根本没什么帮助？

参观博物馆和旅行能够帮助孩子获取背景知识，最终帮助他们理解正在阅读的东西。

阅读量大的孩子可以将大量的信息运用到课堂中，所以对于老师和书本传授的知识，他们能够理解得更多，这就是背景知识的作用。父母经常带孩子去博物馆和动物园，参观名胜古迹，出国旅游，或者去郊外露营，孩子甚至不用特意学习就可以积累大量的背景知识。那些家境贫困的孩子没有太多机会旅游，因此积累背景知识的最好方法要么是自己读书，要么是让家长朗读给孩子听。(是的，教育类电视节目也有效果，但是自制力差的孩子不适合长时间待在电视机前。)

对于自主学习能力较差的学生，他们获取背景知识的途径遭到了政府"不让一个孩子掉队"计划的进一步冲击。71%的地区将课程减少，只保留数学和阅读两门课，像美术、音乐、科学和语言这样的课程都被取消了。

缺乏背景知识会在上学初期就暴露出来。对幼儿园学生的纵向调查显示，背景知识最缺乏的1/4学生中，有超过50%来自教育程度较低和收入较低的家庭。所以，贫困再一次成为学习的障碍。

进幼儿园前，孩子需要掌握哪些技能？

先让我打个比方。孩子的大脑中有一个巨大的蓄水池，叫作听力词汇。可以说，这就是孩子自己的庞恰特雷恩湖。此湖是新奥尔良市郊重要的入海口，因卡特里娜飓风而泛滥，洪水冲破堤坝，不幸淹没了新奥尔良市。我们希望同样的事情以一种并不悲惨的方式发生——让孩子头脑中的堤坝得以突破。

第一道堤坝是口语词汇。家长为孩子的听力词汇库装入足够多的单词，多到会溢出来，这样就填满了口语词汇库。孩子是通过听来学习说的，如果这个词你没听过那你一定不会说。全球有超过10亿的人说中文——为什么我们不能呢？因为我们无法听到足够多的中文词，尤其是在我们小的时候。第二道堤坝是阅读词汇。如果你从没讲过一个词，那么在印刷读物上看到这个词时，你就几乎不可能懂它的意思。最后一道是写作词汇。如果你从来没有说过或读过这个词，你又如何知道怎么书写它呢？所有的语言艺术都来源于听力词汇——因此需要有人来填满孩子的听力词汇库。就这么简单。

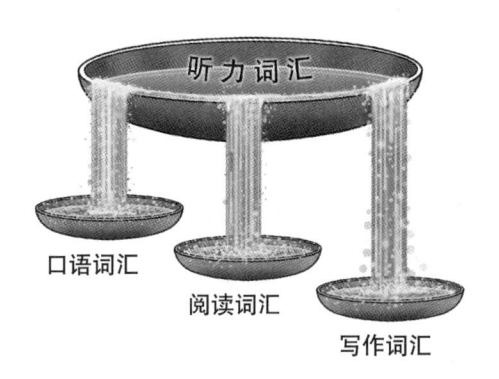

听力词汇

口语词汇
阅读词汇
写作词汇

当你给孩子朗读时，你灌输到孩子耳朵（和大脑）里的是构成词语的发音、音节、尾音和混合辅音。也许某一天，孩子就需要利用这些去拼读和理解词语。另外，通过读故事，你为孩子补充了必需的背景知识，帮助他去理解身边并不常见的事物——例如战争、鲸鱼，或者火车头。

上学前最重要的一项技能就是掌握入学前必需的词汇，因为它是决定孩子未来成绩优劣的重要因素。是的，孩子进入学校后会学习新的词汇，但是他已经掌握的词汇决定了老师说的话他能够理解多少。因为上幼儿园的三年和上小学的第一年里，大部分指令都是口头的，所以词汇量最大的孩子就能理解得最多，而词汇量最少的孩子理解得也就最少。

随着年级的升高，学习的内容也变得更复杂，一旦开始阅读，词汇量就会帮助或阻碍理解。这也是为什么入学前的词汇测试能够如此准确预测学生成绩。

为什么有些孩子的词汇能力发展较早？

交谈是词汇生长的花园，但不同家庭中的交谈状况差异非常大。堪萨斯大学的贝蒂·哈特与托德·雷斯利博士对幼儿早期生活的研究显示了交谈对词汇增长的影响，结果令人瞠目结舌。

这项名为"美国儿童日常经验的有意义的差异"（*Meaningful Differences in the Everyday Experience of Young American Children*）的研究，开始于对堪萨斯大学实验学校4岁儿童进行的测试。接受测试的孩子很多，彼此有明显的差距：有些已掌握丰富的词汇，有些则远远落后。3岁时接受测试的儿童，到9岁时再测试一次，差距依然很大。是什么原因让孩子在年龄如此小的时候就有如此大的差距呢？研究人员将42个正常家庭按社会与经济水平的不同分为3组：福利家庭、工薪家庭、专业人员家庭。从孩子7个月开始，研究人员一个月拜访家庭一次，每次1小时，持续了两年半。在每次的拜访中，研究人员把在孩子面前发生的所有对话都用录音机录下来，并对孩子的行为作了书面记录。

通过1300小时的拜访，研究人员总共累积了2300万字节的信息数据库，并把每个词（名词、动词、副词等）进行词组分类。这项研究有一些惊人的发现：尽管社会经济水平差异很大，所有42个家庭都会和孩子说相同的话、做相同的事。换句话说，不论贫富，一般人都有做好父母的基本能力。

然后，研究人员将收集到的信息进行整理，发现了42个家庭间"有意义的差异"。如果将三组孩子每天听到的词累积4年，那么，到 4 岁的时候，专业人员家庭的孩子会听到 4500 万词，工薪家庭的孩子会听到 2600 万词，福利家庭的孩子只听到 1300 万词。这 3 组孩子在同一天上幼儿园，但到那时他们之间词汇量的差距已高达 3200 万。如果立法者希望老师帮这些孩子赶上来，那么老师需要每秒钟讲 10 个词，并连续讲 900 小时，才能在年底说完 3200 万词。

这 42 个孩子表现各异，是因为他们的单词量构造了不同的大脑。当这些孩子长到 3 岁时，专业人员家庭孩子的词汇量已经达到 1100 个，而福利家庭孩子词汇量只有 525 个。研究结束时，他们的智商分别是 117 和 79。

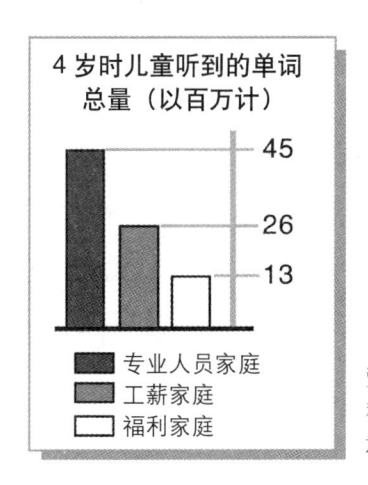

资料来源：贝蒂·哈特和托德·雷斯利（Betty Hart and Todd Risley），"有意义的差异"（*Meaningful Differences*）

这些差异与父母爱孩子的程度无关。每一位家长都爱自己的孩子，都希望给予他们最好的一切。但是，一些家长有更好的教育观念，知道该说什么、做什么，才能达到"最好的"效果。他们知道应该将单词放在有意义的句子和问题中，反复地说给孩子听。他们还知道把一个两岁的孩子丢在电视机前 3 小时是有害无益的。社会学家乔治·法卡斯和库尔特·贝隆研究了 6800 名 3～12 岁的学生，发现来自低收入家庭的孩子入学时词汇量往往较低，而且随着他们

长大也很少有人能够弥补自己的词汇不足。（参见第 142 页的表格）

这类研究的结果毫无歧义：造就孩子不同人生的并不是房间里的玩具，而是他们头脑中的词汇量。除了拥抱以外，我们给孩子的最不昂贵的东西——词汇，将变成他们最宝贵的财富。并不是有工作，有支票，或有高中学历才能和孩子交流。如果让我选择所有家长都应该阅读的研究报告，那么"有意义的差异"一定在其中。而且这事容易落实，作者将他们 268 页的专著压缩成一篇仅有 6 页纸的文章，发表在美国教师联盟的杂志——《美国教育家》（*American Educator*）上，这些杂志你可以在学校里免费复印。

有一项不需要花费金钱，而且非常简单的举动可以帮助家长提高孩子的语言技能（也许对孩子的情感发展也有好处），但在美国并不常见。首先想象一下，当你在和一个人聊天时，对方的眼睛并没有看着你，那你们的交谈将受到多么糟糕的影响。大部分的交谈都会慢得像蜗牛爬。让我们把与人交谈的原则应用到推车中的婴儿身上，看看情况是怎样的。在 20 世纪 60 年代以前，几乎所有的婴儿推车都是面向父母的。如今，虽然也有这样的，但是更多的婴儿推

如果婴儿推车面向父母，父母跟孩子交流（以及教孩子说话）的次数是背对时的两倍。交谈的乐趣大概也是两倍。

车是背对父母的。这有什么不同呢？研究人员发现这将极大地影响父母和子女之间的交流次数——当孩子面对父母时，他们和父母交流的次数是背对父母时的两倍。这甚至比父母牵着孩子或者抱着孩子时的交流次数还要多。当然，如果孩子面对父母，而父母一直在打电话，虽然也是面对面，却毫无益处。

丰富的词汇在哪儿？在交谈中还是在阅读中？

无论是成人之间还是成人对孩子，一般的语言交流大多平淡简单，只使用 5000 个基本词语。（事实上，与孩子的正常交谈所使用的词，有 83% 来自于最常用的 1000 个词，这种情况并不会随着孩子年龄的增长而改变。）另外还有较少使用的其他 5000 个词。这 1 万个词被我们称为常用词。在这 1 万个常用词之外，就是在阅读中扮演重要角色的生僻词。我们的语文程度并非由那 1 万个常用词决定，而是取决于了解多少生僻词。

如果我们不常在交谈中使用这些生僻词，那么在哪儿找到这些词呢？下页的图表显示，印刷文本中包含了最多的生僻词。大人对三岁的孩子说话时，每千字只用 9 个生僻词，但童书中的生僻词是其 3 倍之多，报纸的生僻词高达 7 倍以上。从图表可以看出，在积累词汇方面，口语交流（包括电视语言）明显不如印刷读物。正如图表中显示的和印刷读物有关的数据，生僻词的数量显著增多。贫困家庭的孩子听到的词汇量较少，在家接触书本的机会不多，问题更加严重。这些孩子面临着巨大的词汇短缺问题，影响了他们在学校中的阅读发展。而且，词汇短缺的问题不可能通过参加 120 小时的夏令营或者接受更多的拼读法指导来弥补。

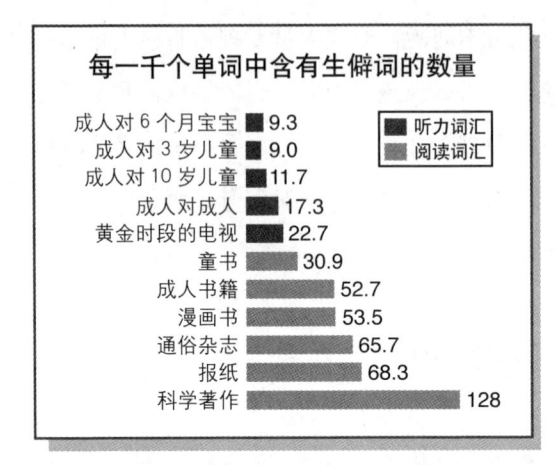

每一千个单词中含有生僻词的数量	
成人对6个月宝宝	9.3
成人对3岁儿童	9.0
成人对10岁儿童	11.7
成人对成人	17.3
黄金时段的电视	22.7
童书	30.9
成人书籍	52.7
漫画书	53.5
通俗杂志	65.7
报纸	68.3
科学著作	128

■ 听力词汇
■ 阅读词汇

日常的家庭对话可以包含基本词汇，但是当你给孩子朗读时，就开始涉及生僻词。这对孩子入校并开始正式学习大有裨益。与此同时，你用了一种可以给孩子带来快乐的方式，让他们熟悉了印刷读物。

资料来源：海耶斯和阿伦斯（Hayes and Ahrens），《儿童语言杂志》(Journal of Child Language)。

如果我都不认识这些单词，又如何教我的孩子呢？

这是我从那些有学习障碍或者以英语为第二语言的家长那里听到的问题。虽然在教育孩子方面，有许多问题很难给出准确的答案，但是这个问题不在此列。有一个公共机构专门帮助这类家长。事实上，该机构从事这项工作已经超过一个世纪。他们所做的是找出大家常用的所有名词、动词和形容词，然后打包免费出借。你唯一需要做的就是在几周后归还。这个机构正是美国免费的公共图书馆——"大家的大学"。对于那些不识字的家长，现在可以使用盒式录音磁带和CD。40年前，在美国，只有盲人才能借到录音书，但是现在任何人都可以。更多内容参见第八章。

有人将这些想法用在贫困学生的学校吗？

就像我必须提醒低收入家长面临的困难并非难以逾越一样，我们也要让教育工作者了解到他们对贫困家庭的孩子负有责任。阅读成绩与阅读乐趣是可以并行不悖的。小托马斯·欧尼尔在担任波士顿地区所罗门·陆文堡中学校长的10年间，他和全体教员证明了这一切是行得通的。20世纪50年代和60年代初期，该校在波士顿的中学里颇有名气，随后受到城市衰败的重创。到1984年，学校的成绩跌落谷底，还被讥讽为"疯人院"，面临关门的危险。波士顿官员对该校下了最后通牒。

欧尼尔接下了东山再起的重任。乐观积极的欧尼尔虽然第一年当校长，但之前担任高中英语老师的经验使他懂得如何"推销"阅读的快乐与重要性。

欧尼尔所做的第一件事是废除该校的对讲机系统。（"在我当老师的时候我就发誓，总有一天我要把墙上这东西扯下来，现在我终于可以光明正大地这么干了。"）然后，他着手建立学校组织、日常规范与纪律。"这些都还容易，接下来的推广阅读才是关键，这是课程的核心。IBM可以教中学毕业生操作机器，但我们必须教会学生阅读操作手册。"在改革的第一年，欧尼尔将每天的最后10分钟安排为默读时间，将近400名学生与教职员都要在这段时间进行休闲阅读。每位老师（和行政人员）都被分配到教室带领学生默读。有些人对这项措施感到愕然，认为这是浪费时间，还不如用最后10分钟来打扫小卖部或体育馆。欧尼尔反驳："请证明有谁比我更忙，那么我就安排10分钟的清洁时间。"结果没有人提出异议了。

一年之内，批评者成为支持者。学校在放学时非常安静。学生甚至在放学出门等公交时还在看默读时间读的书。这与从前一片混乱的情况形成了鲜明对比。

下一项挑战则是不仅要让六年级、七年级与八年级的学生每天看到大人读书，还要听到大人读书。每位老师负责一间教室，以10

分钟的朗读开始每天的学习，与放学时的 10 分钟默读相呼应。不久，朗读开始引发学生的阅读兴趣，学生在默读时间读各种新书。其实，这一招就是许多艺术学校的教学秘诀——"实体写生"，提供模特让学生练习。

第一年，陆文堡中学的成绩突飞猛进；第二年，不仅分数提高了，而且由于学校声誉变好，入学人数也明显增加。

到了 1988 年，也就是改革的第三年，陆文堡中学 570 名学生的阅读成绩在波士顿市高居榜首，在招生名额之外等待入学的学生名单有 15 页之多。《时代》杂志在封面故事中介绍了欧尼尔的成功经验。

如今，欧尼尔已经退休，但他激起的涟漪影响深远，这是他始料未及的。1990 年初，日本一位名叫林弘司的中学公民课老师读了日文版的《朗读手册》，对默读的概念和欧尼尔的例子非常感兴趣，于是立刻决定在自己的学校实施。（与一般美国人的印象正好相反，日本公立学校专心学习的优秀学生并不多，许多学生十分叛逆或根本不看书。）对日本中学的教育制度而言，尽管默读是一种外国人的概念，但林老师每天早晨让学生进行 10 分钟默读，成果非常显著。怀着好东西要与人分享的心情，他在之后的两年里，亲笔写了 4 万张明信片给日本公立学校的校长，邀请大家到学校参观，接受这种默读法。哪怕是最初持怀疑态度的教师都对林老师的改革一致赞誉。到 2006 年，超过 3500 所日本学校都以默读开始一天的教学。

如今谁还有时间？

如今人们过得好像一天的时间从 24 小时压缩成了 18 小时一样。是的，有些人的工作时间的确不太正常——但是这类人并不多。如果时间真的变短了，那么商场里早就空了，电影点播网站也不会存在，各种有线电视公司也早已破产。最终，问题被归结为我16岁时，帕特里夏·约瑟夫修女给我的忠告。那时，我在班上负责美术工作，她让我周末的时候给公告牌画点东西。但是到了周一，公告牌上什么也没有。我的理由是自己实在没有时间。修女表情严肃，但很平静地说道："没关系，但是请你明白，即使最忙的人也会为他们认为真正有价值的事情挤出时间。"

那个时候，她的话就切中要害，至今依然如此。如果你能理解到现在为止你所阅读的内容，而且你真的在乎孩子和他们的未来，那就请你挤出时间。就像修女所说，这取决于你认为什么是有价值的。

关于大声朗读、词汇和大脑，我最后再说一句

在支持大声朗读的所有研究当中，接下来的这个将是最不同寻常，可能也是最发人深省的。回到20世纪90年代中期，两位男士和一位女士在肯塔基大学医学中心的办公室中聊天。两位男士中有一位是流行病学家，另一位是精神病学家。女士则是语言心理学家。他们正在进行的是阿尔茨海默症的研究项目。研究对象是一组修女。修女们同意进行定期的精神检查，并在她们死后对其大脑进行解剖，将个人数据用于研究。结合修女们22岁左右时自己写的自传文章，尸体解剖的结果非常清晰地显示出某种关联：那些能写出非常紧凑的句子（把所有的想法用一句话表达出来，而不是把它们分成许多从句）的修女既不太可能得阿尔茨海默症，也没有显示出遭到该病的损害。简单说，一个人年轻时词汇量越大，思维越缜密，晚年受到阿尔茨海默症损害甚至患上该病的可能性会越小。

难道年轻时丰富的词汇和复杂的思考是抵抗阿尔茨海默症的前

期保险？这三个人正在探讨这类问题，其中，也是一位父亲的精神病学家比尔·马克斯伯里，询问语言心理学家苏珊·坎伯："这对我们的孩子意味着什么？"

流行病学家大卫·斯诺登把这项研究写成了《优雅地老去》(Aging with Grace)，在这本引人入胜的书中，他这样描述：

> 这个问题让我措手不及。但是当我看到他脸上的表情时，我明白他是作为一名父亲，而不是一名科学家，在问这个问题。比尔有三个已经成年的女儿。很明显他想知道自己和妻子芭芭拉作为父母所做的一切是否正确。
>
> "给他们朗读，"苏珊回答道，"就是那么简单。这是父母要为孩子做的最重要的事情。"苏珊解释说思维的缜密性取决于至少两个非常重要的后天习得的能力：词汇能力和阅读理解能力。"增加词汇量和阅读理解能力的最佳方法，就是家长在孩子还小的时候就开始为他们朗读。"苏珊强调说。我看到比尔的表情舒展放松下来。他很骄傲地说："我和芭芭拉每晚都给孩子朗读。"
>
> 在这项研究成果发表后的几年里，很多人都问过我跟马克斯伯里一样的问题。那些父母问我他们是否应该给孩子听莫扎特的曲子，或者给他们买昂贵的智力玩具，或者禁止他们看电视，又或者让他们早一点开始学习电脑。我给了他们同样简单的答案，就像苏珊·坎伯告诉马克斯伯里的那样："为你的孩子大声朗读。"

第二章 | 何时开始（结束）朗读？

我们小时候学会的东西都刻在了石头上。
而长大后学会的东西却刻在了冰上。
　　　　　　　　——大卫·克尔狄恩[①]

[①] David Kherdian，美国诗人，作品《离家的路》(The Road From Home)，曾获纽伯瑞银奖。

"孩子几岁时就可以听大人读书了呢？"这是我最常被家长问到的问题，而接下来他们往往还会问："孩子多大时就不用再给他朗读了？"

在回答第一个问题时，我通常会反问他们："你什么时候开始和你的孩子说话？是等到孩子6个月大的时候才开始吗？"

"我们从孩子出生的那一天起就开始和他说话了。"家长回答。

"那么，在你的孩子出生那天，他说什么语言？英语、日语还是意大利语呢？"家长们通常都要回答是"英语"，但随即就想到刚出生的孩子其实还不会说任何语言。

"这就对了！"我说，"你们将刚出生的婴儿抱在怀里，并且轻声地说：'我们爱你，小苔丝，爸爸和妈妈觉得你是世界上最漂亮的孩子。'这时，你们在使用多音节的词和复杂的句子对婴儿说话，对婴儿来说，你们就像在说一种外语，他根本听不懂任何一个字。不过，你们却从不会因此不跟婴儿说话。但是大多数人无法想象为一个婴儿朗读，这真让人伤心。既然你可以对初生儿说话，就一样可以读书给他听，你用的是相同的语言啊！"

显然，对于刚出生到6个月的婴儿，我们通常只需要让孩子习惯父母的声音和看到书本，而不是让他们理解你说的话和故事的内容。贝里·布雷泽尔顿[①]博士在担任波士顿儿童医院医学中心儿童发展部主管时发现，那些初为人父母者最艰难的任务，就是学习如何使婴儿安静下来，让他们在自己的控制之下，这样孩子才能看看周围、听你说话。这和老师每年9月面对新班级时遇到的困难是一样的——如何掌控局面。

---

① Dr. T. Berry Brazelton，世界儿科学和儿童发展领域的顶尖专家，曾担任美国儿童发展研究会会长等。其代表作《儿童敏感期全书》，是儿童发展领域的权威读本。

胎教是一个神话吗？

人们很早以前就知道父母的声音是安抚婴儿最有效的工具之一。这个观点虽然在早期受到怀疑，但现在已有研究指出，声音的影响甚至早在出生前就开始了。北卡罗来纳大学的心理学家安东尼·狄卡斯伯和他的同事研究了给胎儿读书产生的影响，他们认为婴儿可以辨认出一些出生前听到的声音。

狄卡斯伯要求33位怀孕的妇女在孕期的最后6周里，每天3次朗读某个童话故事中特定的一段。有三段不同的故事供这33位孕妇选择，每位孕妇只能选其中一段。婴儿出生52小时后，研究人员给每个婴儿一个奶嘴和一副耳机，从耳机里，婴儿可以听到一位女士（不是他们的母亲）朗读这三段选定的故事。研究人员通过计算婴儿吸奶嘴的速度推断出，婴儿比较喜欢听出生前母亲一直朗读的那段故事。

"婴儿对故事的反应，的确是受到出生前接触的故事的影响。"狄卡斯伯得出这样的结论，"学习上大致也是如此的方法。"在一个类似的实验中，孕妇在产前两个半月开始读书给胎儿听，狄卡斯伯发现，婴儿听到新的故事时，心跳会加速；他们听到熟悉的故事时，

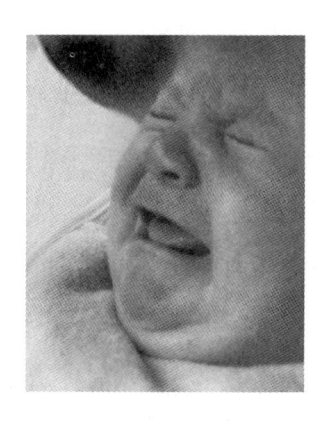

她无意间就学会了一种口音。

心跳会变缓。

最近，研究者们研究了法国和德国各 30 名新生儿的 1000 次哭声。作为两种不同的语言，法语和德语有非常不同的语调模式，那么两国婴儿的哭声又如何呢？研究结果显示婴儿的哭声就像他们的父母一样带着"口音"，模仿了他们在子宫里的最后三个月听到的语调。

以上各项研究都可以清楚地表明，孩子在胎儿时期就能熟悉某种特定的声音，而且会将这些熟悉的声音与舒适感和安全感联系在一起。所以婴儿从出生前就开始学习了，到他们可以看到和摸到书、了解字的意义和感觉到读书者的存在时，他们所学习到的已经超出人们的想象。

如果给有特殊需求的孩子朗读呢？

在《卡索拉和她的书》(*Cushla and Her Books*) 一书中，作者多萝西·巴特勒讲述了卡索拉的父母如何在她 4 个月大时开始给她朗读。卡索拉 9 个月大时，已经对特定的一些故事有反应，并向父母示意哪些是她最喜爱的故事。5 岁时，卡索拉已经能够自己朗读故事。

卡索拉的经历如此引人注目的重点在于，由于染色体受到破坏，她出生时脾脏、肾脏和口腔都有缺陷，肌肉有痉挛现象，这使她晚上的睡眠从来没有超出过两小时。而且直到 3 岁，她才能用手握住东西。另外，她还弱视，无法看清比自己手指尖更远的物体。

卡索拉 3 岁时，医生们都诊断她是"心智及身体生长迟缓"，并建议把她送到特殊的收容机构去。然而她的父母在看到她对书本的反应之后，拒绝了医生的建议；取而代之的做法是每天朗读 14 本书给她听。在她5岁大时，心理学家发现她的智能发展超出了一般孩子的平均水平，而且社交适应能力良好。

卡索拉的故事出现在《朗读手册》的每一版里，而每次我都希望这个故事能够激励到某个读者。有一天，我收到田纳西州孟菲斯市的玛西娅·托马斯寄来的一封信：

> 我们的女儿珍妮弗1984年9月出生，当时我们收到的礼物中有一本《朗读手册》。读了书中的前几章，我们对卡索拉的故事印象十分深刻，于是决定每天至少读10本书给珍妮弗听。她因先天心脏缺陷，必须住院7周做矫正手术，在这段时间内，她必须接受特别护理。我们就是从那时候开始给她朗读的。我们无法在医院陪伴她时，会将故事录音带留下来，请护士帮忙给她播放。
>
> 过去7年来，我们抓住所有可能的机会读故事给珍妮弗听。现在她已经上小学一年级了，并且是班上阅读成绩最好的学生之一。她的阅读测验总是得满分，而且她懂的词语相当多。下课时，经常可以在学校的阅览室看到她的身影；在家里，她也很喜欢和我或她爸爸坐在一起看书。
>
> 我们的故事与众不同的是，珍妮弗出生时，被诊断患有唐氏综合征，她两个月大时，我们被告知她很有可能全盲、耳聋，而且严重智障。然而当她4岁接受智商测验时，她的智商却高达111。

珍妮弗·托马斯已经从马萨诸塞州的康科德高中毕业，并通过了马萨诸塞州综合评估系统的考试，成为"美国国家高中荣誉生会"的一员。珍妮弗在艺术方面非常有天赋。她参加了2003年的特别艺术家比赛，参赛选手的身体或智力有缺陷，年龄在16～25岁之间。此次比赛共有15幅作品被选中并进行全国巡展。珍妮弗的作品就是其中之一。2005年，她注册学习了位于马萨诸塞州剑桥市的莱斯利大学的入门课程，并于2008年毕业。如今，她在剑桥市拥有一套自己的公寓，书桌上放着两本经常查阅的字典。她依然是个如饥似渴的阅读者，还是维基百科的忠实用户。

如果卡索拉和珍妮弗家里都可以帮助孩子克服障碍，并成功地教育他们，试想一下，正常家庭如果能够尽早并且认真地读书给孩子听，将会有多么令人意想不到的结果呢？

如果你从孩子出生第一天开始读书给他听，会怎么样？

1988年感恩节，琳达·凯莉-何塞特和她的丈夫吉姆将艾琳从医院带回家，那时艾琳还不知道自己是个多么幸运的女孩，但很快她就发现了。几年之后，艾琳的母亲跟我分享她有关朗读经验的日记时，我也发现了这个事实。我自己并未保留这种与孩子一同阅读的记录，既然琳达甚至比我还早开始这项工作（我以前真是个无知的家长），我想琳达的经验应该比我写下的任何话都有说服力。艾琳出生时，琳达担任小学老师已22年，而且她非常热衷为学生朗读。她将课堂上使用的教学方法以及给学生家长的建议，都运用在艾琳身上。虽然并非所有的家长都有时间像琳达那样做，但如果能做到琳达所做的一半，他们孩子的未来都会更美好。在下面的琳达的文章里，请注意艾琳从书本上自然而然学到的行为，以及书本内容与日常生活的关联性。

艾琳出生第一天接触的第一本书，是罗伯特·马修的《永远爱你》，我先生用录像机将我读这本书的情景拍了下来。他本来对这本书的内容并不熟悉，但来回听了好几次之后，深受感动并流下眼泪。这段录像曾分享给亲戚和朋友们，用一种特殊的方式把艾琳带到他们的生活中，我也将它带到我之前任教的三年级班上——为下一代播下阅读的种子。

艾琳出生后的4个月内，都是看一些软软厚厚的书、纸板书或者坚固的翻翻书。这些书除了看之外，还可以当玩具玩。艾琳4个月之后开始喜欢在婴儿健身器里，跟着诗歌、童谣和立体书蹦蹦跳跳，每天2～3次，而且每次长达45分钟。我们一遍一遍读杰克·普瑞拉特斯基的《小小孩朗读诗》，还跟着《欧美经典儿歌》录音带一起唱。

到艾琳8个月时，她渐渐对婴儿健身器失去兴趣，开始到处爬来爬去，寻找吸引她的新玩意儿。这个时期，她很喜欢撕纸，所以我们给她一大堆杂志去玩，而这时给她看的书必须是很结实的，给她读的书也一直是这一类的。到她10个月大时，我开始很渴望读真正的故事书给她听，所以我决定将她放在儿童用餐的高脚椅上听我读故事书（防止她撕书），这么做效果好得令人惊讶。

从一开始，我和艾琳之间就没有出现过吃饭大战，因为我忙着读书给艾琳听，而不会过于在意她吃了多少食物。我读故事时，艾琳通常手抓食物吃，我也会喂她一些婴儿食品，她的用餐时间通常都是趣味盎然而且有意义的。往往最后她还会用手指着书架，要求我读另一本书。像这样用餐时听故事的情形持续了许多年，我一直都利用早餐及午餐时间读故事书。她有朋友来访时，我们也在点心时间读故事，我教学中所用的大开本故事书更是深受小朋友们喜爱。

在这期间，还发生了几件特别值得注意的事。我先生被调到东岸工作，两周才能回家一次。艾琳10～15个月的那段时间，大多只是我们两个人一起吃饭，所以读故事时间就变长了。对她而言，餐后再听20～40分钟的故事毫无问题。我1990年2月4日的日记里写着："早餐后9本书；午餐后10本书、4首诗；晚餐后7本书。"而这样的阅读量已经成为家常便饭。

10天之后，1990年2月14日，我在日记上写道："早餐后艾琳要求看一本书。这个月底我们即将搬家，所以我决定选择法兰克·艾许的《房子，再见》。每当我读完一本，她马上又要求听另一本，最后我总共花了75分钟读了25本书。14个月大的她一直保持着对故事的强烈兴趣，她总是认真地听，指着书上的画，说出几个字或发出一些不同的声音。"

我想说明的是我们读的这些书艾琳都很熟悉，通常她不会立即喜欢上一本新书。我会先用几天时间慢慢将书介绍给艾琳，第一天我们只是看看封面，再"谈谈"这本书，第二天才读一两页，接下来的每一天再多进行几页，直到第五天或第六天，我觉得她对书足够熟悉了，才把整本书读给她听。

我们搬到宾夕法尼亚州不久，我给艾琳读艾瑞·卡尔的《好饿的毛毛虫》——之前6个月我也在给她读这本书。这本书的第二个句子是："星期天早上，暖和的太阳升起来了。'啪'一声，一条又小又饿的毛毛虫，从蛋里爬了出来。"我刚要念出"啪"这个字，艾琳就先说出来了，而且是用极生动的语调说出来的。那时，她才17个月。从那之后，她会在听熟悉的故事时，主动说出其中的一些字，这使得原本已经很愉快的读故事时间变得更有趣了。

这对母女的亲子阅读时光滋养了孩子对书籍的热爱，额外的收获是艾琳的语言能力一直在进步。21个月时，她就可以说出完整的句子；到了24个月时，她已经知道上千个词。这样的成就并没有借助任何识字卡片和"训练技巧"来完成。艾琳的父亲事实上也参与了读故事，他们有一些藏书被艾琳贴上了"爸爸的书"的标签，表示那些是爸爸读的书。

　　因为有了听故事的经验，艾琳很容易就能集中注意力，而且她对书的兴趣也一直在增长。到4岁时，除了绘本，她也可以听长达100页的长篇故事。当艾琳到了上小学的年龄时，她的母亲决定利用自己多年来的专业教学经验，自己在家教艾琳，而不是把她送进学校。他们觉得应该尽最大的努力给独生女最好的教育，也就是由具有22年教学经验的母亲亲自教育她。而且，以艾琳之前在家里学习到的知识，如果送她到正式的学校上课，那么第一年的教学对她而言将是多余的，很可能她无聊得想哭。接下来的几年，琳达和艾琳每周都会和社区内其他在家自学的孩子碰面；艾琳12岁时，她每星期都花5小时参加当地中学的乐团训练和体育课程。

　　意识到给孩子读故事带来的许多好处，以及孩子听力理解能力与阅读能力的差异（稍后有更多关于这方面的讨论）之后，艾琳的父母决定继续读故事给她听。读者如果对艾琳4～12岁所听的故事有兴趣，可以到我的网站（http://www.trelease-on-reading.com/erinlist.html）查阅艾琳的书单。

　　艾琳阅读能力的进步也是个有趣的故事。5岁时，她迫切地学习新词及如何发音，并且迅速掌握，但她拒绝自己正式地阅读。每天，她依然是听父母给她读故事，但当她妈妈要求她在一年级自己读书时，她说："我才不读那些宝宝书（简易读本）呢，我要等到我会看长篇故事的时候再自己读书。"

她妈妈听了有点惊讶，但想了一个办法。她每周带着艾琳去为当地4～5岁孩子的启蒙项目担任义工，工作内容之一是给孩子们读书。当那些孩子看着艾琳，等着听她读故事时，艾琳迟疑了一会儿，不过最后她还是读了一些大开本的童书，比如《好饿的毛毛虫》。很明显，艾琳已经学会了自己读书。

在艾琳即将升入二年级的暑假里，他们一家人去拜访一位朋友，这位朋友有个比艾琳大3岁的女儿。虽然这两个小女孩同时上床准备睡觉，但艾琳像只夜猫子，总是不想睡。朋友家的女孩拿了一些以前看的章节故事书给艾琳看。第二天早餐时，艾琳拿了一本书给她妈妈，并告诉她："我昨天晚上看完这本书了。"琳达觉得艾琳大概只是随便翻翻而已，所以也没有想太多。第三天早上，艾琳又拿了一本书，表示她也看完了，于是琳达要求她读其中一段，没想到艾琳真的读了出来，语调和发音完全正确，并且没有漏掉任何一个字。

这些年，因为艾琳妈妈最初的来信，我有几次机会和艾琳一起吃饭，甚至在研讨会上当众采访她。她表现得既热情，又泰然自若，充满天赋，而且口才极佳，是我见过的最出众的年轻女士之一。艾琳绝不是个书呆子，她还喜欢游泳、垒球和音乐。在艾琳进入俄

现在的艾琳·何塞特

克拉荷马城市大学之前，何塞特夫妇决定一起给孩子朗读最后一本书——《汤姆·索亚历险记》。从艾琳4岁起，他们就给她读章节故事书。迄今为止，这已经是第694本。这些书完全没有妨碍艾琳在高中时获得"美国优秀学生奖学金"，并在SAT考试中获得词汇部分800分的满分。大学时代，她的学术能力也并没有降低——她以优异的成绩从大学毕业，GPA排名全班第一。

如果孩子想要自主阅读，应该怎么办？

启发孩子自主阅读也是本书的目标之一。但是，自主阅读和朗读并不矛盾。我们可以兼顾——而且也应该兼顾。（更多关于默读的内容可以参考第五章）

坦白说，并不是所有的大孩子都是积极的听众。不过绝大部分孩子都会慢慢习惯听人朗读。另外有一些，尤其是那些早慧的孩子，对他人朗读的节奏（比默读的节奏要慢）表现得缺乏耐心，因而更喜欢自主阅读。我们以凯西·布罗西纳的情况为例。她的父亲吉米是一位图书管理员，他把大声朗读列入了他的日常工作计划。凯西告诉父亲她已经上四年级了，可以自己阅读。所以吉米为她的朗读乍然中断。但是凯西还有一个小妹妹克里斯汀，吉米依然继续为小女儿朗读。

当克里斯汀上四年级的时候，吉米想起了以前大女儿对朗读的反应，于是问克里斯汀：我们连续100个晚上读故事，怎么样？这一目标实现后，克里斯汀建议父亲连续1000个晚上都给她读故事。这1000天中有生病的日子也有健康的日子，其间吉米还离了婚，甚至经历了一场车祸，但读故事始终没有中断。从绘本到经典作品，没有什么能够阻碍他们承诺的"连续"二字。随着父女关系变得更加亲密、约会、彩排，甚至舞会，都因为朗读而打断或推后。

然而，没有什么能永远持续。连续朗读计划最终落幕，因为另一项连续计划出现了——四年的大学生活。克里斯汀进入大学的第一天，他们在宿舍楼的楼梯间读了最后一章——这是连续朗读的第3218个夜晚。

在吉米·布罗西纳38年的教育生涯中，他曾经工作过的一所小学的校长告诉吉米，给学生朗读是在浪费宝贵的教学时间。这是在开玩笑吗？吉米连续3218个夜晚为克里斯汀朗读，没有作业纸，也没有词汇小测验，而克里斯汀所获得的一切都足以证明父亲的努力。除了父女之间深厚的感情纽带与共同分享的体验外，克里斯汀大学四年的所有成绩都是A，仅有一个B。她还赢得了两届全国写作比赛的冠军。还有，大学刚毕业一年，她就写成了一部文学回忆录——《阅读的承诺：我父亲与我共读的书》(*The Reading Promise: My Father and the Books We Shared*)。这本署了笔名爱丽丝·奥兹玛的书在全国出版发行。看到克里斯汀的例子，怎么能说是在"浪费宝贵的教学时间"呢？

能否推荐一些教孩子在上幼儿园之前学会阅读的书？

我们有快速制成的布丁、快速冲洗出的照片或速溶咖啡，却没有速成的人，然而有些家长急着要让孩子长大。另一方面，尽管芬兰的法律仍禁止孩子在7岁以前接受正式的阅读教育，但芬兰的阅读成绩仍居世界首位。事实上，在沃里克·埃利对来自32个国家的超过20万名读者所进行的调查研究中，全世界阅读能力排名前4位的国家里，另外3个国家都不让儿童在7岁之前接受正式的阅读教育。

贝里·布雷泽尔顿博士曾指出，家长关心孩子的智能成长是非常必要的，但是如果因为过度关心而急着教孩子读书，将产生负面效果。布雷泽尔顿博士向美国国家公共电台解释："我亲眼见过一些孩子的例子，这些孩子从 3 岁半或 4 岁左右就开始读字典，并且在 4 岁以前就学会阅读和打字，但这些孩子日后遇到了学习上的困难。他们一年级时表现很好，但到二年级就出现问题了。我认为这些孩子太早受到必须学习阅读的强大压力，这么做的后果不会马上被看到，而是过段时间才能显现出来。"

像布雷泽尔顿和大卫·埃尔金德[①]等专家并没说儿童早期阅读本质上不可行，而是认为儿童应该顺其自然地靠自己掌握阅读的技巧，并非是每天在固定的时间由父亲或者母亲坐在他们身边教他们字母、发音和音节。这种"自然的方法"就是在哈珀·李的《杀死一只知更鸟》中，斯科特所学到的方法——让孩子坐在父母的腿上，听父母讲故事，看着父母的手指随着故事的发展向前移动。渐渐地，到了某个时刻，孩子们便能够自然地将单词的发音和书本上的形象联系起来，就像艾琳·何塞特的学习一样，毫无压力。

但是，也有一些孩子早早地学会了阅读。他们在进入幼儿园时，在接受正规的阅读指导前，就已经学会了阅读。我们把这些孩子叫作早慧读者。他们更应该引起我们的注意。过去的 50 年已经有对这类孩子深入细致的研究。他们中的大多数在家中并没有接受过正规的阅读指导，也没有参加过任何阅读辅导培训。

这项研究，以及对接受课堂教学内容毫无困难的小学生的研究，显示几乎每一个早慧读者的家庭环境，都有 4 个共同的因素：

---

① David Elkind，美国儿童心理学家、教育家，曾任美国幼儿教育协会主席。

1. 父母定期为孩子朗读。多洛雷斯·邓金[①]1966年的研究显示，所有的早慧读者，其父母都会定期为他们朗读。此外，父母也都热衷阅读，是他们最好的榜样。他们的阅读不仅仅局限于书，还包括包装标识、道路、卡车指示牌、广告牌，等等。40年后，一项针对35个国家的四年级学生及其家庭的调查再次印证了这个事实——那些成绩最好的学生，他们的家长都会定期为他们朗读。

2. 家中有各种类型的印刷材料——书籍、杂志、报纸和漫画。在邓金的研究结果发布将近30年时，美国国家教育进展评估的调查进一步显示，家中的阅读材料越多，孩子的写作、阅读以及数学的成绩也就越高。第六章中我们将重点讲述家庭以及学校的阅读环境对孩子阅读成绩的影响。

3. 孩子可以轻松地找到纸和笔。邓金解释，"几乎无一例外，对于书面语言的好奇心来自对涂鸦和绘画的兴趣。这种兴趣渐渐地发展为对于印刷物和字母表中的字母的兴趣"。

4. 父母通过回答孩子无止境的问题，称赞孩子阅读和写作的尝试，经常带孩子去图书馆，为孩子购买图书，写下孩子口述的故事，把孩子的作品放在家中显著的位置，来激发孩子对阅读和写作的兴趣。上文提到的针对35个国家15万名四年级学生进行的调查再次印证了这个结果。此外，普利策奖获得者小伦纳德·皮兹妈妈的故事也是有力的证明（参见前言）。

我想要强调的是这4个因素出现在几乎每一位早慧读者的家中。对于家长，这些因素都不会花费太多，并且除了兴趣，不需要投入

[①] Dolores Durkin，教育学教授，著名研究专家。她最初的一个纵向研究开始于20世纪60年代，证明了年幼的孩子在还未上幼儿园时，是在家里学习阅读的。这份研究出版成书《早期阅读的儿童》（*Children Who Read Early*）。

其他的东西。

如果我读书给孩子听,他的阅读能力怎么会进步呢?

听力理解的进步有助于阅读理解的进步。听起来是不是有点复杂?我们以英语中最常使用的词"the"为例简单说明一下。我通常会问听众,有没有人认为这个只有三个字母的单词很难理解,在三百多位听众里,大约会有五位举手,而剩下的人总是在窃笑。

接着我会问那些没有举手的人,假设我是个来自俄罗斯的交换学生,住在他们家里,而俄文中并没有一个字和英语的"the"意义相同。事实上,世界上许多语言都不使用这样的冠词,如汉语、日语、韩语、波斯语、波兰语、旁遮普语、克罗地亚语和越南语等。

"现在,我是俄罗斯来的交换学生,我和你们一家人住了三个星期。有一天,我问你们:'我不懂你们一直在说的一个词 the,这个词到底是什么意思呢?'"

你们将如何向这名学生说明 the 的意义呢?每位听众都不好意思地笑了。我们进幼儿园时就已经知道如何使用这个词了,然而解释这个简单的词竟然变得很困难。

我们是怎么学会的?当你三岁大时,妈妈会不会一早将你带到厨房,要你在桌子旁边坐下来,桌上放着练习本,然后开始教你:"'the'这个词是冠词,放在名词前面,好,现在用你的绿色蜡笔把这一页里面的所有冠词都标出来。"是这样学习的吗?当然不是。

这个拼法简单但用法难的词,我们是通过不断听到而渐渐学会的。事实上,是从以下三个层面听到的:

1. 在生活中不断听到(沉浸在这样的环境里)。

2. 听到心目中的"英雄"——母亲、父亲、哥哥姐姐（学习的榜样）使用这个词。

3. 听到这个词被使用在有意义的词句中——例如：the cookie（饼干）、the crayons（蜡笔）、the potty（厕所）。

当大人读书给孩子听的时候，有三件重要的事同时发生：(1) 孩子和书之间产生一种愉悦的联结关系；(2) 家长和孩子同时从书里学到东西；(3) 家长把文字以及文字的发音灌输到孩子的耳朵里。（参见第 44 页）

口语能力对阅读能力影响的研究证实了这一概念，并给入学时词汇量较小的学生敲响了警钟。你也许会寄希望于学校来缩小口语词汇量较小的学生与词汇量较大的学生之间的差距。但情况恰恰相反，两类学生的差距没有缩小，反而增大了。

原因是双重的：(1) 低年级学生阅读的单词，大部分他们都认识（通过"拼读课本"）。词汇量小也好，词汇量大也好，学生在课堂上都不可能遇到太多新单词。(2) 因此，学生接触新单词或复杂句子的唯一机会来自父母、同龄人，还有老师。对于词汇量较大的学生，虽然在学校里缺乏认识新单词的机会，在家中却有更多的机会听父母朗读内容复杂的图书，接触教育类的电视节目，以及长时间地参与有意义的谈话。而词汇量较小的学生只能每天在家中听到那些相同的且有限的词。

更糟糕的是，在认可大声朗读益处的学校中，词汇量大的孩子更容易适应学校生活，并且能够听到更多的新单词。这使两类学生的差距变得更大。内尔·杜克[①]对城市和郊区一年级学生进行了比较

[①] Nell Duke，密歇根大学教育学院教授，主要研究早期识字发展，特别是生活贫困的儿童。

研究。她选取了城市中的 10 个班级和郊区的 10 个班级，并发现 10 个郊区班级中有 7 个班级的学生听过章节故事书的朗读，而 10 个城市班级中只有 2 个班级的学生接触过章节故事书。词汇量最少的孩子接触的单词和复杂句子最少，因此，差距越来越大。另一个原因是"暑假倒退期"，我将在第 142 页中详细解释。

为了缩小学生之间词汇量的差距，政府推行了两项措施——"不让一个孩子掉队"和"力争上游"。然而，实现这一目标最有效的方法就是充分利用孩子在家的那 7800 小时。对于那些成绩较差的学生，如果有一半家庭的家长从一开始就为他们朗读从图书馆中借来的图书（如果家长不识字，可以听录音书），会有多好的效果？第二种方法比第一种方法效果差一些，是让老师在课上为学生朗读更丰富的文学作品——起码要比拼读课本的文本更丰富。正如第 50 页中的图表所示，阅读儿童读物，即使是优质的绘本，所获得的词汇也要比从家庭和学校里的日常谈话中获得的要多得多。

我该怎么做才能延长孩子集中注意力的时间？

帮孩子延长集中注意力的时间的最好方式是与他一对一地相处，这也是迄今发明的最有效的教学方法。哈佛大学的心理学家杰罗姆·卡根在研究如何改善有学习困难的孩子的语言问题时发现，一对一教学对帮助孩子集中注意力特别有效。他指出，读故事给孩子听，并留意他们听故事时的反应，可以带来许多好处。所以他强调，如果可能的话，家长最好给每个孩子单独读故事书听。

我知道这个方法对于父母都上班，且有一个以上孩子的家庭而言并不容易，但一周七天里，总应该能找出时间与孩子单独相处，让他发现你对他的专注，哪怕一周只有一两次的机会。

一对一是让孩子更快掌握读书目的的关键要点。

亲子间一对一的相处时间可以用来读书、聊天或玩游戏，这对教育孩子有关书、玩具、花或水等生活事物的概念非常重要。孩子一旦对这些事物有了概念，也就具备了进一步学习的基础，孩子的注意力也就可以集中了。如果对于生活中的一些事情不了解，而且不知道为什么发生，那么孩子就根本无法把注意力集中在某件事情上。

以下是三岁大的孩子可以学会的概念：

- 电话机可以用来打电话，也可以用来接听电话。
- 只要我听和看，书里面的故事就可以让我感到快乐。

现已退休的小学校长艾莉·弗南兹是我的朋友和邻居。大约三十年前，已放下教鞭十年的她决定重返教坛。她之前是中学老师，而这次要教幼儿园，这是她未曾接触过的领域。我还清楚地记得艾莉告诉我，她第一天教小朋友有关电话和书本概念的情形。她说："每天早上，这些三岁大的小朋友用教室里的玩具电话假装打电话给妈妈，确定妈妈会来幼儿园接他们回家。小朋友们先拨一个电话号码，接着讲一会儿话,他们甚至会使用适当的电话礼节。"这些小朋友因为对电话有概念,所以能够学着使用电话,而且玩上相当长的一段时间。他们玩打电话时注意力非常集中。(参考前言第9页比安卡·科顿的例子。)

现在,将小朋友打电话的情况和当天艾莉班上故事时间的情况进行对比。"故事开始后半分钟,有两个小朋友从围着的圆圈里站起来走出去,他们显然感到无聊。很快,许多小朋友也加入他们,在短短两分钟内,一半小朋友都不听故事了。"(艾莉后来才知道两个将故事从头到尾都听完的小朋友之中,有一个是从一出生就开始听故事的。)

孩子对以上两种活动的注意力集中程度的差异,是孩子对活动本身概念的差异造成的。当一个孩子没有任何看书的经验时,他不可能对书有任何概念,也不会了解书本可以带来的趣味;也就是说,毫无经验或概念的东西,无法吸引孩子长时间集中注意力。

有什么东西是我可以买来帮助孩子提高阅读能力的?

常有家长问我有没有什么东西可以买来帮助孩子快速提高阅读能力,像某种成套的工具或语言游戏之类。几年前我开始问同事:"当你们还是小孩子时,家里有什么东西使你们开始对阅读产生兴趣?那些家中必买的东西。"除了免费的图书借阅证之外,大家提到的东西被我归纳成"3B",而这三样东西几乎是所有家长都有能力负担的。

第一个 B 是 Books(书籍):让孩子拥有自己的书,在书里写上自己的名字,而且这些书不用归还给图书馆,甚至不必和其他兄弟姐妹分享。第六章将告诉您拥有图书(或者阅读环境)和阅读成绩之间有着清晰的联系。

第二个 B 是 Book Basket（书篮或杂志架）：将它们放在最常被使用到的地方。在美国，人们在厕所里阅读所花的时间，可能比在图书馆和教室里阅读加起来所花的时间还多。因此，建议你在厕所内放个书篮，里面装些书报杂志。

一个书篮可以让孩子们轻松、快速地找到印刷读物。

另外，再放个书篮在餐桌附近。正如摆在快餐厅前的投币式报纸贩卖机并不是用来做装饰的一样。如果坐在停车场的车里观察哪些人会从贩卖机买报纸，你会发现，几乎都是单独用餐的人。而现在越来越多的孩子每天至少有一餐要独自解决，那么对他们而言，餐桌旁就是个最重要的休闲阅读的地方。如果有本书放在桌上，他们将会拿起来翻看；当然，除非你愚蠢到要将一台电视机摆在餐桌旁。但在美国，这是 60% 的家长常会做的事。莫罗对幼儿园 21 个班级的研究显示，那些对阅读最有兴趣的学生的家中随处可以找到图书和印刷读物，而不仅仅是在一两个地方（参见第 11 页图表）。

第三个 B 是 Bed Lamp（床头灯）：你孩子的房内是否有床头灯或阅读小灯？如果没有，而你又想要培养他们的阅读习惯，那么第一件事不妨先去帮孩子买盏灯。买了灯并安装好，然后这样告诉孩子:"我们认为你已经够大了,可以晚一点睡觉。睡觉前,你可以像爸爸妈妈一样,先在床上看点书,所以我们帮你买了这盏小灯。如果你想在睡前看书,我们会让它多亮 15 分钟(或更长,视孩子的年龄而定),如果你不想看书也没有关系,我们会按往常的熄灯时间将它关掉。"事实上,大多数的孩子为了能晚点睡觉会愿意做任何事,即使是阅读。

到孩子多大时,我就该停止给他读故事了?

太早停止给孩子朗读跟一点都不给孩子读故事听一样,都是大错特错的。美国国家阅读委员会把朗读描述为"孩子中学毕业之前都应该保持的一种习惯"。委员会让我们效仿麦当劳最成功的市场策略。这个快餐连锁企业几乎已经有半个世纪的历史,但它从未削减过广告预算。麦当劳每年花在广告上的费用都比前一年有所增加;平均起来,每一天的广告费用超过 540 万美元。麦当劳的营销人员从不会有这样的念头:"所有人都已经知道麦当劳,他们应该会自动上门,所以我们不必再在广告上花大钱了。"

每当我们给孩子朗读时,我们就像在为阅读的乐趣做广告。但和麦当劳不同的是,我们每年都在削减广告预算,而不是增加预算。无论是在家里或学校,孩子越大,我们就越少读书给他们听。一项持续 30 年针对研究生所做的调查也证实,在中高年级的时候已经很少有人为他们读书了。

家长(有时候是老师)常会说:"他已经四年级了,怎么还需要我读书给他听呢?我们送他去学校不就是要他学会自己看书吗?"其实在这个问题里面,有许多错误的假设。

假设某个学生的阅读能力已经有四年级的程度,很好。然而,这个孩子听力理解能力是什么程度呢？大部分人从来不知道这中间是有差异的，除非他们静下来仔细地想一想。举个简单的例子，过去7年，美国最受欢迎的电视剧是《考斯比一家》，每星期都有数千万人观看这个节目，甚至包括一年级的小学生。即使这个节目现在重播，估计它仍然是全世界收视率最高的节目之一。猜猜这个节目的剧本在撰写时是针对什么程度的人呢？专门机构鉴定的结果是，大约具备小学四年级阅读能力的人才能看懂。

一年级小学生观众几乎不能自己阅读剧本。然而，当剧本由他人念出来，也就是由演员说出来的时候，他们就能够理解。研究儿童听力的专家表示，孩子的阅读能力和听力在八年级时会达到相同的程度，在这之前，通常听力比阅读能力强。因此，孩子能够听懂并理解无法自己看懂的复杂、有趣的故事。这也是上天送给一年级孩子的最好礼物之一。你也不希望一年级的学生认为他们以后能读的书和现在一样。一年级的学生可能会喜欢四年级程度的书，而五年级的学生也可能喜欢七年级程度的书。（当然，有时必须看书中主题的社会性程度而定，有些七年级程度的书的主题超出了五年级学生的社会经验，他们就不容易理解了。本书245页详细讲述了修女为全班94名一年级学生朗读小说。）

既然我已经说明孩子听力理解能力和阅读能力之间有很大的差异，那么各位应该可以了解为什么当孩子大一点之后，仍应该继续读故事给他们听，就跟何塞特夫妇对艾琳所做的一样。大声朗读时，除了家长和孩子（或老师和学生）之间的情感交流之外，你同时也将程度较高的词灌输到他们的耳朵里，最终他们会记住这些词，进而增强他们的阅读能力。

以上是对给较大的孩子朗读的一些看法，现在让我们来谈谈较小的孩子。如果在你家里或所教的班里有才开始学习阅读的5～7

岁的孩子，而你正持续地朗读给他们听，非常好，请继续下去。但是如果你还在读那些词汇量有限的书，像苏斯博士的《戴高帽子的猫》或《在爸爸身上蹦来跳去》(Hop on Pop)这类浅显易懂的童书，那么可以说你正在侮辱6岁孩子的脑细胞！

无论你选择这两本中的哪一本，你面对的都是一本只有225个词的书和一个已经有6000词汇量的6岁的孩子。这个孩子从4岁起就已经了解了那225个词，并懂得如何使用它们。如果这正是你每晚还在为孩子读的书，她不觉得你脑子坏掉了才怪！

6岁时，孩子刚刚开始学习阅读。这时他通过视觉或听觉能够理解的词汇是有限的。但对于听故事而言，他可不是个初学者。他已经听了6年的故事，可以说已经有了很丰富的听故事经验。而苏斯博士所著的那些词汇有限的童书，是特别为了让孩子自行阅读而写的。这里要强调的是，那类书并不是用来让大人读给孩子听的，而是让孩子自己阅读的。这类词汇量有限的图书的封面，例如《戴高帽子的猫》或《在爸爸身上蹦来跳去》，都有一句标语"我可以自己阅读这本书"(I can read it all by myself)。这里的"自己"指的是孩子，而不是家长。

在本书第三章，我会告诉读者，除了这类词汇有限的童书之外，还可以朗读什么书，包括许多幼儿园老师读过的章节故事书。

读故事给孩子听，对他们的语法有帮助吗？

自然学会的语法，比在课堂上学会的要多得多，就像你因为曾身处有病源的环境里才得流感一样。通过经常听到某种语言正确的表达，人们会模仿句子的结构，从而学会说和写正确的语句。因此，如果你发现你所说的"听起来好像不对"，那么极有可能你的确是错的。检验一句话是否正确的唯一方式就是把它读出来或者让他人读出来，听它是否正确。因此，那些很少朗读，以及和不能正确表达英语的人生活在一起的人，几乎不可能正确地掌握语法。

美国的经济越来越偏向服务导向型经济。所以在工作中，口头交流成为一项很重要的能力。你听的词越多，你可以说出来或写出来的词也就越丰富。尽可能提早开始读书给孩子听，并且一直坚持下去，可以使孩子沉浸在一种丰富的、有条理的，以及有趣的语言环境中，这将使孩子的语言能力超出同龄人。

除了手语和身体语言之外，还有两种形式的语言，也就是口头语言和书面语言。这两者密切相关，但并不相同。就像本书第一章的图表所显示的，书面语言比口头语言的结构更复杂。口语用词是不精确的，通常不合语法，和书写的文字相比缺乏组织性。因此，那些喜欢和大人交谈而且经常听故事的孩子，比起那些只和同伴交谈（或者发邮件）的孩子，会浸润在一个更丰富的语言环境里。

听到大声读出来的故事，就如同在学习一种新的语言——书本上、课堂上和大多数工作场合中所使用的标准化语言。我们大部分人都使用两种口语——生活用语和标准用语。

掌握标准英语的能力怎么强调都不为过。我这样说不是因为我的母语是英语，而纯粹是因为实际原因。标准英语是课堂和商业世界的基础。最近的一项互联网调查显示在网页比例上，英文网页为56.4%，而排名第二的德语网页，以7.7%的比例远远落在后面。

现在的学生必须学习日常的生活英语，以及工作场合中使用的标准英语，而听文章或故事则是一种既容易实行又能有效地让孩子接触大量语言的方式。

如何改善一些基本能力，例如写作和拼写？

唯有阅读，阅读，再阅读！积累词汇、学习拼写的最好方法不是从字典里查阅。学习词义和拼写就像老师记学生的名字或家长记邻居的名字一样，都必须一次次地看见他们，然后将面孔和名字建立起联系。

几乎每个人学习拼写都是通过视觉记忆，而不是拼写规则。（有相当多的研究指出，那些最擅长记忆图画和几何图案的人，往往也擅长拼写，也就是说，和拼写最相关的是记忆基因。）大部分人不确定自己所拼的词是否正确时，会将词的各种拼法都写下来，然后选一个看起来最像是对的。孩子越经常地从句子和段落中阅读文字，他们越容易分辨出单词是否拼写正确。相反，孩子阅读得越少，他们见过的词就越少，对于词的意义和拼法也就越不确定。

要改善写作能力，传统的方法就是写，写，再写，直到你可以在试卷和课堂上行云流水，写好文章和足球抢断的方法一样！一遍一遍去做。这个方法的问题是并没有得到研究的证实。事实上，写作练习得最多的学生，并不见得写得最好。美国国家教育进展评估发现，尽管过去 20 年中有如此多的测试投资和不断提高的写作标准，学生的写作能力并没有得到很大的提高，尤其是精通写作的学生。

在此，我并非建议学校不必再要求学生练习写作，只是认为学校或许让学生写得太多了。好的作家就像好的棒球选手一样。棒球选手必须经常练习，但他们也花时间在一旁观看别人跑步、打击、接球和投球；好的作家也是如此，他们自己写，但他们花在阅读他人作品上的时间甚至更多，他们观察别人的作家如何舞文弄墨传达思想。你阅读得越多，写作也会更好——国家教育进展评估的成绩报告证明了这一点。写作成绩最好的学生，并不是那些每天写作最多的人,而是那些平时就将阅读当作消遣,家中有很多读物,并常写随笔的学生。

写作和棒球有许多共同之处。

目前学校开设的写作课程的缺点就是,忽略了许多年前雅克·巴尔赞[1]提出的观点:写作和说话都是一种模仿的经验,耳朵听到和眼睛看到的文字,会变成我们说出来的话或写出来的文章。

我们会将听到的说出来,并将看到的写出来。我在佐治亚州和新泽西州的亲戚都说同样的英语,但是表达的方式不同。这是因为在他们成长的过程中,所听到的英语的表达方式完全不同。耳朵听到的会变成我们口中说出的。如果你让威斯康星州和阿拉斯加州的孩子画奶牛,那么你会看到截然不同的奶牛。因为如果你从来没有见过奶牛,就很难将它画出来。阿拉斯加州的孩子很少有机会看到奶牛,所以他们画出来的奶牛就像狗一样。

写作也是同样的道理。如果你没有看到足够多的复杂的复合句或简单有力的句子,又怎么可能写得出来呢?而你最常在什么时候

---

[1] Jacques Barzun,美国文化历史学家、哥伦比亚大学历史教授。2010年获美国国家人文奖章。2012年10月去世,享年104岁。

看到这些好句子？答案是阅读的时候——你一遍一遍又一遍地看到这些好东西。

在讨论阅读和写作的关系时，有一个非常重要的事实：大脑中的视觉感受器和听觉感受器的数量比为30:1。换句话说，一个单词（或一句话）通过视觉感受器保留在记忆库中的可能性，是通过听觉记住这个单词的30倍。如果我们在学习语言的过程中，只是听了大量的电视对话和聊天，那么我们将永远无法写出连贯的句子，除非我们经常进行阅读。如果等到我们觉得自己上下不靠，缺乏写作技巧时再想提高，那也许已经太迟了。35岁时学习写作就像35岁时学习滑旱冰或学习一门外语一样，绝不可能像7岁时那样容易。单词和连贯的句子不会自动下载到纸面上，除非我们先通过阅读，把它们上传到大脑中。

我现在才开始给孩子读书会不会太晚了？

孩子永远不会因为年龄太大而不适合听故事，只是读书给较大的孩子听，不像读书给2岁或6岁的孩子听那样容易。

给一个13岁的孩子读书听，老师实行起来要比家长容易多了，因为无论家长的意图多有善意，要在家中读书给青少年听总是很难。在社交和情绪发展才刚起步的年龄，孩子上课以外的时间都花在处理身体变化、性冲动和职业焦虑上了，并且希望能形成独立于家庭的自我认同。这个阶段的孩子关心的事已经改变，而且他们待在父母身边的时间有限，所以父母并没有太多机会可以读书给他们听，尽管吉米·布罗西纳和他女儿克里斯汀带来了希望之光。（见第65页）

但如果你能把握机会，也并非完全没有希望。不过当女儿正观看她最喜爱的电视节目，绝不要尝试要求女儿来听你读故事。除了时机很重要之外，你阅读的长度也要考虑，应尽量缩短时间，除非你发现孩子有兴趣再听久一点。

当孩子差不多 12~14 岁，刚进入青春期时，如果你发现他们无所事事，可以先试着和他们分享书中的一小部分，可能只有 1~2 页——而且要掩饰你希望他们阅读的意图，或跟阅读相关的任何教育性目的。当我的孩子杰米和伊丽莎白十几岁时，我通常只读我自己正在阅读的书的摘要给他们听，不管是不是小说。一天傍晚，我正在看费罗·萨姆的《和骑兵一起奔跑》(*Run with the Horsemen*)，那是一本以南方为背景的很棒的小说。我想起之前曾看到儿子在田野里跟骡子玩，也看过他在屋子外面和公鸡玩，于是我想："哇！杰米一定会喜欢这本书！"

所以有一天早上，我叫住他："嗨，杰米，听听这个！"他站在门边说："对不起，爸爸，我正要出去和朋友见面。"

"我知道，但我保证只要一分钟就好了。"他翻了翻眼睛，很不情愿地坐下来，而我开始朗读一小段给他听时，就像我所预料的那样，他喜欢这本书。几小时之后，他带着他的朋友们回来了，坐成一排，并要求我读给他们听。

因为有太多的家长和老师总是对如何选择为青少年朗读的书感到头痛，我在《朗读手册Ⅲ》中选了 50 篇适合朗读给十多岁孩子的作品，其中包括虚构作品和非虚构作品，短篇故事和从小说中摘录出的章节（会调动起孩子阅读整本书的兴趣），报纸上的专栏和每位作者的生平描述等。关于那些黄丝带车尾贴（如"支持我们的军队"），我猜你一定会认为它源自托尼·奥兰多与黎明乐队演绎的《老橡树上的黄丝带》这首歌。然而你错了。《朗读手册Ⅲ》中的彼得·哈米尔的《黄手绢》(*The Yellow Handkerchief*) 将会告诉你正确答案。

如何使大声朗读和提高国家教育水平的要求相符合？

当然，我们希望提高国家教育各方面的水准，然而，我所接触到的信息都显示，企业总裁和政治人物都只强调一个标准，那就是智商。所有的教育界主管、校长和老师们都要求学生有好的成绩，因而学校的课程被限制在标准化测试的范围内。学校的考试只能检测出智商（IQ）高低，却忽略了学生的心灵商数（HQ：the Heart Quotient）。当班上养的仓鼠宠物死掉时，哪位老师会利用这个机会教育孩子呢？既然考试内容不包括伦理道德方面的问题，又有谁会在课堂上讨论这方面的事呢？

克利夫顿·费迪曼[①]曾说过："社会上有很多聪明的人，简直太多了。但我们真正缺少的是心地善良的人。"唯有同时教育孩子的头脑和情感，才能培养出善良的人。

请看看以下各报刊上的头条，这些都和许多高智商、从一流学府毕业、拥有高学历的人有关：

- 15 年中 19 家华尔街公司 51 次违反证券交易委员会法律
- 大型抵押贷款机构涉嫌 29 亿美元诈骗
- 第四位伊利诺伊州州长入狱
- 亚特兰大学校和校长们深陷考试作弊丑闻
- 百时美施贵宝支付 3 亿美元欺诈罚款
- 沃尔玛隐瞒 2400 万受贿款
- 保险公司称医生挪用 10 亿美金
- 全球最大的保险公司支付 8.5 亿欺诈罚款

---

① Clifton Fadiman，美国最受尊敬的作家和编辑之一，《大英百科全书》编委会成员，曾获美国国家图书基金会颁发的美国文学突出贡献奖章。

- 医药公司同意支付 30 亿美元诈骗罚款
- 天主教会在虐待儿童案上花费超 10 亿美元
- 微软公司因定价过高支付 11 亿美元罚款
- 长岛高中生花 3000 美金雇佣 SAT 枪手

以上这些事故的发生并不是因为当事人的数学能力不好，或因为他们之前都是行为不良的问题学生。这些丑闻背后的很多人都是天赋异禀、成绩名列前茅的学生。这也印证了一项心理学特征描述：人们的社会地位越高，他们的同情心和道德感就越低（一般来说）。而学校忽视学生的情感社会教育（如同国家标准和入学考试一样），就会造成类似上述行为一再发生。如果我们在学校中所做的就是教学生如何用智能手机接电话，那么学校课程的价值至少有一半会变得毫无意义。

那么，我们应该如何教育孩子的心灵呢？只有两种方法：生活经历以及与生活经历相关的故事，即文学。伟大的传道士和教育家们，如伊索、苏格拉底、孔子、摩西和耶稣——都曾经使用故事来进行讲学，感化人们的心灵。

但是，当学校的分数下降或者没有提升时，管理者和政府官员们便将非虚构类的作品当成拯救工具。因为大部分标准化考试中的题目不涉及主观思考或个人价值，所以他们认为将阅读范围缩小到非虚构作品是合情合理的。

从以下几个方面来看，这种想法是错误的：无论是教育研究还是大脑科学研究都不支持这一论断。文学被认为是一种非常重要的媒介，因为它可以带我们接近人类的心灵。文学有两种主要形式，一种是虚构的，另一种是非虚构的。其中，帮助我们了解生活意义的作品是虚构作品。这也是本书朗读书目中的大部分推荐书都是虚构作品的一个原因。另外，值得一提的是经济合作与发展组织研究了32个国家25万名青少年，结果发现阅读成绩最高的学生，阅读书籍的种类最为宽泛，但主要是虚构作品。

另外，最近的大脑科学研究告诉我们虚构作品会调动我们大脑中的大部分区域。相比非虚构作品，虚构作品更能促使我们集中精力去寻找意义。因此，它能够调动大脑积极地思考，并提升我们的理解能力。此外，好的虚构作品通常都是建立在对背景事实细致研究的基础上的——例如：芭芭拉·海瑟薇的《维奥莱小姐和我》(Missy Violet and Me)；盖瑞·伯森的《来复枪》(The Rifle)；卡罗·布林克的《伍德龙一家》(Caddie Woodlawn)；杰克·伦敦的《野性的呼唤》(The Call of Wild)；艾非的《孤儿城》(City of Orphans) 以及阿尔弗雷德·斯鲁特的《寻找巴克·麦克亨利》(Finding Buck McHenry)。朗读这些书目需要朗读者对故事发生的时间和地点（背景知识）有一定的了解。

但是，所有的这些并非要把非虚构作品排除在外。你可以在本书的朗读书目中找到大量优秀的非虚构绘本。它们当中大部分作品的特点就是有一个非常好的故事，会带给你难忘的阅读体验。另一方面，传统课本很少能像凯瑟琳·厄斯凯恩的小说《知更鸟》(Mockingbird) 一样唤起同理心或传达社交技能，这本书以一个患有阿斯伯格综合征的10岁小女孩的第一人称口吻进行叙述。因为这本书能够让我们用那个孩子的眼睛去看世界，我们可以更加近距离地理解孤独症者尘封的心灵。X光或CT扫描都无法显示一个人的灵魂，所以非虚构作品也较少触及人的灵魂。但是，虚构类作品做到了。

关于虚构类作品，最后我还想说：伟大的美国小说家罗伯特·佩恩·沃伦^①曾经说过，阅读虚构作品的原因之一就是找到线索从而发现我们自己的故事将会怎样结局。你会从阅读中得到警示。例如，读《国王的人马》(*All the King's Men*)的政治家，能预知前方的陷阱。我想起了沃伦的话是因为有一天我读到这样一件事：公司会议结束后，一位高管在返回休斯顿的飞机上正放松地读着一本小说，首席执行官刚好看到，问他为何浪费宝贵的休息时间阅读小说。如果这位高管正在阅读狄更斯的是《艰难时世》，菲茨杰拉德的《了不起的盖茨比》，又或者汤姆·沃尔夫的《虚荣的篝火》，他也许会这样回答："只是了解一下我们接下来会遇到什么。"但我怀疑那位首席执行官——安然公司的肯·莱——是否明白他的下属在说什么。

---

① Robert Penn Warren，1905~1989，美国当代文坛少见的全能作家。不仅是诗人、小说家、剧作家、散文家和文艺理论家，还是颇有成就的编辑和大学教授。以《国王的人马》获普利策小说奖，又两次获得普利策诗歌奖。《国王的人马》以20世纪30年代美国路易斯安那州州长休伊·斯生平为基础创作，揭露了不公正现象，有力地抨击了美国腐败的政治。

第三章 | 朗读的不同阶段

很少有孩子会主动喜欢上阅读，通常都必须有某个人引领他们进入书中的奇妙世界。

——奥维尔·普瑞斯科特[①]

[①] Orville Prescott，1906~1996，《纽约时报》主要书评人。引语出自他 1965 年的作品《父亲读给孩子们的散文和诗》(A Father Reads to His Children: An Anthology of Prose and Poetry)。

在孩子4个月之前，你读什么书给孩子听其实没有很大差别，重点在于朗读这件事本身。当你朗读时，孩子会渐渐熟悉你读书的声音及韵律，进而产生安全感。当然了，《鹅妈妈故事集》一直都是适合孩子们的作品。不过我有一个邻居，她总是朗读吉卜林的作品给孩子听，后来她的女儿上了普林斯顿和哈佛。这样杰出的成绩难道和听吉卜林的作品有关系吗？事实上，跟她母亲每天都给她读故事这个行为比起来，吉卜林作品的影响并不大。

在过去的15年中，婴儿时期大脑发展的重要性，一直是大家热烈讨论的问题。虽然在一些研讨会、杂志或专业期刊上都可以看到心理学家和神经科学专家就这个问题展开的辩论，但一般人仍然相信，人类生命的前3年是大脑发展的重要时期。那么，3岁以后刺激大脑发展的机会就消失了吗？还是之后仍有第二、第三，甚至第四次机会呢？

我个人倾向将两种极端看法的折中。我认为，如果3岁以前大脑发展受到刺激，孩子的学习就会容易些；但3岁之后如果有良好的学习环境，而且孩子的大脑结构没有遭到情感或物理压力的破坏，也一样可以有很好的效果。读者如果想进一步了解有关这方面的讨论，可以参考以下两本书：葛伯尼克、梅尔佐夫和寇尔合著的《婴儿床边的科学家：思想、大脑以及婴儿如何学习》(The Scientists in the Crib: Minds, Brains, and How Children Learn)，以及约翰·布鲁尔的《最初三年的神话》(The Myth of the First Three Years)。

现在了解儿童大脑发育问题最省时间的办法就是上网。你可以在网上找到杰克·肖克夫博士（Dr. Jack Shonkoff）的作品。他是哈佛大学儿童发展研究中心的主任，也是全美研究儿童大脑发展问题的权威学者之一。他总是能将问题化繁为简，让普通家长和老师更易理解。在广泛的大脑研究基础上，他坚信早期的儿童教育不仅仅和教育有关，还与游戏，以及开发和培养孩子的情感发展息息相关。简言之，就是全面的培养。

在肖克夫的领导下，儿童发展研究中心将6段短视频上传到网站上，长度从2分钟到7分钟不等。研究中心要表达的重要观点就是儿童时期的创伤，例如营养不良或者情感剥夺（同吸毒或酗酒的父母生活在一起），通常都会对孩子的大脑造成结构性的损伤。这种损伤，尤其是发生在出生至3岁间的损伤，是无法通过日后的特殊教育或辅导课程修复的。研究中心相信避免这种创伤的最好方法就是家长在早期给予孩子恰当的呵护，并对儿童早期出现的"压力"提高警惕。

此外，研究证明，儿童早在8个月大时就能够对声音和字形进行长期记忆了。接触语言最多的孩子将有更好的机会掌握最好的语言技巧。

请让我重申一遍我的观点：为孩子朗读的目的不是为了培养超级婴儿。这样做是为了激发孩子已经具备的潜能，创造亲子之间的亲密纽带，并在孩子和书籍之间搭建一座快乐的桥梁。他们可以通过这座桥梁，成长为真正的阅读者。

哪一类书最适合婴儿？

你为一岁孩子挑选的书籍应该能够刺激他的视觉和听觉——有吸引孩子注意力的彩色图画和活泼的声音。《鹅妈妈故事集》的成功原因之一就是其押韵的文字应和着孩子最早爱上的声音——母亲的心跳。

《鹅妈妈故事集》和苏斯博士的作品不仅在名字和内容上都押韵，而且它们对孩子产生的帮助也和后来一些研究者证明的理论相符合。

马里兰州贝塞斯达地区国家儿童健康与人类发展学会（the National Institute of Child Health and Human Development）的学习研究专家发现，小孩子发掘文字韵律的能力对他们的语言发展是非常重要的。事实上，幼儿园的孩子如果对找到跟"cat（猫）"押韵的词有困难，将来可能也会有阅读上的困难。此外，许多小孩子的游戏（例如跳绳）以及一些受欢迎的儿童读物，如苏斯博士的《千奇百怪的脚》和梅·福克斯的《十个手指头和十个脚趾头》都会搭配吟唱一些押韵的句子。很明显，孩子会觉得押韵的字念起来很有趣味，但为什么呢？研究者指出，这就类似人们潜意识里喜欢看花格子图案或是喜欢听音乐的和声一样，它们都提供了一种秩序感。

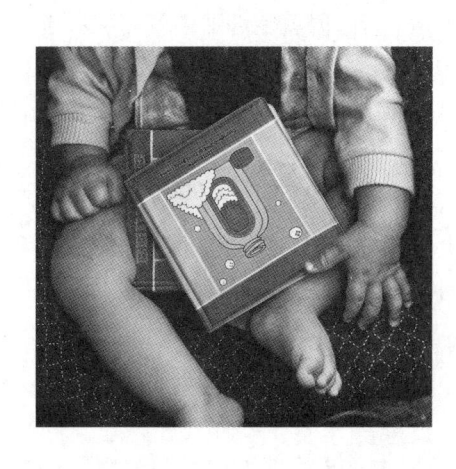

在孩子出生后的几个月里，应该搭建起他们与书本间的快乐桥梁。

考虑到这一点，我强烈建议家长应该经常给孩子朗读押韵的图书和故事。

押韵的文字对孩子的影响可以追溯到出生之前。在一项研究中，妇女在怀孕的最后3个月反复诵读苏斯博士的《戴高帽子的猫》，结果婴儿出生52小时后，可以从其他不押韵的书中分辨出苏斯博士的韵文书。

我们提到鹅妈妈并不是因为它的情节，而是因为它将各种发音、音节、尾音和混合辅音组合成有节奏和韵律的文字。孩子喜欢一边躺在前后摇摆的摇篮中，一边听这样的韵文。此时，他们还会一遍又一遍地重复发出单一的音节，如："巴，巴，巴……"《鹅妈妈故事集》有许多版本，但是现在我最喜欢的两个版本分别是妮娜·克鲁斯的《邻居鹅妈妈》和《汤米·狄波拉的鹅妈妈》。妮娜·克鲁斯还从课堂上、卧室里和游乐场上，收集了大量最受欢迎的童谣，如《巴士上的轮子》）。她把这些童谣集结成一本书——《社区歌咏会》(*The Neighborhood Sing-Along*)。书中还收录了大量儿童演唱这些童谣时的彩照。如果你有音乐天赋，可以读读这本书。类似的书有前文提到的《十个手指头和十个脚趾头》，它还有纸板书。

许多家长发现在恰当的活动过程中吟唱或诵读这些童谣，可以让孩子在头脑中进一步加强童谣和活动之间的联系。你可以在图书馆和本地书店中找到收录这些童谣的光盘和磁带，也可以从iTunes商店中下载。

适合这个年龄段孩子阅读的书籍通常不会以印刷读物的形态存在很长时间，除非是纸板书，否则好动的宝宝不会让它们活太久的。但是，有一个系列的图书似乎否定了这一常规——"穿雨靴的小鹅"系列。从2002年《小鹅谷希》出版以来，这套书一直在印（包括精装版、纸板书和电子版）。它的尺寸很小（15厘米），场景设置也很小。作者用小鹅在谷仓前空地上的冒险经历，包括丢了靴子，最喜欢的玩具，分享和不要睡觉等，来反映婴幼儿的好奇心和生活。

当你抱着孩子给他朗读时，要时刻记住你和孩子之间的身体联系。确保不向孩子传递书本比孩子更重要的信息，尽可能长久地保持肌肤上的接触——轻轻地拍打、抚摸，以及拥抱孩子。朗读的过程中还可以穿插一些亲子之间的正常交谈。这样能让孩子感受到父母深深的爱意。

家长为孩子朗读时，孩子的正常反应是什么样？

近来有许多针对父母与孩子在进行亲子阅读时的反应的研究，虽然不同的孩子或同一个孩子在不同的日子对书本的兴趣及反应都不太相同，但对初为父母的人而言，如果发现孩子对书本不感兴趣，可能会觉得十分沮丧。在此提供一些信息，以免家长感到泄气，或认为自己的孩子毫无希望。

- 孩子4个月时，由于行动力有限，只能用耳朵听或用眼睛看，因此孩子只是个被动的听众，此时家长可能会认为给孩子朗读十分容易。
- 家长应用手臂环抱孩子，要使他感觉亲密，而不是感到行动受限制。如果你在给孩子朗读绘本，应该让孩子看着书上的图画。
- 到6个月时，孩子可能对抓书咬书比听故事更感兴趣（虽然他也同时在听），此时，要用磨牙玩具或其他东西转移他对咬书的兴趣。
- 8个月时，孩子可能更喜欢一直翻书，而不是静静地听，此时应顺着孩子的好奇心随他翻阅，但家长不应就此完全放弃朗读该书。
- 12个月时，孩子开始变得喜欢帮你翻页，指着书上你说的某个东西，甚至能恰到好处地发出动物的声音。
- 到了15个月开始学走路时，孩子变得一刻都停不下来，所以必须慎重选择阅读的时间，不能阻挠他对周围事物的好奇心。

几乎所有此类研究都发现，婴儿看书时的注意力平均只能维持3分钟，然而每天数次的阅读，通常可以使一天的阅读时间累积到30分钟。虽然有些一岁大的孩子可以一次听30分钟的故事，但那只是个别的情况。

随着婴儿渐渐长大,很早就开始读书给孩子听的家长会感到很轻松,他们不用强迫孩子阅读,只要指着书页上的某个东西,孩子自然而然会专心地看,并学着分辨父母的声音是低声细语还是兴奋的语调。孩子的专注能力并不是在一夜之间就可以建立的,而是通过一分钟一分钟、一页一页、一天一天的努力逐渐建立起来的。

一旦孩子开始对书上的图画和你的声音有所反应,你就可以开始和孩子谈书,而不只是照着念而已。给小孩子朗读不应该是单独且被动的体验。尽可能多地让孩子和你以及书本进行互动。你可以通过提问,或者插入些评论,来和孩子交流。在朗读的过程中,你所期待的和你在与孩子交谈时所期待的完全一样——互动,正如一位教育家所说,"打乒乓,而不是掷飞镖。"当你只是简单地向孩子抛出话语或者命令时,这就是掷言语飞镖。这里有一位母亲为她20个月大的孩子朗读罗伯特·麦克洛斯基的《小塞尔采蓝莓》时,与孩子对话的例子。注意,文中画线的部分才是原书的内容,这位家长并不是完全在照着书上的文字来朗读。

母亲:<u>小熊的妈妈转过身,想看看究竟是什么发出了啪咚的响声。看,在她的前方,竟然是塞尔!</u>

孩子:塞。

母亲:对,是塞尔。<u>熊妈妈很惊讶。</u>她看到塞尔而不是<u>小熊</u>在她的身后。看看她脸上惊讶的表情。塞尔看上去也有一点惊讶。你说是不是呢?

孩子:嗯。

母亲:是的。<u>"天啊!"她叫道。这不是我的孩子!小熊在哪里呢?熊妈妈马上跑去找他。</u>你觉得小熊在哪里呢?

93

孩子：不——知道（D-no）。

母亲：你不知道（don't know）吗？好，让我们翻开下一页——你可以自己翻——也许我们能找到小熊在哪里哦。

在这段简单的交流中，通过对话完成了几项非常重要的事情。

1. 家长和孩子一起分享了读书的乐趣。他们可以按照自己的节奏（而不是视频节奏）慢慢地展开故事情节。这样孩子有足够的时间来研究或者仔细观察书中的插图。

2. 母亲既使用了自己的词汇，也使用了书中的词汇。是否完全遵照书中的文字朗读，取决于孩子的年龄和注意力持续的时间。

3. 对话是互动性的，即家长插入一些小问题，引起孩子回应。

4. 当孩子回答时，家长应该肯定孩子的回答（"对"），或者纠正孩子的回答（如告诉他应该是"塞尔"而不是"塞"，是"是的"而不是"嗯"，是"don't know"而不是"d-no"）。

看过韵文书之后该选哪一类书？

孩子到了学步阶段时，父母所扮演的重要角色之一是欢迎孩子进入你们的世界，就好像举办一场盛大的晚会，而孩子是受邀的贵宾，很自然地，你们会希望将所有其他的来宾都介绍给孩子，使他有宾至如归的感觉。孩子渐渐长大，他对周遭很多事物感到新奇，比如洞穴、小汽车、雪、鸟、虫子、星星、卡车、狗、雨、飞机、猫、暴风雨、婴儿、爸爸、妈妈等。这个时候是孩子认识各种事物的阶段。

绘本是这个时期最好的教学工具。家长可以指着书上各种图画，并一一说出它们的名字，再请孩子和你一同说出来，并给予鼓励。这里有两本值得推荐的书：丹尼斯·弗莱明著的《百宝书》(*The Everything Book*)和罗杰·普里迪的《第一次认识100个单词》(*First 100 Words*)。后者收录了100种常见事物的图片，《百宝书》的图片少一些，包括动物、形状、颜色、韵文、手指游戏、食物、脸、字母、交通工具和玩具。

利用家庭和家人的照片制作出的绘本也是这个时期阅读的书籍。把关于孩子日常生活及周围环境的照片加上说明，用打印机打印出来，压膜，在侧面打两个孔，用线系好。这样，手工制作的家庭绘本就完成了。(给"要强"家长的建议：不要在家庭绘本的最后加上作业纸和测验纸。)

为什么孩子总是喜欢反复听同一本书？
如何回答孩子持续不断的提问？

就像你不会在一夜之间就记住所有邻居的名字一样，孩子也需要反复听才能学习。因此，虽然大人每天读不同的书才不会感到无聊，但这使孩子失去了复习的机会，而复习能增强学习的效果。在孩子两岁之前，给孩子重复读少量的几本书，比一次提供大量的书好得多。

同一部电影多看几遍，我们才会了解第一次观看时漏掉的许多细节，孩子看书的情形也是如此。因为孩子要以大人说话的速度去学习一种复杂的语言，他们只能凭借反复地听，才能自己分辨出之前不太了解的部分。记得一位在纽约的老师曾经告诉我，他小时候，将克莱门特·摩尔的《圣诞前夜》(*The Night Before Christmas*)称为"那本有关一个生病的男人的书"。为什么会这样？直到他的奶奶跟他解释，他才知道把"拨开百叶窗，向上推开窗户"中的"向上推开"理解错了。①

家长常常会对孩子持续不断的发问感到厌烦，家长们常说："我的孩子不断地问问题，以致我读故事时总是被打断，整个故事都被破坏了，没法继续下去。"首先，你应该对孩子的问题作判断，孩子问的是很愚蠢的问题吗？他们的提问是出于对故事产生的好奇心，还是毫不相关的问题呢？孩子是真诚地想知道某些事，还是只是单纯地想要拖延上床睡觉的时间呢？如果是后一种情况，家长可以在读完故事后，花一些时间和孩子讨论一下故事内容，这会使情况有所改善。家长应避免读完书后马上合上书本，向孩子说声"晚安"后立即关灯离去。

当孩子问了有关故事背景的问题时，家长应尽快解答，以便让孩子对故事内容更了解；而当孩子提出与故事内容毫无关系的问题时，你可以说："这是个很好的问题，等我们看完故事再来好好讨论吧。"而且家长必须记得这个承诺。我们应当了解发问是孩子早期学习的工具，家长千万不能因为忽略了孩子的问题，而扼杀了孩子天生的好奇心。

虽然大人重复读相同的故事会感到乏味，但对孩子而言，他们能借此机会获益良多。一开始，孩子通过一遍遍地听而学到语言技巧——这叫浸入式学习，而重复听故事就是浸入式学习的过程。

父母朗读故事的同时，也应该注重孩子的户外生活体验。除非是卧病在床的孩子，否则光是读故事给孩子听是不够的。我之前提到的故事背景知识，也和生活经验息息相关。书上的文字只是个开端罢了，家长或老师在读故事之余所能教给孩子的知识，并不亚于书本所能提供的。例如，《小熊可可》深受许多孩子的喜爱，这是

---

① "向上推开"的英文"throw up"有"呕吐"的意思。

一个小女孩和百货公司里一只穿灯芯绒裤的泰迪熊的故事，作者是唐·弗里曼。这个故事本身相当感人，不过家长也可以把"灯芯绒"这个名字作为一个跳板，与孩子讨论并比较其他不同的布料，例如牛仔布、羊毛、棉布、帆布或毛毡等。另外，当孩子在户外发现毛毛虫的时候，你不妨选择艾瑞·卡尔的《好饿的毛毛虫》来和孩子分享。（可以参考第60页琳达·凯莉-何塞特和艾琳一起读书的方法。）

如何处理孩子或学生可能不认识的单词？

没有必要将阅读每一本书都变成一堂课。事实证明，有一些阅读方法能够更有效地帮助学习。例如，沃里克·埃利选取了6名老师，并让他们用不同的方式给6个班的8岁学生讲绘本。事先为老师们标记了需要特别注意的单词，对学生们则进行预测，将这些单词巧妙地穿插在测试题目中。

A组班级的学生在听故事前，由老师简单地讲解了一下生词。老师用同义词来解释生词，或是指出书中对应的图片。例如讲"跑车"时，老师就指出书中的跑车图案。这就是"在阅读中阐释"的方式。7天内，A组班级学生听了该故事3遍。B组班级的学生在没有对生词进行了解的情况下，也在7天内听了3遍故事。（"只阅读不阐释"的方式。）此外，对照组班级的学生根本没有听故事。

通过预先测验、学后测验以及3个月后的再次测验，埃利发现A组班级学生掌握了39.9%的词汇，B组班级学生只掌握了14.8%，而完全没有听故事的那个班学生掌握的词汇量不足2%。在预先测验中得分较低的学生在学后测验中获得的分数，和预先测验得分较高的学生一样。

通过对阅读不同类型的书的学习效果进行对比（有些效果明显，

有些不那么明显），研究人员发现，能够吸引孩子注意力的书会让他们学到更多，尤其是那些"新奇、幽默、富含冲突和悬疑色彩的图书"。换句话说，书越有趣，就越能抓住孩子们的注意力，也就越能让他们有收获。

不识字或识字很有限的家长，如何读故事给孩子听？

45年前，这样的问题是无法克服的，但现在就不同了，有一类书和一项科技产品可以解决这个困难，那就是无字书和可以预测情节发展的书（或简易读物），以及CD播放器。

3万年前，我们的祖先用洞穴画来传达故事，他们当时还没有使用文字，而如今的无字书也是利用这种传统方式来表达的。这类书不使用文字，只用图画来传达整个故事，所以不识字的父母可以只看书上的图片，然后将书的内容告诉孩子。近几年来，这类书的受欢迎程度已经下降，但是你仍然可以在书店或者免费的公共图书馆中找到几十种无字书。故事从如布林顿·特尔克的《森林深处》(Deep in the Forest) 这样简单的，到如林德·沃德的《银色小马》(The Silver Pony) 和大卫·威斯纳的《疯狂星期二》这样复杂一点的都有。

45年前，在美国，只有盲人才有资格借阅录音书。但是现在的公共图书馆有数以千计的录音书供家长，或者任何想要听、学习以及享受一本好书的人选择。不识字或者识字有限的家长可以和孩子一起听。只要听的次数足够多，就可以记住它们。不识字的家长可以和孩子坐在一起听书，甚至还可以随着录音看着书上的文字。他们一起分享了同样的故事和美好的时光。会有什么人的声音比父母的更好听吗？当然不会。但是，听录音书总比父母因为不识字或语言不通而无法给孩子读故事要强得多。家长应该陪在孩子的身边，一起听一本书，而不是看电视或者打电话。这给孩子传递了一种信息，即父母非常重视读书。对于大孩子的家长或老师，可以参见第八章第 227 页对录音书的进一步探讨。

如果我给孩子读故事的时间都很少，怎么还会有时间与孩子讨论呢？

讲故事之后的讨论非常重要，不过没必要每次都讨论。如果孩子的班里经常开展读书讨论，那么在全国阅读测试中，他们就可能成绩更好，课外阅读也会进行得更广泛。奥普拉的读书俱乐部将超过 50 本的图书推上了《纽约时报》的畅销书排行榜。如果她这档脱口秀只是给书做做广告，而不是进行讨论，那么会有几本书能进入排行榜呢？你听过哪个全国性的考试将一本书推上畅销榜吗？对于许多人（虽然不是全部）而言，他们希望阅读是一种社会经验，给予他们机会去分享对这本书以及书中人物的感受："我不明白的是她的童年时代经历了怎样的事情，让她做出这样的决定。她怎么会这样？"如果你真的缺时间，那就从其他不像阅读一样重要的事情中挤出时间来。事实上，几乎所有的事情都没有阅读重要。

我们期待幼儿园给孩子进行怎样的朗读？

幼儿园和托儿所在规模和形态上各异，且良莠不齐。在你给孩子报名之前，我强烈建议你在学校待上一整天。如果幼儿园的课程不包含大声朗读，在做决定之前我会和学校进行认真的讨论。这里就有一封对此事非常关注的家长写给我的电子邮件：

亲爱的崔利斯先生,

　　我很高兴地告诉您,我的儿子(可以叫他贾森)刚刚满两岁了。他最喜欢依偎在别人的怀中,无论是熟悉的大人,还是毛绒玩具。他还很喜欢书。昨天晚上,我和他的父亲在给他讲故事时,他突然背诵了他现在最喜欢的书——罗伯特·麦克洛斯基的《让路给小鸭子》中的一些片段。这令我们都感到惊讶。虽然我们经常在句子快要结束时停顿一下,让贾森说出后面的部分,但是我们完全没有意识到他能够记住整段话,并完美地模仿了语调的抑扬变化。真是太有趣了!

　　最近我们给贾森报名参加了当地社区非常有名的一个早教课程。第一天时,除了午休时间,我从早上9点半到下午4点,都陪着贾森待在学校里。这使我有机会了解老师、其他学生,以及贾森是如何度过在早教中心的一天的。让我感到惊讶的是,一整天他们没有读过一本书,一本都没有。

　　在这所师资力量强大的早教中心,我询问了其中一名老师他们是否为孩子朗读过。老师回答道,"偶尔——只有在圆圈教学时间[1],老师们会读一本书——只是偶尔。"

　　我相信我当时气愤的喘气声,老师一定可以听到。我接着问道:"只有一本?"老师回答说这取决于天气以及新老师的情况。这个回答对我来说根本不是答案。我觉得很失望,坦白地讲,也很困惑。为什么不把给孩子朗读作为一天中的主要内容呢?

---

[1] 圆圈教学时间是幼儿园或小学中,孩子们围坐成一圈,轮流发言的时间。

对于这里的工作人员而言，这是一个非常好的问题。想要进一步证明这位员工的回答是多么不合理，可以参考本章中关于珍妮·费兹奇的部分。

孩子从看绘本到读小说，是不是一个自然的转变过程？

基于人们总想知道接下来会发生什么事的好奇心理，朗读故事成为一种延长孩子集中注意力时间的有效方法。只是我们要知道，读者的耐心，就像赛跑选手的耐力一样，不是一夜之间就可以训练出来的。一开始应从短篇的绘本着手，再慢慢过渡到可以读好几天的较长篇绘本，然后尝试一些已经被分成许多方便阅读的章节的短篇小说，最后才是 100 页以上的长篇小说。

书本上每页内容的多少是判断孩子注意力集中的时间是否延长的一个依据。当我的孙子泰勒两岁时，他能够听的书每页上只有几句话。但当他三岁半时，他听的书每页内容是两岁时的三倍。孩子从接受短篇到长篇故事的过程必须是渐进的，尽管没有必要一开始就让孩子因为文字太多而感到头昏脑涨，但你仍希望可以慢慢引导孩子从完全依赖书上的图画去了解故事内容，渐渐转变到可以接受越来越多的文字。

如果有孩子从未听过大人朗读故事（比如那些整个幼儿园时期都在玩填字游戏的孩子），我会选择以下的书作为开始：文字重复的《一个很长很长的名字》（*Tikki Tikki Tembo*），作者阿琳·莫瑟尔；描写深刻的《那只大大熊》，作者林德·沃德；不可思议的《神秘的石格格岛》，作者史蒂文·凯洛格；情节总能引起全班的回应的《咔嚓，咔嚓！那是什么？》（*Snip Snap! What's That?*），作者玛拉·伯格曼；以及保罗·欧·泽林斯基的悬念丛生的《侏儒怪》，等等。

101

接下来的一周，我会从本书后半部分的"朗读书目"中选取一些绘本，为孩子朗读。这些绘本包括：豪伊·施耐德的《爱咬东西的路易》(Chewie Louie)（幽默），马克·蒂格的《秘密捷径》(The Secret Shortcut)（宽容），马里奥·拉莫的《我很强大》(I Am So Strong)（吹嘘和谦卑），珍妮特·史蒂文斯和苏珊·史蒂文斯·克鲁默尔的《大绒球》(The Great Fuzz Frenzy)（模仿），以及吉姆·拉马奇的《失物招领：三个关于狗的故事》(Lost and Found: Three Dog Stories)（决心）。我会在每天的不同时段为孩子朗读这些小故事。然后将一本书的内容扩展，贯穿在一整天的生活中。

接下来可以试着来个"小红帽周"，也就是利用一周的时间看看各种版本的《小红帽》，建议你从特瑞娜·沙特·海曼(Trina Schart Hyman)的《小红帽》开始，再接着选出其他一系列关于小红帽的书。

随后，我会设计几个"作者周"。每周专门朗读一位作家的作品。一开始我会选择凯文·亨克斯的书，他以老鼠为主角反映童年生活的故事非常感人。(你可以参考朗读书目中他的作品，包括《莉莉的紫色小包》。)随着孩子注意力越来越集中，我会用一周的时间为他朗读比尔·皮特的作品，并在朗读书目中选择一些值得阅读的书目，包括《被施了魔法的狗》(The Whingdingdilly)。在朗读《城堡里的螃蟹》(Kermit the Hermit)的那天，我会介绍谢尔·希尔弗斯坦的诗集《人行道的尽头》。从那时起，每天我都会为孩子读一点诗：等待早晨上课铃响起的时候，课间的时候……

(提到比尔·皮特，引发了我对新旧图书选择的一些看法。我们的文化总是裹挟着我们过度推崇新的东西——新书、新音乐、新电影、新发型等。这样做的危险在于我们不再关注那些旧书，孩子们直到长大都不知道这些书。这些书没有被翻烂，也不需要替换为新版本,最终出版商会让它们绝版。让这些伟大的旧书永葆生命力的方法就是把它们列入你的书单。)

接下来,我会转移到系列绘本。系列绘本中的每一本就像是整本书中的一个章节,例如伯纳德·韦伯的"鳄鱼莱莱"系列。该系列一共有8本,其中第一本是《东88街的房子》。

一旦孩子或者学生可以保持长时间的注意力,你就可以开始轻松地为其朗读长篇故事——可以是篇幅较长的绘本,也可以是60~100页的短篇小说。对于这类书,你没有必要在周一就把一本全读完。你可以把书分割成合适的"章节",然后分配到周二和周三来读。将绘本分节,能够让孩子更好地赏读,例如芭芭拉·布伦纳的《车轮》(Wagon Wheels),以及埃莉诺·科尔的《约瑟芬的故事毯》(The Josefina Story Quilt)。然后,我会选择一套关于家庭的故事集。雪莉·休斯的《关于阿尔菲的一切》(All About Alfie)无疑是一个好选择。它共包含4个故事,讲述了一个精力旺盛的小男孩和他家庭的故事。对于幼小子女家庭故事的描绘,没有人比雪莉·休斯更棒的了。别忘了朗读她最新的作品:《不想去!》(Don't Want to Go!)和《波波去学校》(Bobbo Goes to School)。

至于真正的短篇小说,我会毫不迟疑地推荐爱丽丝·谢特尔的《小心,杰里米·比恩!》(Look out, Jeremy Bean!)和贝芙莉·克莱瑞的《两倍快乐》(Two Times the Fun)。然后是鲁思·斯泰尔斯·甘尼特的《我爸爸的小飞龙》和约翰娜·霍维茨的《吵闹的拉塞尔》(Rip-Roaring Russell)。最后我会向你推荐罗尔德·达尔的《詹姆斯与大仙桃》。这本书的问世有半个世纪之久,已经成为儿童文学中的经典之作。

孩子几岁时，可以为他朗读章节故事书？

在此我要先提醒读者，孩子可以听懂故事的程度和孩子自己的阅读程度是两回事，关于这一点有许多人都认识不清。大约 20 年前，我在泽西海岸的一个蓝领阶层社区内举办座谈会，中午休息时，有一位名叫梅莉莎·奥姆·安提诺夫的年轻幼儿园老师过来告诉我："你一定会喜欢我教的班级！"她解释说，她在过去一年内给班上的小朋友读了 100 本绘本，以及 10～12 本章节故事书。这个班上约有 60% 的孩子的家庭需要政府补助，而安提诺夫只有 4 年教龄。

下午座谈会重新开始时，我问在场有多少人是幼儿园老师，得知总共有 8 位，而先前提到的那位安提诺夫是其中唯一读长篇故事给学生听的老师。

我们可以猜想，这 8 位老师所教的学生将来进入一年级后，哪些学生会表现得比较好呢？是那些只听了 150 本长度为 4 分钟的绘本的学生，还是那些听了 100 本绘本和 12 本章节故事书的孩子呢？哪些学生的注意力持续的时间会更长，词汇量会更大，并且能够进行更复杂的思考呢？

几年后，父母都是教师的梅莉莎·安提诺夫，到了另外一个镇，开始教授四年级，并继续给她的学生朗读。她和我分享了她的故事：

> 刚上四年级时，博比非常讨厌阅读。事实上，从一开始，在我朗读的时候，他就不愿意安安静静地坐着。他左摇右晃，用手指戳其他同学，想坐到自己的桌子旁，等等。今年，我从路易斯·萨奇尔的《女盥洗室里的男孩》（*There's a Boy in the Girl's Bathroom*）开始读起。终于，到 9 月底，在我朗读的时候，他不但安静地坐着，还转移到了我的正前方。接下来，大

约 11 月初的时候，他开始求我让他在空闲时间提前读小说。

我很吃惊。在年初时，这个男孩还处于阅读水平最低的小组（我不喜欢"阅读水平最低"这个说法，但是找不到别的来代替），而且当我就阅读的内容对他提问时，他几乎回答不出任何问题。今年，我很少使用基础读本。我们读了大量的小说。到 10 月的时候，博比是他所在的阅读小组中第一个举手回答问题的。在第二学期开始时，我就把他升到了中等水平小组。最令我感到惊讶的是博比开始自主阅读了——只要有机会，他便自己阅读。（我的规则是，如果学生提前完成了任何科目的任何作业，他就可以进行阅读。）

在家长会快要到来的时候，博比正在读三本书。是三本书！当我问他为什么不一次只读一本书时，他告诉我说这些书他都很喜欢，不知道从哪本开始，所以就决定一次读三本。他太专注于这些书了，我不得不走到他面前，将他的注意力拉回到我们正在做的事情上。

这些问题在家长会上被提出来讨论。博比和他的妈妈一起，参与讨论他在第一学期所取得的进步。他讲述了他正在读的一本书，他妈妈看着儿子惊讶不已。我问博比为什么 9 月时他似乎讨厌一切和阅读有关的东西，而三个月后又觉得书读不够。

他回答道："一开始我真的觉得很无聊，尤其是当你朗读时，因为我必须假装集中注意力。但是你的朗读让故事变得生动有趣，而且我很喜欢布兰德利（《女盥洗室里的男孩》中的主要人物）。然后我想看看如果自己阅读是不是也很有趣，所以我就开始自己读布兰德利的故事，真的很有趣。就这样我还试着读了一本你没有朗读过的书，并且爱上了这本书。"

因为两个孩子还没上学，梅利莎目前退出了教学工作。然而，无论在校内，还是校外，她都用事实证明了朗读的作用。她正在上幼儿园的儿子，五岁半时开始学习阅读。现在，他坚持利用闭路字幕[①]观看他最喜欢的电视节目。他能够轻松地开始阅读一定是得益于他曾听了上百本绘本和小说，如贝芙莉·克莱瑞的"雷梦拉"系列、罗尔德·达尔的大量作品，以及凯特·迪卡米洛的《浪漫鼠德佩罗》。

能为上幼儿园的孩子朗读章节故事书吗？

如果你问珍妮·费兹奇这个问题，那么她一定会立刻告诉你："是的，可以！"30年来，珍妮一直在幼儿园任教，除了有一年在非营利的格罗顿社区学校。格罗顿是波士顿的一个高级住宅区，家庭的平均收入为13.6万美元，贫困率为当地最低（1%）。家长学历普遍较高，热衷竞争，工作忙碌，而且对自己很有信心。格罗顿社区旁边有两所具有传奇色彩的私立预科学校——格罗顿学校和劳伦斯学院，不过，对大多数家长而言，他们丝毫没有意识到朗读的重要性。毕竟，他们也是第一次经历给孩子朗读——这也正是像珍妮·费兹奇这样经验丰富的幼儿园老师的珍贵之处。正如学校主管琳达·科辛斯基所指出的："关键在于家长教育，家长教育，家长教育"——帮助家长就是帮助他们的孩子。

珍妮教育家长的方式有两种：一是通过他们的孩子，二是通过送到家中的简报。简报的内容是关于她从课堂活动中收集到的孩子的观点，重点关注每天读的很多绘本和每天30分钟的章节故事书。

---

①闭路字幕是专门为失去听觉或听力不佳的观众设置的电视字幕。

给15个3~4岁的孩子讲30分钟章节故事书？我要自己亲眼去看看。于是，我在教室里待了一整天，观察珍妮和她的团队是如何与孩子们相处的。顺便提一句，她给幼儿园小朋友朗读章节故事书已经超过15年了。

那天早晨，孩子们在听过了《金发姑娘和三只熊》后，开始口述他们自己的版本。他们投票选出三只熊叫醒金发姑娘最好的方法（跳舞），还有如果金发姑娘没醒过来，应该怎么办（拨打911）。接下来是表演故事的时间。他们把坐垫当成小熊们的床（两个当成熊宝宝的床，四个当成熊妈妈的床，五个当成熊爸爸的床）。然后，情景转移到餐桌旁。这里有三只泰迪熊和三个大小不同的碗，还有一个金发的洋娃娃。最后是厨房。孩子们将面粉与水和在一起做成麦片粥。没有人想要吃这些东西，也许是因为他们正沉浸在用手指"按压和揉捏"面团的快乐之中。

随后，珍妮给依偎在她身边的三个孩子朗读了保罗·盖尔顿的《神奇的麦片粥锅》（The Magic Porridge Pot）。她停顿了一下，强调了这句话——"停下来，小锅子，停下来！"接下来，她开始引导孩子们在她讲故事的过程中和她互动。当她随后朗读《小巴巴吉的故事》（The Story of Little Babaji）（作者是班纳曼和马赛利诺）时，她会偶尔停下来，问孩子们几个小问题。这绝对不会打断故事的连贯性（当书上出现妈妈吉在缝纫机前工作的画面时，她会问"这是什么"；或者问"裤子""市集"和"感到骄傲"是什么意思）。

午餐时间依然集中在故事上，不过是另外一种故事：珍妮个人生活中的真实故事。有一大堆备选，比如大猩猩的故事，花生人的故事，生日故事，以及球棒和网球拍的故事。全班投票选出最想听的那个。每一个真实的故事都以"事情是这样的"作为开头，孩子们告诉我，虚构的故事则以"很久以前"作为开头。午餐后，房间的窗帘被拉上，灯光调暗，孩子们开始午休。每一个孩子都蜷缩在自己的地毯上，手里攥着被子。

下午一点，珍妮·费兹奇开始了一天中最重要的部分——给孩子们朗读30分钟的章节故事书（小说）。我来的这天，珍妮坐在摇椅上，正在给孩子们朗读休·洛夫廷的《怪医杜立特历险记》。这本书完成于1920年，共有156页。因为那天是星期一，所以珍妮首先回顾了上周五朗读的情节，帮助孩子们回忆起书中人物的名字。"教会怪医杜立特如何和动物沟通的鹦鹉叫什么？"坐在她脚边的两个4岁孩子很快给出了答案——"波利尼西亚"。在朗读的过程中遇到不常见的单词，她会解释清楚，或者询问孩子们。例如，"'越来越少'是什么意思？""'这个人说着无礼的话，然后离开了。'这是什么意思？"偶尔，她会停下来，大声惊叫："哦，这里很重要。"当杜立特乘船前往非洲需要一个锚时，整个班级开始讨论起锚及其用途与形状。

"我的班级是个混龄班级。所以经常是年龄小的孩子睡着了，年龄大的孩子还沉浸在书本中。但是，随着时间的推移，那些在秋天听故事经常睡着的孩子，到了春天就能真正地投入到听故事当中了。"

她解释说。

半小时的朗读结束后，她和孩子们互相问答进行交流，没有提示，答案也无所谓对错。这种交流充满丰富的语言和经验，每一本书都为孩子们轻轻地打开了通往外面世界的一扇窗。珍妮·费兹奇不朗读缩写本，也从不漏下任何一个单词。我还想补充一句，她也绝不会拿朗读的内容给孩子们考试。

从珍妮的幼儿园出来后，开两分钟车就到了劳伦斯学院（学费5万美金）。劳拉·莫尔正在教授高级英语。她也调暗了教室里的灯光，开始为学生们大声朗读。她在几年前就发现，对那些对文学失去兴趣或者从来没有产生过兴趣的青少年来说，大声朗读是培养文学兴趣的最佳方法。

孩子多大时，就应该停止给他读绘本了？

我了解在陪伴孩子成长的过程中，有些家长难免会有不耐烦的时候，但是无论何时我听到这个问题时，总是感到气馁。好故事就是好故事，不论书里面是否有许多图画。就像在博物馆内展出的画一样，并没有一堆文字写在画的下方，但这些画仍然能够令我们感动，不是吗？

据我所知，有一个幼儿园的老师给孩子们读朱迪思·维奥斯特的《亚历山大和倒霉、烦人、一点都不好、糟糕透顶的一天》，而有一所学校的英语老师每年朗读两次这本书给他的高二学生听，第一次在学期刚开始的9月，第二次通常是应学生的要求，于次年6月再读一次。事实上，每个年级都应该将绘本列在朗读书单上。

许多美国的学生从小学中年级开始，就不再有人经常读故事给他们听了，而且这些学生自己也不会把阅读当成一种消遣。记得有一天，我在加利福尼亚州跟一个九年级辅导班的学生交流。21位学生中，竟然没有人听过魔笛手的传说，也没有人听说过莱特兄弟，而只有两个人听过《圣经》里的大卫和歌利亚的故事，这些学生的文化生活似乎太贫乏，极需要被填补。

以下是几本非常吸引青少年的绘本：

• 爱德华·索雷尔的《约翰尼在现场》（*Johnny on the Spot*）。（故事中，约翰尼和他的邻居在无意间发明了一部可以预测未来的收音机，约翰尼坚决认为应当保守这个秘密，即使将来会有一些不幸的事情发生，也不应该尝试去改变未来，因此他和邻居之间产生了冲突。）

• 莫迪凯·葛斯坦的《高空走索人》。（该书获得了2003年凯迪克金奖，讲述了一位法国年轻人的真实故事。1974年，这名年轻人在世界贸易中心两幢未竣工的建筑中间拉起了一道钢丝，并在早晨上班高峰期用了两小时从钢丝上走了过去。书中提到的双子塔已经不存在了，但绘本主要讲的是高空走索的故事，而不是27年后的"9·11"事件。）

• 派翠西亚·波拉蔻的《给弗兰基的橘子》（*An Orange for Frankie*）。（精彩的故事在一幅幅画面中展开。这个故事和作者的家庭有关。平安夜，9个孩子，被困在暴风雪中的爸爸，一货车又饿又冷的流浪汉，一件丢失的运动衫和一个失踪的圣诞节橘子——所有的这一切巧妙地组成了一个完美的结局。这就是最好的节日故事！）

• 罗伯特·科尔斯的《鲁比·布里奇斯的故事》（*The Story of Ruby Bridges*）。（作者是曾获普利策奖的儿童心理学家。书中讲述了一个6岁的孩子鲁比·布里奇斯的学校生活。1960年，联邦法官选择了4名黑人儿童进入只有白人的新奥尔良公立学校上学，而鲁比就是其中之一。）

选择长篇小说时，需要注意什么？

短篇小说和长篇小说（我通常以 100 页作为分界线）主要的差异在于描写内容的多少。短篇小说对于细节部分的描述比较少，而长篇小说则需要读者（或听者）运用较多的想象力。那些因为常看电视而想象力萎缩的孩子对于长篇的叙述会感到不自在，但只要他们常听故事，想象力的恢复就会越来越容易。事实上，有研究证明，听故事比看电视节目或电影更能够刺激想象力。

一开始选择长篇图书时，应该注意并非所有的书都适合用来朗读。事实上，有些书甚至根本不值得一读，绝不要选这类让孩子或班上学生感到乏味的书，而且有些书的写作模式只适合静静地阅读，而不是用来朗读。

杰出的加拿大小说家罗伯逊·戴维斯（Robertson Davies）在他的演说集序言中很好地区分了听文章和阅读文章。他提醒读者正在看的是演说内容而不是散文随笔，他说："说给听众听的语句在表达上必须要更直接，或许比写给读者看的内容要更强调重点。"这一点是许多演说家或教授所忽略的，他们的演说词仿佛是打算让听众看的，而忘了听众是要听的。因此各位在选择长篇的朗读书目时，务必考虑戴维斯的建议。

另外，需要注意的是长篇小说的主题。在朗读长篇小说之前，大人应先看过内容。因为小说比绘本更有可能涉及敏感的话题。在朗读之前，应该先熟悉书的主题及作者的表达方式，并考虑几个问题："我的孩子或学生能否接受故事所使用的文字并适应其复杂性？他们情绪上能够接受这样的情节吗？故事内容对孩子是否弊大于利？故事会不会使某些孩子感到不自在？"

除了可以避免上述可能造成的困扰之外，事先阅读过整本书可以使你接下来读给孩子或学生听时更有信心。你可以强调一些重要的段落，并省略枯燥乏味的部分（我通常会在第一次阅读时，用铅笔在书上空白处注明），而且适时改变语调，使故事听来更生动有趣（当故事提到敲门声时，我通常会敲敲桌子或墙壁）。

什么样的书适合做朗读材料？

我为本书朗读书目选取朗读材料的最高标准就是——情节。故事是翅膀，情节就是扇起翅膀的风。是否有我们关心的事情发生？我们是否想翻开下一页看看接下来发生了什么？多久故事才会有新的进展？当最后一页读完后，我们是否还期待更多内容？相反，如果作者用了一整页纸描述春日的早晨，一只蝴蝶停在了湖边的松木板上，也许会是一首优美的诗歌，但是它一定无法长时间抓住读者的注意力，除非蝴蝶突然遇到危险……

当然，朗读书目中图书的选择还有另外一个隐形标准：故事要经得起朗读者和听者在日后反复地阅读和倾听。有许多书，像当下的电影或者歌曲一样，很快就被人们遗忘了。但那些伟大的作品，即便很多年后再次阅读，你依然能记起书中的特定场景。你无法说清楚它们为什么如此吸引你，但事实就是如此。

如果情节如此重要，那么非虚构类的作品该怎么选择？通常，它们都不是很好的朗读材料，除非听者对这个主题非常感兴趣。这意味着如果你的孩子对某个主题非常有兴趣（例如，内战或者德瑞克·基特[①]），那么他通常已经准备好听你朗读相关的书——但是整个班级可能不会有这种情况。另一方面，还是有一些非常好的绘本，既是

[①] 美国职业棒球大联盟的球员。

非虚构，又有精彩的故事情节。通常都是讲述某人生活中的非凡事件。请参考朗读书目中标注了（非虚构）的条目，这些书都很有趣，增长知识，并且不像课本，绝不无聊。

毋庸置疑的是，对于婴幼儿而言，情节并不重要。给他们的理想的朗读材料注重声音，要有好的节奏和韵律，以及大量的重复。声音要听起来有一点傻傻的，或者充满戏剧性，或者让人兴奋，图画要有丰富的色彩，上面要有大量他们熟悉的东西。

对于两岁半到三岁的孩子，理想的情节应该是循序渐进，而不是一下子就给他们朗读太复杂的故事。给他们朗读的故事可以是走丢的小狗或者淘气的结果。比如艾米·海斯特的《你能行，山姆》(You Can Do It, Sam)和马丁·沃德尔的《超级饿的恐龙》(The Super Hungry Dinosaur)就是很好的朗读材料。它们的语言很精彩，有重复，而且增添了叙事性。埃兹拉·杰克·基茨的《彼得的口哨》(Whistle for Willie)也是不错的选择。这本书的故事非常能够吸引小孩子的注意力，并让孩子觉得愉快。在故事的结尾，小男孩终于学会了吹口哨。这时你可以为孩子表演如何吹口哨。随着孩子一天天长大，吸引他们的注意力变得越来越难。因此，情节作为吸引孩子注意力的磁铁，就变得愈加重要。

当孩子到了八九岁的时候，选书就更有挑战性了。因为这个阶段的文学作品变得更写实。被称为"青少年文学"的故事的情节开始关注社会和情感问题，其中有一些更加严肃，涉及离婚、乱伦、虐童、死亡、滥用药物和暴力。对于文学作品而言，这些都不是新话题——狄更斯早就驾轻就熟。

但是，选择含有这些内容的书时，家长必须确保作者讲述的方式能够让孩子接受。十三岁的孩子能够消化的故事不一定适合九岁的。成年人和孩子或者老师和学生，一起分享讨论这些严肃的问题

113

是非常有益的，因为成年人可以作为向导来指引孩子走出书中痛苦的故事，抚慰他们的心灵。

随着孩子不断长大，我们必须学会区分哪些图书适合听，哪些适合阅读。有些书的主题太个人化，并不适合朗读，尤其不适合在教室中朗读。对我来说，在教室里对着一群青少年朗读以乱伦为主题的书实在太不正常了。你一对一读给女儿或儿子的书可能很难在教室里朗读。

当明显选择了一本不合适的图书时，你是应该放弃，读一部分，还是读完呢？

我认识非常有学问但也很固执的人。一旦开始读一本书，就一定要读完。我认为这些人需要的是第二份工作，或者一个更大的家庭。相反，我支持那些先读几章再放弃的人。（当然，更好的办法是在选择朗读材料之前，自己先阅读两章，而不是直接把孩子拉进无聊的故事中。）

我认同南希·珀尔的方法。她是华盛顿图书中心的前任首席执行官，她提出的"一个城市，一本图书"[①]的构想席卷了美国多个城市和乡镇。在《读书欲》（*Book Lust*）这本书中，她介绍了一种方法，适用于成年人给孩子朗读和孩子的自主阅读。她把这称为"50规则"：如果你现在50岁或者更年轻，那么可以先读一本书的前50页；如果你的年龄超过50岁，那么先用100减去你的年龄，得出的结果就是你需要提前阅读的页数。简单地说，一个人承受来自一个作家的精神折磨是有限度的。

[①] "One City, One Book"，是一个社区阅读计划，旨在让城市中的每个人阅读和讨论同一本书。

对于长篇大论的描述，我遵循查尔斯·狄更斯的原则：朗读时可以在必要的时候省略部分内容。一个伟大的作者为他的读者朗读自己的作品时，也会缩减内容，省略大段的描述性文字。我经常进行预读。发现对故事情节的推动没有作用的大段文字时，我就会在旁边的空白处做一个小记号，并在朗读时省略这一部分。

当你朗读时，孩子是否应该看着书里的内容？

没有必要一直这样。但是，这对某类学生而言非常有用。下面我来解释一下原因。

尽管不能把加利福尼亚州圣布鲁诺埃尔水晶小学的成功，都归因于卡尔·约翰逊校长的突发奇想，但那几乎就源自他的灵机一动。当我知道约翰逊的事迹时，他已经在这里担任了 14 年的校长。这只是他辗转西海岸 30 年职业生涯中的一部分。他教过二年级至十二年级，然后又从事管理工作。在教育领域，他最推崇的始终是阅读。这证明他的想法一定和阅读相关。事实上，正是因为对阅读的热爱，才促使他走上讲台，从事教育工作。高中的时候，辅导员问他，他的最爱是什么时，他回答："阅读。"于是，辅导员建议他从事教育工作。在当时，这是一个自然而然的选择。

2004 年时，他所在的地区正在通过一种计算机奖励阅读计划（他们这里叫作阅读分级），用标准化教科书的方法推行课外阅读。此外，"不让一个孩子掉队"计划正在努力让每个孩子的阅读成绩都达到同一水平。但这并不是件容易的事情。（计算机奖励阅读计划根据图书的难易程度，对学生阅读给予不同程度的奖励和学分鼓励。更多内容可以参考第五章第 147 页。）

圣布鲁诺位于旧金山机场西侧，是一个蓝领阶层和富裕家庭混居的小型社区。约翰逊的250名学生中,40%为白种人,40%为拉丁美洲人,还有20%为其他人种。班上有些学生的家庭,母语并不是英语。因此,约翰逊及同事们最关心的就是提高这些英语学习者的阅读成绩。虽然他们想要阅读其他学生在读的书,也想通过阅读分级考试,但是他们理解不了书的内容,也很难通过考试。

正如约翰逊和同事们所看到的,这里存在着语言水平的差距——这些学生无法听到足够的单词和语句,去理解日常对话和英文习语。

要是有种方法能让孩子们在家中丰富词汇就好了。约翰逊知道的最直接的方法可以用于早期阅读体验。回想他上小学的时候,他非常喜欢阅读,以至于妈妈奖励他的方式就是不上学的时候,在家中给他朗读一整天。但是这种情况如今根本不可能发生,因为家长们都在外工作。

2004年时,有人给了约翰逊一张价值50美元的iTunes礼品卡。他想:"我的iPod上已经有够我听一辈子的音乐了,这张卡做什么用呢?"在iTunes商店浏览有声读物的分类时,他发现这里还有适合儿童的有声读物。也许他会下载一些,听完后和学生们分享并讨论。但就在这时,他的头脑中蹦出了一个新想法,自己可以在家庭和学校之间搭建一座桥梁,帮助缩小学生之间阅读水平的差距。

这个想法成为后来的eCAP项目(El Crystal Audiobook Project,埃尔水晶有声书项目),学校添置了60个iPod(通过拨款购买)和600本有声书。当老师觉得某个学生阅读困难时,她会坐在这个学生的身边,然后一起从校长播放列表中选择15本有声书下载到iPod。再把与有声书配套的文字书、充电器、头戴式耳机,以及其他所需的指导一起交给学生。最棒的是,整个学年,学生们都可以随身携带,还可以带到校外,他们可以根据需要下载更多的有声书。学生们一边听iPod中的录音,一边看配套文字书上的内容。朗读者的声音和音调指导学生们学习单词和阅读，尤其是在课堂之外的关键时间，更体现出作用。后来，阅读分级考试证明，学生们的阅读理解能力有了极大的提升。（注意：学校做出的巨大努力并不是盲目追求阅读分级考试的结果。）

埃尔水晶学校的老师们使用有声书的配套文字书，继续给六年级的学生朗读。随后，他们又借用了奥普拉读书俱乐部的形式，鼓励学生分享和探讨他们自主阅读的书。这一项目成效如何呢？这里学生的学业成绩指数比全州高出 60 分。他们每年比附近地区的竞争对手多读了 100 万个单词。普通学生在一个学年内可以获得 100 个蓝思[①]（lexile）分，而大部分参加 eCAP 项目的学生比他们多一倍。蓝思分数用来衡量学生的词汇量，决定学生有能力阅读哪一类图书。得分越高的学生，就可以理解越难的图书。（关于有声书的更多内容请参考第八章。）

是否需要检测朗读的效果？

无论如何都该有一项检测——而且确实有一项。只是你还没有把结果交给它。这就是时间的检测。这是对我们所教授内容的最真实的检测。10 年，20 年，30 年后，他们记住了什么？我们教授的所有内容中，他们记住了哪些？

俄亥俄州希尔斯伯勒的金伯利·道格拉斯的故事完美地回答了这个问题。1989 年是她从事教育工作的第二年。她看了本书（较早的版本）并开始为学生们朗读。我请她通过电子邮件把经过告诉我：

[①] 蓝思是衡量读者阅读水平和标识出版物难易程度时使用的单位。读懂一本初级低幼读物与读懂一本百科全书之间差距的千分之一被定义为 1 个蓝思。

我现在是一名管理人员,和刚刚任教一年的老师们在一起工作。我正在为即将到来的会议和演讲做准备,主题是与学生建立良好关系。我通过 Facebook 给 71 名我之前教过的六年级学生发了信息,请他们分享当时的记忆。我告诉他们我不是要问他们是否记住了如何分解因式,或者铜的元素符号,而是想知道他们真正记住的东西。我收到了铺天盖地的回复。他们竟然记住了一些不可思议的东西。但是,在所有的回复中,他们提到最多的就是我们一起朗读过的书。我们曾经一起讨论过这些书和作者。他们还把同样的书朗读给自己的孩子听。这些学生现在的年龄在 26～37 岁,他们记得《温和的本》《通往特雷比西亚的桥》《天使雕像》《手斧男孩》,以及《红色羊齿草的故乡》,等等。很多学生还表示希望他们孩子的老师也可以像我当年那样,读故事给孩子们听。

我想说,金伯利和她的学生完美地通过了检测。正如邮件所证实的,朗读就像埋下了一粒种子,结出的果实可以供他们未来的孩子享用。朗读甚至可以调动学生按时上课的积极性,或者至少让他们能多来上课。下面我们来看一下亚利桑那州希格利的南希·富特的例子。她曾经因为在数学和科学两科教学上的优异表现而获得总统嘉奖,是全美委员会资格教师(美国只有不到 3% 的教师获得过此项荣誉),也是朗读的支持者。她发现朗读对那些不是心甘情愿上学的学生产生了影响。下面是她的经历:

我在传统学校教书已有 20 年,也有几年在一个非传统的高中任教。我有许多学生都是缓刑期的罪犯。其中一些在家服刑,只有去上学时才能出门。还有一些学生吸毒成瘾,打架斗殴。这些学生的问题比我想象的要严重得多。

我们两堂课之间有一个相对较长的休息时间,有5分钟。因为校园比较小,所以下节课学生们没有理由迟到。但每天都有人迟到,有时迟一两分钟,有时甚至更长。我希望找到办法激励他们按时进教室,就想起了安德鲁·克莱门斯的《我们叫它粉灵豆》。我在你的工作室听你讨论过这本书。我不确定孩子们是否会喜欢它——毕竟他们是群难缠的孩子——但是我愿意尝试一下。

在上课铃响3分钟前,我开始朗读这本书。铃响后,我会继续读,直到读完一章。一开始,我觉得自己就像个傻瓜,教室里一个学生也没有!但是这还好,因为我喜欢这个故事,而且尼克是我最喜欢的角色之一。几天之后,孩子们回教室早了一些,所以他们听到了尼克的故事。只用了一个星期,我再也没有遇到迟迟不来的学生。读完《我们叫它粉灵豆》后,我接着朗读杰瑞·史宾尼利的《失败者》(*Loser*),然后是克莱门斯的另一本书《看不见的东西》(*Things Not Seen*)。

朗读不仅让我的学生按时上课,而且出勤率也提高了。学生们缺课后一回到学校,就都希望能听到落下的故事。一些学生是自己借书来看,但大部分学生希望能在午餐时间补上这些内容,由我为大家朗读。(他们年龄都不小,约13~19岁。)他们迫不及待地想听接下来发生了什么,想知道我们下一个故事是什么。

快到年底的时候,一个身材瘦长的男孩来看我。当时他19岁,正在和毒瘾抗争,还在努力抚养儿子,孩子的妈妈因为毒品抛弃了他。父子俩正辛苦地挣扎着。尽管面临着生活的挑战,他还是几乎每天都来学校,并且戒掉了毒瘾。他认为我是一个了不起的老师，感谢我帮助了他。他说我为他们朗读的故事太精彩了，他真的非常喜欢。他还告诉我从来没有一个人为他朗读过——我是第一个。他向我保证他以后一定会为自己的孩子朗读。

我们种下的热爱阅读的种子也许不会立刻结出果实。但是，如果我们足够耐心，一定会有所收获。辛迪·洛弗尔在她人生最辉煌的时刻，讲述了她的故事：

> 我上四年级时，有位老师总是从书中抽出一章读给我们听。他把这一章作为引子。在朗读的过程中，他会停顿、解释，并穿插着提一两个问题，然后对我们说，"这只是其中的一章。如果你喜欢，书就在这里。"他的确吸引了许多同学上钩，而我也正是在那时遇到了汤姆·索亚。上初中的第一个星期，我都不知道马克·吐温是位伟大的作家，也不知道他写过许多作品。于是，我走进图书馆，询问是否有马克·吐温的作品。图书管理员咧嘴笑了一下，给了我一本他们准备丢掉的马克·吐温短篇小说集。时间过得飞快。到我上高三的时候，我对学校已经厌烦，很快退了学（就像我的偶像马克·吐温和他笔下的小男孩哈克一样），尽管我一直以来都梦想着当一名老师。我开始工作，结婚，有了两个孩子，经营自己的生意。但是只要有时间我就会阅读，感受单纯的快乐。在35岁时的一天，我突然醒悟，要做些什么。两年九个月后，我拿到了大学文凭，并开始教书，最后还攻读下了博士学位。现在，我告诉我的学生，"博士学位"（PhD）对我而言代表着"高中退学后"（Post High school Dropout）。我走了一条不同寻常的道路，获得成功仅仅

因为我对阅读的热爱。

——辛迪·洛弗尔

马克·吐温故居博物馆 执行理事

看到辛迪现在的职业,我不得不说"种瓜得瓜,种豆得豆"的确有些道理。另外,一位匹兹堡人的故事也证明了这一点:他6岁的时候,家人为他朗读罗伯特·劳森的《本和我》(Ben and Me)。这是一部历史小说,讲述了一只精灵古怪的小老鼠躲在本·富兰克林的裘皮帽中观察历史的故事。对于小大卫·麦卡洛[①]而言,书中的历史事件不过是在恰当的时间发生的恰当的故事。但是,他再也没有失去对这本书或者历史相关的一切的热爱,并因此成为美国最权威的历史学家之一。

---

① David McCullough,美国著名历史学家,两次荣获普利策奖,两次荣获美国国家图书奖,并获领平民最高荣誉——总统自由勋章。他在演讲中提到6岁时他第一次遇到历史学家,即《本和我》中的主角小老鼠阿摩斯。以这本书为起点,他又读了很多关于历史的书。

第四章 | 朗读要领与朗读禁忌

给孩子朗读的老师、家长或哥哥姐姐，是孩子最重要的作文导师。①

——克利夫顿·费迪曼

---

①出自费迪曼的《空白页：一项针对学校和社会中的写作能力的研究》(*Empty Pages: A Search for Writing Competence in School and Society*)

朗读要领

- 尽早给孩子朗读。你越早开始，做起来越容易，效果越好。
- 运用《鹅妈妈故事集》来刺激婴儿的语言能力与听力。开始先使用简单的黑白插图，然后用彩色绘本，来激发孩子的好奇心并刺激孩子的视觉感受。
- 给刚出生到学步期的孩子朗读的主要内容是文句重复的书；随着孩子的成长，再增加可预测情节发展的书和韵文书。
- 重复朗读可预测情节发展的书时，偶尔在关键的词或句子上停下来，让孩子自己说出关键的内容。
- 只要时间允许，就经常为你的孩子或班级朗读。
- 每天至少安排一段固定的读故事时间。
- 切记：聆听的习惯是后天养成的，我们必须逐步教导、培养孩子——聆听不会在一夕之间学会。
- 不妨从一页只有几行字的绘本开始，再逐步使用文字较多、图画较少的童书，然后到章节故事书及小说。
- 要注意变换读物的类型长度与主题。
- 为了鼓励参与，在时机适当时，请孩子帮忙翻页。
- 在开始朗读前，一定要提一下书名、作者与图画作者——不论你读过这本书多少次。
- 在第一次读一本书时，与孩子讨论一下封面上的图。"你认为这张图在说些什么？"
- 朗读时，间或问孩子："你认为接下来会发生什么？"以保证孩子参与其中。
- 朗读要有始有终。一旦开始读一本书，你就有责任把它读完——除非发现它是一本坏书。别指望孩子在章节之间等了三四天，还能维持兴趣。

- 偶尔读一些内容较艰深的书，挑战孩子的头脑。
- 家中如果有各种年龄段的孩子，朗读绘本很容易被所有孩子接受，而朗读小说则是一大挑战。如果孩子的年龄相差两岁以上（则社交与情绪差异都比较大），那么分别给他们朗读会让每个孩子收获更多。这需要父母付出较多心力，但付出越多，回报越多。每个孩子的个性会因此而发展。
- 除非孩子的想象力与注意力足够成熟，否则应避免朗读太长的描述性段落。根据情况缩减或删除没什么不对。不妨预先看一遍找到这样的段落，用铅笔作个记号。
- 如果章节很长，或者你每天没有足够的时间读完整整一章，那么请在悬念处打住。让孩子意犹未尽，眼巴巴地盼着下一次的朗读。
- 给孩子几分钟的时间定下心来，调整姿势，准备好心情，来聆听故事。如果读的是一本小说，开始朗读前问一下昨天讲到哪里了。聆听过程中，情绪是重要因素。"现在停下，安静，坐直，注意听。"这类命令的口吻无法创造良好的聆听气氛。
- 如果你朗读的是绘本，要确保孩子可以很容易地看到图画。在学校朗读时，让小朋友围成半圆，你坐得稍微高一些，好让后排的孩子能看到图画，而不会被其他人的脑袋挡住视线。
- 因为教室中的其他学生会分散大家的注意力，所以在朗读时，可以调暗灯光。
- 在朗读一本小说时，要让自己处在一个你和孩子都感觉很舒服的位置。在课堂中，不论你是倚坐在讲台上或站立，你的头都应高过孩子，这样才能让声音传得更远。不要在过亮的窗户前朗读或站立，强光会刺激孩子的眼睛。
- 记住：一本好的绘本所有人都可以欣赏，即使是十几岁的孩子。

- 在读完一个故事后，抽出时间与孩子讨论。一本书可以引发思考，点燃希望，引起恐惧，带来发现。让孩子表达出来。如果孩子沉浸其中，那就帮助他们用口语、写作或艺术创作的形式处理这些情绪。不要把讨论变成随堂测验，也切不可盘问孩子对故事的理解。

- 只有极少数人天生会朗读，你必须通过练习，才能轻松自如地朗读故事。

- 朗读时伴以丰富的表情。如果可能，还可以根据人物对话调整改变声调。

- 根据故事情节调整语速。读到悬念部分，慢下来，降低声音。适当的时候压低声音，可以让孩子全神贯注。

- 朗读最常犯的错误是：读得太快——不论朗读者是7岁还是40岁，都常犯这个毛病。慢慢念可以让孩子将听到的内容，在脑海中勾勒出图像。放慢速度可以让孩子仔细观看书中的图画，匆促朗读会影响朗读者的声音表达。

- 事先读一遍，这样能标出你希望缩减、删除或者详细描述的内容。

- 把作家还原成一个活生生的人，对书也是一样。利用网络搜索作者的背景资料，阅读书上的作者介绍。在朗读前或朗读时，讲讲作者的情况。让孩子知道书是人写出来，不是机器制造的。

- 做一个好的"引导者"。当你朗读到书中的某个关键部分，但是听众可能没有意识到时，你应该停下来，小声地说，"嗯——这里很重要。"

- 有可能的话，根据书的内容加进一些立体的活动。比如，在朗读罗伯特·麦克洛斯基的《小塞尔采蓝莓》时，准备一碗蓝莓在朗读时或朗读后与大家分享；或在读同一作者《吹口琴的蓝特尔》时，把口琴和柠檬带到班上。

• 当孩子提出有关文本的问题时，带着孩子一起查参考书或工具书，找寻答案。这可以扩展孩子的知识面，并培养孩子熟练运用图书馆资源的技能。

• 听从卡罗琳·鲍尔博士的建议，在门口贴一张记事贴："别忘了你的'应急书'。"类似于自然灾害时定量配给的应急物品，车上应随时准备"应急书"，甚至要像备胎一样一直放在后备厢中。在开车到海边路上遇到交通阻塞时，或在医院等待就诊时，都可以把握时间，读上几章。

GOT ~~MILK~~ BOOKS?

• 在班级墙壁上，或在家中卧室门后，挂一张读物表，让孩子知道自己读了几本书。毛毛虫、蛇与火车的造型都很适合做这种表，每一节可以代表一本书，一节接一节连下去。你也可以挂一张世界地图，根据书中故事的地点，在相应的位置上贴上小图标。

• 等孩子能够明白图书馆的书与自己的书的区别时，不妨手中拿着铅笔阅读。当你与孩子读到值得记住的美文佳句时，在旁边做个小记号，画个小星星。孩子应该与书有所互动，方式之一就是在书上的精彩之处留下漂亮的笔迹。

• 鼓励远方的亲人录一些故事，寄给孩子听。

• 不情愿的读者或好动的孩子往往很难坐下来听故事。给他们纸、蜡笔或铅笔，允许他们一边听，手里一边忙活。（你打电话时不也胡写乱画吗？）

- 为照顾孩子的保姆提供许多书，让保姆了解朗读是工作的一部分，这比看电视好多了。

- 父亲在给孩子朗读方面应该更加努力。因为小学老师大多是女性，因此小男孩会把阅读与女人、家庭作业画上等号。不幸的是，有许多爸爸宁可带儿子打棒球，也不愿带儿子上图书馆。也难怪阅读补习班里都是男孩。父亲在孩子年幼时进行亲子共读，可以让儿子认为书与运动同样重要。

- 每天安排一段时间让孩子自己阅读（即使只是翻翻书、看看图画也可以）。如果阅读的动力不能转化成实践，所有朗读的苦心都会付诸流水。

- 以身作则。除了朗读时间外，要让孩子亲眼看到你为了休闲而阅读，与孩子分享你的阅读热情。如果你正在阅读一本电子书，一定要让你的孩子知道你是在读书，而不是查收电子邮件或者浏览网页。

- 当孩子希望为你读书时，宁可挑特别容易的，也别挑特别难的书。就像刚开始学骑车时，先骑小车，再骑大车一样。

- 鼓励大孩子读书给小孩子听，但只能偶尔为之，不能完全取代你。切记：大人才是小孩最终的行为榜样。

- 控制孩子耗在电视前的时间。研究显示，一周看电视超过10小时的孩子，学习成绩会下降。看电视过度会上瘾，阻碍孩子的健康发展。

- 当孩子看电视时，播放声音的同时要显示字幕。但是对于知道如何阅读，却懒得看书的孩子，不妨关掉声音，只播放字幕。

朗读禁忌

• 别读自己不喜欢的书,因为你的厌恶情绪会表现在朗读上,造成负面效果。

• 如果发觉选错了书,立刻打住。承认错误,重新选一本。不过要给每本书公平的机会。像《不老泉》这种书,需要慢慢读才能渐入佳境。(朗读之前起码先看一部分,可以避免这类问题。)

不是每本书都要与课程相关。

• 如果你是老师,不要认为每一本书必须要与课程有关,不要将文学局限在狭窄的课程范围内。

• 不要让孩子负担太重,选书时,考虑一下孩子的智能、社交与情感状况。永远别读超过孩子情感接受的书。

• 不要选许多孩子在电视上看过或听过的书。一旦知道了故事情节,孩子的兴趣就消失了。不过你可以读完一本书,然后带孩子观看由书改编的电影或电视剧。这种方法能让孩子体会到文字比影像表达得更丰富。

• 在选择朗读的小说时,避免对话太冗长的书。因为这种书朗读起来有困难,聆听也不容易。冗长的对话较适合默读。读者看到引号,就知道这是新的声音,是另一个人在说话,但听众听不出来。

如果作家没有在对话结束后加上一句"墨菲太太说",那么听众根本不知道是谁在说话。

• 不要被奖项所愚弄。一本书得了奖并不能保证它是一本适合朗读的书。一般来说,奖是颁给写作品质的,而不是朗读品质。

• 如果没有足够时间做好这件事,不要开始朗读。读一两页就停下来,非但无法刺激孩子的阅读兴趣,反而会扼杀阅读兴趣。

• 朗读时不可以让自己和孩子坐得过于舒服。斜倚或懒散的坐姿只会造成困倦。

• 朗读时,不要被孩子,尤其是小小孩的提问吓倒了。如果这个问题不是为了顾左右而言他或拖延睡觉时间,请耐心回答。朗读没有时间限制,但孩子好问的天性有时间限制,机会稍纵即逝。请以耐心的回答来滋养孩子的好奇心——接下来再朗读。不过在班级朗读时,提问却必须放到朗读结束后。20个孩子同时向老师提问的话,这本书恐怕永远也读不完。

• 不要对故事内容强加解释。故事只要有趣味即可,不必问原因,但仍有许多可讨论的话题。听完故事后,乐于讨论的孩子最能增进语文能力。

• 不要把量和质搞混。每天专注而热情地朗读10分钟,在孩子脑海中留下的印象,超过孩子独自看电视两小时。

• 别把书当成威胁——"如果不收拾房间,今晚没故事听!"当孩子看见你把书当成武器时,对书的态度会由积极转向消极。

• 不要企图与电视竞争。如果你说"故事或电视,请选一样",孩子通常都选电视,这就好像让一个9岁的孩子选择"蔬菜还是甜甜圈"。不过既然你是大人,你就有选择权,"我们家8点半以后关电视。如果你要听睡前故事,没问题。如果不想听,也没关系。但8点半后还是不准看电视。"可是千万不要让孩子认为,不能看电视是书本害的。

第五章 | 持续默读：朗读的最佳拍档

> 没有读的故事不是故事，它只是木纸浆上的小黑印而已。
>
> ——厄休拉·勒古恩[1]

---

[1] Ursula Le Guin，美国重要的奇幻文学作家，主要作品有《地海传奇》系列。

朗读有许多目的，最主要的目的是激发孩子为了愉悦而去自主阅读。在学校的课程中，这种阅读称为SSR（Sustained Silent Reading，持续默读）。随手拿起一本书、一张报纸或一本杂志，好好享受阅读的快乐吧！不必受提问、作评估或写报告的干扰，纯粹为了快乐而阅读。这个概念包含许多条件，例如DEAR（Drop Everything And Read，抛开一切，专心阅读）、DIRT（Daily Individual Reading Time，每天个人阅读时间）、SQUIRT（Sustained Quiet Uninterrupted Reading Time，持续不受干扰的阅读时间），以及FVR（Free Voluntary Reading，自发性自由阅读）。

本章将重点讨论学校与家庭中的SSR，还会谈到各种与默读有关的内容：奖励阅读计划（如"进步读书人"和"阅读计点"）、老师的阅读习惯、垃圾读物，以及"暑假倒退期"等。

由于我们成年人经常阅读，便对不同的阅读方式都习以为常，但孩子们并非如此。伊利诺伊州克拉仑敦山的李·莎莉文·希尔曾告诉我，她的儿子柯林有一次看见她在默读，于是问她："你在做什么？"

"读书啊。"她回答。

"那你为什么没有念出声来？"

她就解释说人们会自己阅读，也会读书给别人听，就像她读书给他听一样。柯林恍然大悟地说："原来爸爸也在读书！"他想起他曾见过父亲在默读——在实践SSR。如果没解释过，有时会让年幼的孩子觉得默读是一件神秘的事。

很显然，对有些学校管理者来说，SSR也是一个谜。一名八年级语言艺术老师在每周的教学计划（学校改良计划规定）中引入了40分钟的SSR，下面是校长对她的评价原话："我看到在你的课堂上学生可以进行大量的自由阅读。我知道他们阅读的都是指定的书。

但是，我认为这些课堂上的阅读大部分都可以在课外进行。这样你会有更多的时间和学生互动。对课堂时间安排的决定必须合情合理，要确保我们的学生在日后能够取得成功。"

我会给这位校长这样回复：

1.SSR 跟其他方法一样有效，并且已经得到了研究的证实（参见第 134 页）。

2.我们根本不可能和学生们探讨他们从来没有读过的文学作品——所以学生们才在教室里阅读这些内容。

3.有些学生在课外几乎不可能进行阅读。他们要么是讨厌阅读，要么是家中没有空间和安静的环境进行独立阅读。我的课堂就是诊所，可以治愈不愿阅读的病症。

4.青少年时期，由于荷尔蒙和社会冲突对日常生活有影响，学生们出于兴趣的阅读会自然减少。通常的表现就是他们根本不可能很好地利用校外时间，所以我要提供固定的阅读时间。

5.我的课堂可能是一些学生唯一能看到别人独自默读，能看到成年人为了快乐而不是工作而阅读的地方。我的课堂实验起了榜样的积极作用。

第一章第 51 页小托马斯·欧尼尔的故事是我给这位校长的终极建议。

为什么国家阅读研究小组会谴责 SSR 或独立阅读？

说"谴责"有一点严重了。但是，国家阅读研究小组的确没有无条件地支持 SSR，还打击了一些害怕失去联邦资助的地区实施的默读政策。这里简单讲讲国家阅读小组与 SSR 的对峙。(不要将 2000 年的国家阅读研究小组和 1985 年的阅读委员会混为一谈。他们是完全不同的两个组织,但也许有相同的目标。)

国家阅读研究小组 2000 年的报告显示,没有充足的科学证据表明应该支持在学校中推广 SSR,尤其是将 SSR 作为唯一的阅读指导方法。我想任何心智正常的人都不会赞成将 SSR 当作唯一。我们当然需要阅读指导,但也需要将它付诸实践的机会。你能想象一个不阅读、不进行大量阅读的学生,阅读成绩会提高吗?

国家阅读研究小组认为只有 14 个短期研究符合他们存在争议的"科学"标准,并且无法从中找到足够的证据支持 SSR。但是,结果显示持续默读的学生在 10 项研究中的表现和对照组相同,并在剩下的 4 项研究中超过对照组。另外,在他们 14 项"科学的"研究中,没有一个结果否定 SSR 的作用。然而,这还不足以说服国家阅读研究小组支持 SSR。

这让我想起了斯蒂芬·克拉生——鼓励学生在课堂内进行独立阅读的主要倡导者。(如果你正在考虑在你的学校或者课堂内实施 SSR,但还没有读过《阅读的力量》,那么赶快读一读这本书。它就是 SSR 的圣经。)这位南加州大学的退休教授以及很多资深的阅读专家都曾彻底驳斥国家阅读研究小组的声明。克拉生研究的并不是阅读研究小组的 14 个短期研究,而是 53 个,有长期的,也有短期的。结果压倒性地支持 SSR,尤其是持续一年的长期研究。相比 25 个正面结果,仅有的 3 个负面结果只出现在短期研究中。如果有一场棒球或足球比赛的得分是 25:3,胜负不就显而易见了吗?

SSR 基于一个简单的原则:阅读是一种技巧——因此,你使用得越多,就越能更好地掌握它。相反,你使用得越少,用起来就越困难。

经济合作与发展组织用了几十年的时间帮助其 34 个成员国检测学业成绩，对 32 个国家的 25 万名 15 岁的学生进行了阅读能力的测试，并于 2002 年发表了研究报告。在所有国家中，在不考虑收入水平的情况下，学生读得越多，也就读得越好（参见第 38 页）。10 年前，国际教育成果评估协会做过一项类似的研究，比较 32 个国家 21 万名学生的阅读能力，发现分数最高（不考虑收入水平）的学生有以下两个特点：

- 老师每天都读书给他们听。
- 他们每天都以阅读为乐。

还有，SSR 的次数越多，评估分数也越高：每天都默读的孩子，比每周只默读一次的孩子分数高得多。美国国家教育进展评估近 25 年来评估过成千上万的美国学生，结果得出同样的结论。由此可见，为孩子朗读和默读的效果都很大——然而，大多数孩子在学校上课时，都既没有老师给朗读，也没有自己默读的经历。

作为家长，我不讨厌阅读，但也不经常阅读。我的孩子也是这样。为什么？

事实上，有一些人，包括那些学历很高的人，并不经常阅读，而另一些人（无关学历）则经常阅读。因此，这并不是读写能力的问题，可以说这是一个数学问题。让我想起了威尔伯·施拉姆。

施拉姆（1907～1987）曾是一名记者、职业棒球运动员，毕业于哈佛大学，获得过欧·亨利奖，还是交响乐队的横笛演奏家，以及大众传播学之父。下面我们就来谈谈这位全能的施拉姆！二战期间，他除了帮助罗斯福总统起草了部分"炉边谈话"的内容外,还担任了战时新闻局的教育主管。政治宣传对人们思想和行为的影响引起了他的兴趣。虽然政治宣传一词通常让美国人心里觉得不是滋味,但是施拉姆认为它只是大众传播的另外一种形式,就像收音机里播放的新闻和广告一样,是为了达到某种结果的手段而已。战争结束时,随着报纸读者和广播听众的数量达到顶峰,以及电视机的逐步兴起,施拉姆预见了一个关于交流的新学科即将诞生。最终,他在伊利诺伊州大学和斯坦福大学都成立了传播学专业。事实上,他实现这一步超前太多。当他在伊利诺伊招收第一名博士研究生时,课本都还没有——因为根本没人写过关于大众传播的书。

接下来,我们看看施拉姆是如何帮助我们解决阅读频率因人而异的问题的。他的一项研究是分析为什么一些人只阅读报纸或杂志上的某些版面,而不读其他版面。为了解释这一现象,他设计出一个公式,叫作选择分子式[1]。把这一公式应用到休闲阅读方面,许多问题就迎刃而解了。

首先,我们进行一个快速的数学运算。下图中左边是一个等式,我们用分子除以分母得到商。如果分子变大,那么商就会变大。如果分母变大,商就会减小。因此,让结果变大的办法,要么是增大分子,要么是减小分母。明白了吗?好,让我们继续。

在施拉姆的选择分子式中,分子代表我们期待通过某种行动获得的收益。分母代表我们获得收益需要的成本和费力程度。商就是某种行动的频率。因此我们某种行动的频率取决于我们能否获得收益。例如,如果你非常喜欢寿司,但是最近的寿司店离你116千米,

---

[1] 选择分子式(Fraction of Selection)是受众选择传播媒介的概率公式。受众对某一媒介的选择概率,与受众可能获得的收益与报偿成正比,与受众获得媒介服务的成本或者费力的程度成反比。

$$\frac{分子\ 80}{分母\ 20} = 4\ 商$$

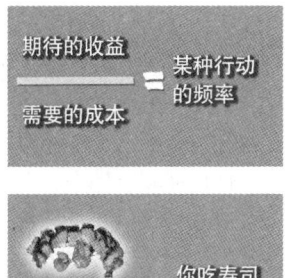

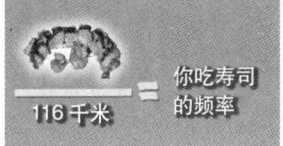

$$\frac{期待的收益}{需要的成本} = 某种行动的频率$$

$$\frac{\text{图}}{116\text{千米}} = 你吃寿司的频率$$

你不会选择经常去那里吃。相反，如果寿司店离你只有 20 分钟的路程，你就会经常去吃。这就是选择分子式——收益除以成本等于频率。

现在，把它应用到阅读上。从分子开始说起，分子是人们希望从阅读中获得的收益。乐趣是顶大的收益，它包括许多小范畴。例如，一些人期待通过阅读获得放松，一些人在获取信息中找到满足感，另一些人则希望通过阅读取得好成绩或者文凭，在同班同学中树立威信，结交读书俱乐部的朋友，或者给老板或老师留下好印象，还有一些人期待通过阅读获取文凭后从而得到更高的报酬。不同的人期待不同的收益——或者不求收益。但是，每个人对阅读都有所期待——否则他就不会去阅读。

再来说分母，分母代表获得收益所需要付出的成本或努力。对于一些人来说，分散注意力的干扰因素是他们最大的敌人，例如电视、DVD、手机、电子游戏、电子邮件、电脑，或是家庭和学校里的混乱状态。一些人是缺少印刷读物——他们没有报纸、杂志或者图书（在贫困地区的确如此）。一些人是缺少时间——工作时间太长，带孩子，忙于各种娱乐和逛商场，或者有太多的家务事。一些人是受困于学习障碍而不能流畅阅读。一些人是因为家人和伙伴对学校和阅读持消极态度，而对阅读没有兴趣。最后，还有一些人是没有安静的阅读环境——家里太吵，或者学校里有太多的考试和要求。

所有这些因素决定了一个有能力阅读的人的阅读频率。若你期待从阅读中获取更高的收益，且面临的困难又比较少，那么你的阅读频率就会高一些。另外，学生的阅读频率越高，在学业上成功的机会就越高。那些读得最多的人，必定读得最好。

阅读收益
乐趣
- 放松
- 信息
- 声望
- 分数/回报

阅读困难
- 注意力被分散
- 缺少印刷读物
- 缺少时间
- 学习障碍
- 对阅读持消极态度的同伴

这里有一个整个国家全民实践 SSR 40 年后突遇困境的例子。日本是世界范围内无可匹敌的阅读榜样。日本国民消费了大量的印刷读物，而且阅读报纸的人数比例位居世界之首（64% 的日本成年人每日读报，而美国只有 23%）。但是，很少有外人能够理解这个数字背后的原因：时间。同样是每天 24 小时，但日本人的花费时间占比完全不同。

日本的高速路收费一直以来都是全世界最高的。在美国 14 美元的过路费在日本需要 47 美元，如果需要过桥的话，更会涨到 97 美元。因此，几乎所有日本人都乘坐公共交通工具去上班，单程平均需要 1 小时。所以日本人每天就有两小时的时间可以用于阅读或休息。通勤路上的时间和阅读使日本人的图书、杂志和报纸的消费量位居全球第一——直到 20 世纪 90 年代中期。

之后，日本阅读者的数量开始下降，并且仍在持续下降。原因是"拇指一族"的出现——他们在路上玩游戏，发邮件，看手机和笔记本电脑。简而言之，就是出现了干扰因素。

根据施拉姆的选择分子式，一个国家、家庭或课堂，面对的干扰因素越多，阅读频率就会越低。如果你真想增加阅读量，那么就要开始控制自己，远离各种干扰因素：闲逛商场、手机、各类电视节目、DVD 播放器、电子邮件、电脑游戏——每项都需要你及时关注或者一心多用。在美国，"拇指一族"同样也在兴起。更多内容可以参见第七章。

SSR 如何起效？

SSR 的效果因人而异，但最简单的 SSR 是让一个人读得时间够长、范围够广，以使阅读变成一种自发性的行为。如果阅读者必须停下来集中精神看每一个字，读出声并思索字词的意义，那么就会失去流畅性，而且这么做十分累人。能够自发性阅读是目标，为了达到这个目标，阅读委员会建议学生每周独立阅读 2 小时。哪来时间阅读呢？该委员会建议在技能考试或作业练习上少花一点时间。

其次，SSR 可能不会立即改变学生的阅读技巧（没有速成方法），但可以使学生对图书馆、自主阅读、指定阅读及阅读的重要性等的态度产生正面的转变。这会影响学生的阅读量，以及他们阅读过程中的流畅性。本书第一章谈到的陆文堡中学便是很好的例子。

139

不过年龄小的孩子在接受 SSR 训练以后，阅读态度与阅读技巧均有显著改善。国际阅读联盟的研究带头人和前任主席理查德·艾林顿教授指出："阅读能力差的人，只要每天花 10 分钟阅读，一开始就能多学 500 个词，并且在越来越熟练的过程中，学会的词也将迅速增加。"

第三点，SSR 可能是学生最重要的词汇累积方式，其重要性甚至超过他们在基本的教科书或日常口语中的词汇学习。阅读委员会指出："基本读物与教科书无法提供像市场书那么丰富的词汇、句子结构或文学形式……只具备基本故事的书，可能无法培养孩子阅读真正文学的足够能力。"的确，3000 个最常使用的词中，约有一半甚至未列入幼儿园到六年级的基本教材。正如第 50 页的图表所示，印刷品中用到的生僻词，是口语中用到的生僻词的 3～6 倍。

提到有阅读障碍的读者，请让我介绍 2009 年卡内基·梅隆大学的科学家们进行的一项研究。他们让有阅读障碍的小读者，接受了 100 小时的阅读修正指导。结果这些孩子大脑中的思维网络得到了重建，效果明显。早前对这些孩子大脑的扫描显示，连接大脑各部分的脑白质含量较低。经过治疗后，脑白质恢复至正常水平，阅读能力也得到提高，效果提升就像从拨号上网升级到宽带上网。

读完研究报告，我写了一封电子邮件给其中一名主要研究者蒂莫西·凯勒，询问他是否可以通过大量休闲阅读或者自主阅读来增加脑白质。很快，我就收到了他热情的回信。在信中，他以观察结果肯定了 SSR 的积极作用。

虽然我们并没有相关的直接证据，但是我相信课堂内外，孩子们花在阅读上的时间长短决定了脑白质的增长量。我们并没有测量孩子们花在阅读上的时间，但是参加本项目的孩子们的家长告诉我，在这次项目期间以及项目之后，孩子在家里进行了更多的阅读，也体会到了阅读的乐趣。孩子们更愿意阅读了。除了在课堂上接受的特定训练外，孩子们阅读行为的增多也许从本质上决定了我们发现的脑白质增加的现象。这就像个"模拟线路"。那些之前在语音解码技巧上有困难的孩子，经过明确的指导、帮助并鼓励后阅读变得更加熟练。我们在论文中推测，这种改变是由于大脑中与阅读相关的线路得以正常运行，从而促进了髓磷脂的增长，这意味着最关键的因素是激活这些线路。无论是通过特定的练习，还是从阅读中获得乐趣，都可以激活神经轴突……如果对儿童的脑白质和阅读时间进行大规模测量，我想会发现阅读相关线路上脑白质数量与阅读时间存在紧密的关联。

什么原因会导致 SSR 失败？

两位早期研究 SSR 的专家，罗伯特和马琳·麦克拉肯夫妇指出，导致 SSR 失败的最主要原因是：

- 老师（或助教）只监督学生，而没有一起阅读。
- 教室内缺乏足够的 SSR 读物。

麦克拉肯夫妇指出，在 SSR 计划中，老师扮演着关键的角色，学生会广泛模仿老师的阅读习惯。在教室里，学生发现老师在阅读时停下来查字典，也会照做。初中老师开始每天看报纸后，全班学生也跟着看报。但是，老师如果在默读时间写报告，或者只是看看学生们阅读，就起不到示范作用。

暑期阅读计划好不好?

对于"暑假倒退期"的研究进一步证明了 SSR 的效果。许多父母,尤其是在校学习有困难的孩子的父母,认为暑假就是休假,休假就是要休息。父母们会说:"老天爷,每个人都需要休假。他需要离开学校放松一阵子,下学期将是新的开始。"这种态度可能危害巨大,对阅读程度低的孩子尤其不利。因为优秀的阅读者不会在暑假时停止阅读。所以,学生们之间的阅读差距会进一步拉大。

教育有一条通则是:"人在夏天会变笨。"一项为期两年、对佐治亚州亚特兰大市 3000 名学生所做的研究,力图论证这条通则。研究结果发现,所有人——不论是优等生还是学习较差的学生——在夏天的学习速度都较慢。有些人甚至更糟,居然发生退步。正如你在下面的图表中所看到的。

在上学年结束、下一学年开始之前,优等生成绩会进步;相反,成绩最低的 25% 的学生(多半是城市贫困家庭的孩子),在假期里把上学期学到的东西忘了大半;中等生(中间 50% 的学生)在暑假期间没有变化,但也就意味着又落后优等生一截。一项贯穿小学一至四年级的研究项目显示,贫困学生和富有学生之间从幼儿园起就

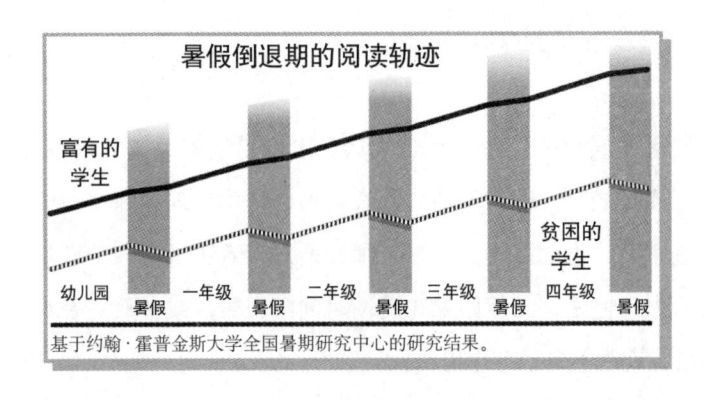

暑假倒退期的阅读轨迹

富有的学生

贫困的学生

| 幼儿园 | 暑假 | 一年级 | 暑假 | 二年级 | 暑假 | 三年级 | 暑假 | 四年级 | 暑假 |

基于约翰·霍普金斯大学全国暑期研究中心的研究结果。

存在阅读差距，而现在这种差距在进一步拉大。

许多原因导致了暑假退步现象。优等生的暑假是这样的：在家中，父母起到阅读的示范作用，并提供给孩子安静的阅读环境；家中有丰富的书、杂志和报纸；去逛商场的时候，也顺便逛逛书店或者图书馆；全家去郊外旅行或者野营，新鲜的人、地方和经历会扩充孩子的背景知识并提供新词汇；有更多的机会观看教育类或新闻类电视节目并收听相关广播节目。

相反，成绩差的学生暑假是这样的：家中没有书、杂志，或者报纸，也没有成年人热心阅读；没有车能带孩子出行，只能待在一个不好的社区；附近没有书店，也没有图书馆；日常生活中，孩子们很少有机会遇到新面孔，有新的经历，或者增加新词汇，因此背景知识无法增长；没什么机会能够看到或者听到教育类或新闻类电视或广播节目。

如何避免出现暑期阅读差距？研究结果并不支持传统的暑期学校，却非常推崇暑期阅读——给孩子们朗读并让他们自己阅读。吉米·金姆对18所学校中的1600名六年级学生进行了研究，发现在暑假阅读4~6本书就可以成功地缓解暑假退步的现象。他进一步指出，如果学校要求学生就暑假阅读的一本书写一篇报告或论文，或者让家长监督学生在暑假中阅读一本书，就能显著地增加学生们阅读的概率。

大部分图书馆都有暑期阅读激励项目，一定要让你的孩子报名参加。此外，还要带孩子去实地考察，即使只是去参观本地的消防队、博物馆或动物园。你还要与他们交谈并倾听他们的心声。我听到过的最独特的建议是保罗·巴顿提出的。他是教育考试服务中心政策评估与研究部的高级主管，曾经研究过贫困问题以及从幼儿园到监狱的教育情况，并以这些为主题写了大量的文章。巴顿很清楚贫穷的孩子缺乏书。这促使他写信给《今日美国》，建议在贫困社区建立汽车图书馆或流动图书馆，并让它"像卖雪糕的人一样无处不在"。

像卖雪糕一样推销书的流动图书馆，真的有效果吗？如果在暑假开始的时候，你就让852个成绩较差的学生自己挑选12本免费的图书，结果会怎样呢？如果你连续3个暑假都这样做，然后再将他们的阅读成绩和那些每个暑假没有阅读12本书的成绩较差的学生进行对比，会有差距吗？你可以在第170页中找到答案。

SSR在家中进行也有效吗？

SSR的原则在家庭也同样适用。的确如此，你想想，孩子读完八年级时，在学校学习的时间总共只有9000小时，在校外的时间却多达9.5万小时，因此，家长在诘问老师"为什么我们家杰西今年的阅读成绩没有进步"之前，自己实在有责任在家里为孩子安排SSR活动。

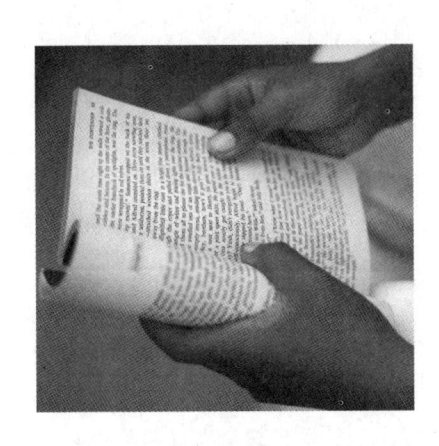

学生在校外的时间远比在校的时间要长，所以终极目标是激励学生在家进行更多的阅读。

但是要切记，同在学校里老师的角色很关键一样，在家时家长的角色也非常重要；千万别光叫孩子去看15分钟的书，而自己却在一旁看电视。你当然可以拟定一个适合你们全家的SSR计划。对于不习惯长时间阅读的孩子，一开始要把SSR的时间限定为10分钟或15分钟。等孩子习惯这种阅读方式，能更专心地看书时，便可延长阅读时间——这往往是孩子自己的要求。和在教室里一样，要有多种读物可供选择——杂志、报纸、小说、绘本等。每周去一次图书馆可以更好地满足这方面的需求。美国国家教育进展评估最近30年的阅读研究报告显示，家里的读物（图书、杂志、报纸等）种类越多，孩子在学校的阅读成绩也越高。（请参考152页数据）我在本书第二章曾提到过，在此还要再次提醒大家："3B"（"Books"书籍、"Book baskets"书篮与"Bed lamps"床头灯）是促使家庭SSR活动成功的无价之宝。

家庭SSR选择的时段也很重要。如果可能，请家中所有成员共同作决定。临睡前似乎是最受欢迎的时段，或许因为这时孩子不必为了阅读而放弃任何活动，除了睡觉——而几乎每个孩子都很乐意放弃睡眠。但是有一些孩子实在太累了而无法进入阅读状态，你也要将这种情况考虑在内。

规定孩子读书，最后会不会让他们兴趣全无？

我在进行一次教育演说时，询问在场的父母："你们中有多少人曾强迫孩子做事——比如整理房间或刷牙？"在场90%的家长表示有过。

我继续说："没错，我们都承认诱导孩子做那些事，要比强迫他们做更轻松容易。不过有时候，我们就是没有时间、选择和耐性。现在我再问大家一个问题：有多少人曾强迫孩子看书？"举手的人变少了。

父母不想强迫孩子看书，是因为唯恐这样会使孩子心生反感，讨厌看书，最后索性不看书了。真是这样吗？10岁的孩子被强迫刷牙或换内衣裤——他们长大后会停止做这些事吗？不会。所以我们为什么要认为强迫孩子看书会扼杀他们对书本的兴趣呢？

当然，这里我们使用"规定"这个字眼，会比"强迫"一词要好些。几乎所有的孩子都按规定去上学，所有大人也都按规定遵守行车限速，但很少有人会因为这些规定而心生厌恶。不让"规定"令人排斥的方法，是把规定变得美好而吸引人，使它成为一种乐趣——这时朗读便发生作用了。

我在本书第八章一开始，会提到一位单亲妈妈桑亚·卡森的故事，她规定两个儿子去图书馆办借书证，每星期看两本书。如今她的一个儿子是工程师，另一个儿子成为优秀的小儿脑外科医生。流动陆军外科医院的创始人迈克尔·狄贝基博士，也是全球顶尖的心脏外科医生之一，他小的时候就被规定每周要读一本书。不要求，也就不会有所得。公司若不要求员工守时，员工就很少会准时上班。要如何规定孩子阅读，又不因此让孩子失去阅读兴趣呢？首先，要记住乐趣往往是自己发现的，而非被教会的（这就需要家长为孩子朗读）。其次，要注意以下各点：

- 大人一定要做好榜样，让孩子看见你天天看书，如果你能和孩子同时看书，效果会更好。
- 对年幼的孩子而言，看着书里的图画、翻页，就可称之为"看书"了。
- 让孩子自己挑选他们想看的书，即使那些书达不到你的高标准。
- 设定时间，刚开始时间短一些，等孩子大一点，阅读量增多后，再延长时间。

- 看报纸、杂志也应该算到阅读时间里。

自行选书、自得其乐相当重要。让孩子们看他们感兴趣的书。遗憾的是，学校的暑期书单，往往只是老师们感兴趣的。

如果你还是不太愿意规定孩子看书，那不妨这么想：如果你规定孩子整理房间或刷牙，却不规定他看书，那显然你认为做家务事和个人卫生比孩子的头脑更重要。

那些"计算机奖励阅读计划"好吗？

30年前《朗读手册》刚出版时，"计算机奖励阅读计划"和"阅读管理计划"的构想听起来简直像未来派的构想。如今该计划已成为时下教育界人士和家长们辩论最激烈的问题之一：孩子们到底是为了"内在的"奖励（书本的乐趣）而阅读，还是为了"外在的"奖励——奖赏（分数）而阅读？

计算机奖励阅读计划主要有两个产品，"进步读书人"(Accelerated Reader)和"阅读计点"(Reading Counts)，其运作方式如下：学校的图书馆备有一系列受欢迎的传统童书，每一本都按其难易程度分级计点（越难的书点数越高）。学生看完书后，需要回答计算机软件提出的相应问题，通过电脑测验后，便可获得点数，累积点数可换取奖品，如学校的T恤衫、某些特殊许可，或当地企业提供的奖品。这两个产品都大力推崇SSR为其不可或缺的部分，并要求图书馆有丰富的藏书。"进步读书人"和"阅读计点"范围都已扩大，超越了"奖励"，包含大量的学生管理与评估工具。

在开始讨论这个话题之前，我要说我曾经三次在"进步读书人"

全国大会上做演讲。我的演讲主题是大声朗读、SSR以及家庭/学校交流的问题。这些话题我已经在教育界各大组织讲了超过30年。

我曾经写过也谈论过这些计算机阅读计划的优点和缺点。但是近些年来，一些学区对该计划的使用方法让我渐增担忧。现在，我经常看到它被滥用，就像某些地区滥用体育项目一样，把它从一种休闲活动变成了一种信仰。

越来越多敬业的教育者和图书管理员也对计算机阅读计划的使用感到担忧。它最初的设计理念是"萝卜钓竿"——使用点数和奖品鼓励不爱阅读的学生进行更多的阅读。有一段时间，反对者曾严厉批评这些点数或奖励。只要奖励不失控（有一些已经失控），我对此就没有意见。至于奖励，我认为这一章中讨论的施拉姆的选择分子式证明了每个人阅读都期待从中获得某种快乐的回馈。

我认为真正的问题在于一些地区认为计算机项目肯定可以提高学生的阅读成绩。学校的董事会成员说："如果我们在这个项目上花费5万美元，它就必须能够提升成绩，而且我们怎么能仅仅把它作为选修科目？你知道那些分数低的学生是永远不会选它的，这样会拉低整体分数，不能是选修，要强制推行。"为了落实，这个地区将学生获得的点数作为学期成绩的25%。他们摘下萝卜，只剩竿子——新的评分武器。

下面是一些地区的图书管理员（学校图书馆和公共图书馆）在使用计算机奖励阅读计划时，遇到的令人气愤的情景：

家长绝望地进入图书馆，寻找一本"7分的图书"。
"你的儿子喜欢读哪一类书？"图书管理员问。
家长很不耐烦地回答，"没关系。他还差7分。但这个学期这周就结束了。给我找本7分的书就行了。"

这样的情况，我们还遇到过许多，"我需要一本书写读书报告。周五就要交，所以书不要太厚。"

至于支持计算机阅读计划的研究，大家争论最激烈的就是没有拥有适当对照组的长期研究。的确，学生们读书更多了，这是因为一些地区已经将大量的金钱投入学校图书馆，并在每日教学中加入了SSR吗？如何将25个参加计算机阅读计划的班级和25个学校和教室图书馆拥有丰富藏书并将SSR引入每日课程的班级，进行长期对比研究呢？至少到现在为止，没有这样的研究。

无论你是否相信，一些没有实施计算机奖励阅读计划的社区都已经取得了较高的阅读成绩。这些社区的学校拥有一流的学校和班级图书馆，老师通过给学生朗读，和学生进行讨论，以及在每日的教学计划中加入SSR，来鼓励学生们进行更多的阅读。迈克·奥利弗校长领导下的亚利桑那州梅萨市的詹姆斯·扎哈里斯小学就是这样的学校。这所学校用计算机阅读计划的资金，建了一所更大的图书馆。但不幸的是，这种学校非常少。那些阅读成绩较低的学校，老师们对儿童文学的了解也非常有限；图书馆藏书的数量匮乏；培训和考试占据了SSR的时间。（第六章中会提到城市和郊区学校的书架上已经没有书了。）

计算机奖励阅读计划的负面影响是什么？

在此提出几个严重的缺点：

• 一些老师和图书管理员不再朗读童书及青少年书籍，因为电脑会代他们向学生发问。

- 班上讨论图书的次数减少了，因为讨论会泄露测验答案，而计算机测验的分数是最重要的。
- 学生选书的范围变窄了，仅限于计算机奖励阅读计划的书单（可获得点数）。
- 某些学校会把"点数"列入成绩考核或班级竞赛项目，因此有的学生会刻意选读超过其阅读程度的书，最后却饱受挫折。（如何正确地使用该项目，可参考第116页。）

在将大量的宝贵资金投入计算机项目前，每个地区都应该想清楚实施的目的何在：是为了激励学生进行更多的阅读，还是搭建一个新的评分系统？

苏珊·斯特雷特是位举足轻重的评论家，这位文学教授兼三个孩子的妈妈出版有6部非常优秀的小说（其中一本入围国家图书奖最终角逐名单），她还获得过爱伦·坡奖（该奖只颁发给推理小说家），并有一部作品入选《2003年美国最佳短篇小说》。2009年，她注意到"进步读书人"，她批评的并不是该计划的良好意愿，而是执行这一计划的方法，以及它的计点系统（这经常会导致学生认为"越厚就是越好"）。她写道：

> 图书管理员和老师们告诉我，学生们总是拒绝"进步读书人"书单以外的所有书。因为这些书不能让他们获得点数。他们选书的出发点不是因为觉得哪本书看上去更有意思，而是读书后能获得多少点数。在图书馆中，根据书名、封面，或者扉页选书的乐趣几乎不存在。另外，单纯为了乐趣而阅读的兴奋感也消失殆尽。这并不完全是复兴学习（Renaissance Learning）软件的错误。我相信它的目的是为了帮助学校鼓励

学生阅读。这个计划的拥护者认为"进步读书人"本身并没有错误，而是错在它的执行方法，以及对获取点数的过分强调上。但是，今年夏天，在浏览复兴学习公司的网站时，我注意到该公司名称下方有一行口号"高新科技，服务于以数据为驱动力的学校"。对数据的不断追求在"不让一个孩子掉队"的年代非常典型。孩子们自己去发现语言和故事的乐趣已经被这种更为死板的阅读方式取代了。

斯特雷特和她的女儿惊讶于系统给了《杀死一只知更鸟》15个点数。她无法理解《哈利·波特与凤凰社》值44个点数。《绯闻女孩》为8个点数。对此，复兴学习公司网站上这样解释："进入《绯闻女孩》的世界，观察这些女孩如何沉溺于奢华的生活，尽情地享受她们最喜欢的游戏——嫉妒、背叛和深夜泡吧。"如果你正在计分，你一定也会觉得评价系统是这样的：哈利·波特的价值是知更鸟的3倍，而知更鸟的价值仅是绯闻女孩的2倍。评分系统是不是有问题？我们的价值体系是不是也出了问题？

我的女儿非常喜欢看杂志。看杂志算阅读吗？

我很抱歉要告诉你一些话：你的女儿已浸入阅读之中，但浸入的方式和结果并不是你想的那样。在最近的阅读调查中，"浸入"是一个热门词语。要判断一个学生有多么热爱阅读，可以提以下几个问题：他阅读时有多投入？他阅读的频率如何？每次阅读多久？他喜欢阅读什么类型的读物——书？杂志？报纸？漫画？他在阅读中找到了多少乐趣（如果有的话），还是他仅仅把阅读视为一项工作？总体来说，这些问题可以非常准确地判断一个学生有多么热爱阅读。

这是决定学生"渴望"阅读的因素，无法用标准化的测试来衡量，却是每年7800小时的校外时间用以自主阅读的巨大动力。心理学称之为"流"（flow），运动学称之为"界"（zone）——一个人完全沉浸在他正在做的事情里而忘记了时间，好像浮在空中一样。

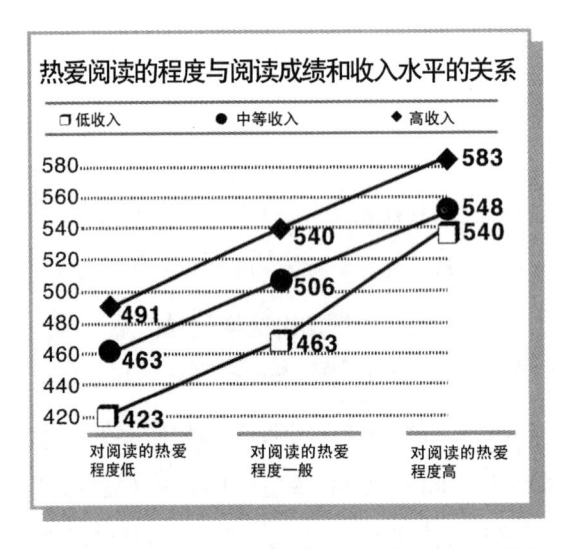

热爱阅读的程度与阅读成绩和收入水平的关系

□ 低收入　● 中等收入　◆ 高收入

	对阅读的热爱程度低	对阅读的热爱程度一般	对阅读的热爱程度高
◆ 高收入	491	540	583
● 中等收入	463	506	548
□ 低收入	423	463	540

随着对阅读热爱程度的增加，哪怕是来自低收入家庭的学生，阅读成绩也呈现增长趋势。

资料来源：经济合作与发展组织，国际学生评估项目数据库，2001年

经济合作与发展组织对全球32个国家的15岁学生进行了研究，并于2002年发表了研究报告，得出结果：越热爱阅读，考试成绩越高；越讨厌阅读，考试成绩越低。这个公式中的哪一部分才是最重要的呢？最好的阅读者阅读的范围最广，阅读的内容最长最有深度，也就是说他们的读物是需要注意力持续更长时间的书。那些很少阅读小说，而总是阅读漫画、报纸和杂志的学生无法获得最高的阅读成绩，但是紧随其后。因此，只要能经常阅读，任何类型的读物都是值得阅读的（小说最佳）。家中拥有的印刷物种类越多，学生的成绩就越高（反之亦然）。大量的书不仅能带来更高的阅读成绩，还能增加阅读的多样性和提高阅读的兴趣。

正如上面的图表所示，来自低收入家庭的学生阅读成绩往往较低，但是如果某位学生非常热爱阅读，其阅读成绩也会高过那些来自高收入家庭但不热爱阅读的学生，并且非常接近来自中等收入家庭的十分热爱阅读的学生。因此，热爱阅读能够让低收入家庭的学生取得更高的阅读成绩，突破家庭的影响。综上所述，阅读动力（决定频率）是提升低收入家庭学生成绩的最重要的因素。

阅读报纸或杂志如何让你变得更聪明？

20世纪80年代，全球知名的神经生物学家马克斯·考恩，受邀给一些国会议员讲解人的大脑结构。他知道在场的大多数人根本没有见过真正的大脑。于是，他找到了一个标本，装在塑料袋中，前往国会山。但是，当安保人员打开他的公文包时，无意中看到了这个人脑，立刻拉响了警报。当考恩耐心地解释说这只是一个人脑时，安保人员非常谨慎地询问："你拿它做什么？"

考恩发现这是一个不能错过的好机会。"是这样的，"他解释道，"我的同事都来自一些繁华的大都市，例如波士顿和纽约。而我来自中西部……我觉得我需要帮助，所以就带了一个备用的大脑。"

这话除了幽默以外讲了一个道理：多一个大脑的确能带给人优势，尤其是在可以选择大脑的时候。想象一下考试时它会多有用。如果允许多带一个大脑，我想提醒你，不要带太大的，一本平装书大小的就差不多。确切地说，一本书（或者一本杂志、一份报纸）就相当于另一个大脑。读一本书就像是把作者的脑袋塞进背包或提袋里散步一样。有了这样的配置，你的知识就不仅仅局限于你个人的经历了。读书时，你就在汲取作者的经历。明天，读另外一位作者的书时，你就又有了一个新的大脑。

我妈妈非常喜欢一句格言——"物以类聚，人以群分。"她用这句话告诫她的四个儿子不要与那些会让他们走歪路的人为伍。这句话也可以从积极的方面来理解。我有一位退休的图书管理员朋友简·李伯曼。当我和她还是同事的时候，她就激发了我对图书、戏剧、美食、音乐和图书馆的兴趣。我们都是"身边人"塑造出的产物。如果我们愿意同比自己更聪明的人一起生活，那么我们自己也会变得更好。

最简单的自我提升办法就是阅读。我每天平均花一小时来阅读《纽约时报》，以及各种博客和杂志文章。这样，我身边的都是新闻界知识最渊博的人，同时，这些记者身边又都是各自领域中最博学的人。我可以听到他们关于政治、战争、体育、戏剧、电影和书籍的对话。而每天和这样的人在一起也会让人学会谦卑，每天我都在提醒自己，面对大千世界我知道的仅是九牛一毛。这意味着我还有很多需要学习的地方，给了我去更多阅读的动力。

我该如何制止孩子们在 SSR 时看"没营养"的书？

有人曾说，只有看过棒球联盟其他中场手后，才能真正地欣赏威利·梅斯。这句话同样也适用于阅读。你只有在阅读了一大堆没营养的书后，才能真正欣赏伟大的书。

这类"没营养"的书在某些方面适合 SSR，即克拉生所谓的"轻松"阅读。系列故事书通常属于这类，因为它的句式及情节简单易读。鉴于此，克拉生便和研究生赵庆塾决定，让以英语为第二语言的成人试读系列故事书。他们挑选了四名移民妇女，其中三人为韩裔，一人为西班牙裔，年龄分别为 30 岁、23 岁、35 岁及 21 岁。她们在美国的定居时间平均为 6.5 年，四人之中最年长的是 35 岁的韩裔女子，她大学主修英语，曾担任了三年的高中英语教师。然而她们中没一个有信心讲英语，除非必要，否则不会开口，而且很少或没有把阅读英语作为消遣。

综合考虑她们较低的阅读水平与文本的趣味性，研究人员从"甜蜜谷"系列中选择了二年级水平的"甜蜜谷孩子"系列（*Sweet Valley Kids*），每本70页。他们向四名妇女介绍了这套故事的背景与人物资料后，便要求她们在几个月内的闲暇时间看这些书。研究人员偶尔和她们进行阅读讨论，解答她们遇到的问题，但大多数情况她们都能理解自己阅读的内容。

反应和预期的一样。"四人全都变得热衷于读书，美爱报告说她一个月看了8本《甜蜜谷》，素真两个月看了18本，而主修英语的真熙不到一个月就看了23本，西班牙裔的阿尔玛在两周内看了10本。其中有两人每月读的字数和美国本地学生一样多。"

她们全都喜欢上了这个系列。其中一人说："这是我第一次想继续阅读英语书。"曾教过高中英语的真熙也表示："我读《甜蜜谷》觉得很有兴趣，不像以前在韩国看英语的《时代》杂志那样头疼。最有趣的是，我很喜欢看书中对每个角色的心理描写。"之后她又看了"甜蜜谷孩子"系列的30本书，"甜蜜谷双胞胎"系列的7本，以及"甜蜜高谷"系列的8本。四名妇女都表示，是因为对书中人物着迷，她们才会看更多的书。

她们不仅阅读能力大幅度提高，说英语的能力也提高了，词汇量也随之增加。

克拉生和赵庆塾指出："我们对这四名女性的短期研究，也证明了'狭窄'阅读，即只看一种类别或某一作家作品，对促进语文能力发展的价值。狭窄阅读让读者能够充分利用从先前读过的内容中所获得的知识。"

除了上述研究外，还有许多类似的研究，都显示出娱乐性的"轻松"读物——系列故事书或漫画书——在培养优秀的终身阅读者上发挥着重要的作用。这类读物是经典文学吗？当然不是。它们比经典文学更能培养出有较强阅读能力的读者吗？绝对可以。它们最终能引导读者去读经典文学吗？是的，而且一定比《红色英勇勋章》的效果更快。

我儿子爱看漫画，这样好还是坏？

童年时期爱看漫画的人，长大以后往往会变成阅读能力较强的读者。漫画受欢迎且成功的原因和系列故事书一样。任何怀疑漫画作用的人，应该考虑这一点：来自32个国家的21万名儿童参加国际教育成果评估协会的考试，结果芬兰儿童的阅读分数最高。而芬兰的9岁儿童最普遍的休闲读物是什么呢？59%的芬兰儿童几乎每天都看一本漫画书。

我并不是要把漫画书推荐为孩子们的固定朗读读物，而是要借此让他们认识漫画书的格式。我们必须教年幼的孩子了解漫画书是如何"工作"的：漫画格的顺序，书中人物在思考还是在说话，以及星星、问号和感叹号的意义等。

最近几年，随着连环画和漫画小说的兴起，漫画书经历了一场复兴和革命，有时甚至会包含严重的色情和暴力倾向。（需要我说这不是漫画的专利吗？图书和电影也有相似的情况。）因此，给孩子钱让他去买漫画书，或者放他去街角的便利店看漫画，已经成为过去时。此外，对于电视、视频和图书，有责任感的成年人必须保持清醒和警惕。根据我个人的经历和研究结果，我想说如果你的孩子在阅读上有困难，那么让他读一读漫画吧。

我小时候拥有的漫画书是全社区最多的，跟斯蒂芬·克拉生、辛西娅·赖兰特①、约翰·厄普代克②和雷·布拉德伯里③一样。诺贝尔和平奖得主，南非图图大主教回忆童年时说："我父亲是卫理公会教派一所小学的校长，他和当年所有的父亲一样极有威严，十分关注我们在学校里的表现。但有一点我非常感谢他，和传统教育原则相反，他允许我看漫画书，我想这便是我逐渐培养出对英语和阅读的喜好的原因。"

如果你希望用漫画书来挑战孩子的心智与词汇，那我建议你让他读《丁丁历险记》。《丁丁历险记》已出版八十多年，被译成80种语言，售出3亿册，阅读时，一定会有独特的体验。普利策奖得主、历史学家小阿瑟·施莱辛格列出的他最爱为家人朗读的书目里，埃尔热的《丁丁历险记》排在《哈克贝利·费恩历险记》和希腊神话之间。

《丁丁历险记》每一册都用了两年时间研究和绘制700张精细的插图。但是，必须按顺序阅读才能被理解——这是家长和老师一定要了解的关键因素。这套图书每一册都包含8000个单词。最棒的一点就是它让孩子在阅读的过程中完全意识不到自己正在读8000个单词。

如果大人要做榜样，那么老师应该看多少书？

我在本书中一直在提，研究结果显示，父母的角色对孩子的阅读习惯有巨大影响。老师的影响虽不如父母那样大，但也应该作为

---

① Cynthia Rylant，作家、图书管理员，创作了一百多部童书，曾获凯迪克奖和纽伯瑞奖，代表作有《山中旧事》等。
② John Updike，长篇小说、短篇小说作家，诗人。两次获得普利策小说奖。
③ Ray Bradbury，著名的科幻小说作家。

学生阅读的楷模——尤其是有些孩子的父母不愿或不能恪尽职守时，老师就更应做这些孩子的榜样。然而问题在于，大多数老师很少为了消遣而阅读。他们是为了工作看书，他们看课本、看教学计划。但他们会安坐下来，为了自己的兴趣读书，或是和人聊聊他们前一天晚上看的书吗？很少有人会这么做。

关于老师的研究结果显示，校方虽然常要求老师看书及专业期刊，但老师们经常只看自己教的书。既然老师只会空谈读书却很少看书，学生也会模仿这种态度。换句话说，老师每天在课堂上讨论的读书内容仅限于教室里的图书，学生的情况又能好到哪去？

问题的关键在于，讨论书的人必须自己真的看过那本书。但我们必须面对一个很难接受的事实，即大多数老师很少看书。

这并非是推测性的评论，而是根据研究结果及我个人经验得出的结论。一项针对 224 名具有学士学位的老师的研究显示，这些老师很少或根本不看包括研究性期刊在内的专业性书刊。一半以上的老师表示他们过去一年里只看了一两本专业书刊；另外 20% 的老师表示，过去半年或一年里，他们根本没看过书。那他们除了课程教材之外，还看了些什么呢？

- 22% 的老师每周只看一次报纸。
- 75% 的老师是轻量级读者——每年只看一两本。
- 25% 的老师是重量级读者（一个月看三四本）。这意味着这些老师看的书并不比一般成年人多。1998 年一项全国性的问卷调查显示，666 位高中教师中，几乎半数的人从不看任何专业性图书或杂志。

我们如何判断持续默读者是否在真正阅读某本书？

国会听证会要比国会文件可靠得多。因为口头造假要比文字造假难得多。那么，你可以就某本书和孩子讨论。"和我聊聊这本书。它主要讲了什么？你为什么首先选择这本书？你觉得它属于哪种文学体裁？你最喜欢的角色是谁？为什么？随着故事的发展，角色有什么变化吗？"每一个回答都可以让提问者很轻松地判断默读者是否真的读了这本书。更重要的是，提问让孩子们有机会把这种单独的行动（阅读）变成一种社会交往。关于这一点我将在下文中进一步讨论。

我建议当孩子们走进教室或图书馆时，都应该有一位像奥普拉那样美国最棒的阅读老师。过去十多年来，比起美国历史上的任何一个人，奥普拉激励了更多人去阅读更多的好书。如果她还不算阅读老师，那还有谁是？如果学生走进教室或者图书馆，那里有一位和奥普拉一样的阅读老师，那么他们更有可能受到激励去阅读某个作者的作品或者老师谈论过的书。现在，孩子们正在阅读，并且读了很多。在校外时，孩子们有更多的阅读时间。他们可以在公交上、床上、厕所里和早餐桌边阅读。通过这些阅读，他们可以积累也许在家中听不到的词汇。这是给成绩较差的学生最好的礼物。

但是，为了达到这一目的，老师或图书管理员就必须是像奥普拉一样的如饥似渴的读者。面对这种情况，在教师研讨会上，我会走到一位老师的面前，拿起她的水，然后说："你和我可以共饮这瓶水，共用一部手机，甚至一支钢笔。你不会因为我而感冒。因为今天我没有感冒。同样的道理，如果老师或者图书管理员都不热爱阅读，学生们就不会因为他们而爱上阅读。事实上，有一半的老师没有阅读的兴趣——这对美国一半的学生来说都是一个巨大的问题，尤其是对那些父母也不热爱阅读的学生来说。"

当一个人成为教师时，她就像《屋顶上的提琴手》中的媒人一样。她要尝试鼓励学生选择这本书或者那本书，然后读上 20 分钟。这就像是在和素未谋面的作者约会。老师对学生们和作者或者书了解得越深入，那么"做媒"成功的可能性就越高。但是如果老师（或者图书管理员）自己没有进行过大量阅读，那么一定会失败[①]。想要进一步了解这个话题，可以参考加利福尼亚州戈利塔市玛丽·孔特森的图书馆讨论项目。随后我将在本章中对此进行讨论。

为什么奥普拉做得如此成功？

奥普拉和她的节目制作人很聪明，从一开始就避免使用"课堂"这个词。因为他们很清楚课堂对于许多观众而言意味着什么：要求、指令和测验。因此，他们选用了"俱乐部"这个词。俱乐部的隐含意义是归属、会员和邀请。

选好书后，奥普拉走到 2200 万观众面前，开始谈论她所选的这本书。她谈得如此生动，充满激情和真诚。没有写作、考试和愚蠢的布景，有的只是美好而传统的热情。

除了上面这些，奥普拉读书俱乐部成功的关键还在于——她意识到了大多教育者忽略了的东西：我们是语言交流的物种；最首要的是用语言表达自我。当我们看了一部好电影、一场精彩的比赛，或是欣赏了一场动听的音乐会后，首先想做的事情就是谈论它。当我和妻子一起看完一部好电影，你认为我们会冲到车上，从汽车仪

[①] "约会"的这个类比作者借自小说家库尔特·冯内古特，在被问到是否能真的教一个人如何写作时，他愤怒地回答，这样的活是编辑干的，他们教作者怎么跟素未谋面的陌生人——读者相亲。

表板那里的储物箱中抽出一张纸巾,然后写下我们的主要观点吗?我们只会说:"亲爱的,你觉得这电影怎么样?"

我们能从这里得到什么用在孩子身上的启发?好吧,请尽量减少孩子阅读时需要写的作业。("读得越多,要写的就越多。所以读得少,就可以少写点。")如果我们成年人阅读时都不写东西,为什么还要强迫孩子呢?这么做无法创造出一个拥有作家或读者的国度。

另一方面,看看奥普拉所创造的:她创建读书俱乐部时,全国有25万个这样的组织,如今则超过了50万。但很遗憾的是,几乎所有的成员都是女性(参考第九章)。无论你有没有考虑为家庭或者班级组建一个读书俱乐部,我都会向你推荐一本我最喜欢的指南《解构企鹅》(Deconstructing Penguins),作者是劳伦斯和南希·戈德斯通。它可以帮助读者"深入"一本书的内心和灵魂。正如两位作者所说:"你不需要拥有英语文学相关的高学历或者每周40小时的空闲时间,就可以和孩子对一本书进行有效的讨论。这本书不是《罪与罚》,而是《夏洛的网》。"

图书管理员和家长应该像"奥普拉"一样

每一次评估,郊区学校的得分都会超过市区的学校,而富有的学生都会超过相对贫困的学生。这在很大程度上是因为受教育程度高的父母在孩子童年时代为他们创造了更多的优势。下面我就为你举一个例子。加利福尼亚州戈利塔市的蒙特梭利中心学校,位于一个大学社区(加州大学圣芭芭拉分校),有从两岁到六年级的超过300名的学生。玛丽·孔特森担任了35年的图书管理员,其中有19年在中心学校。正是她为这所学校创建了阅读文化。

这所学校的阅读理念是让学生变得更聪明和学会深入思考。玛丽将她的方法总结如下：

对于四年级到六年级的学生，图书馆准备了阅读护照项目。项目会追踪学生们独立阅读章节故事书（大部分是小说）的情况。我们积极地鼓励学生尝试阅读不同的体裁，图书馆里有大量可选择的书。我们的目标之一是让学生们学会选择那些真心爱读的书。

这个项目得以运行的最重要的因素是有受过培训的家长志愿者（5名）。这些家长每周会和孩子们就所读过的书进行讨论（每次5~15分钟）。没有读书报告，没有"进步读书人"的测验，只有一对一的讨论。比起选择题，这样做能够让学生对他们阅读的内容进行更深的思考。比起写正式的读书报告，这也更容易让人接受。

当学校从四年级开始实施护照项目时，学生们对故事情节的理解非常浅显。但是到了六年级，结果就十分令人吃惊：讨论极富洞察力。多年以来，平均每个学生的阅读量为25本章节故事书，这还不包括课堂上指定阅读的书目。

年末，我们举办了阅读护照庆祝会。其中，即将毕业的六年级学生选择了一本和自己有密切关系的书，然后为庆祝会撰写一篇短文并现场朗读。特别强调，不是让每位学生写一篇读书报告，而是让他们讲述自己和书的故事。对于一些学生的选书及其原因，我感到很震惊——有学生说："我有一个患图雷特氏综合征的弟弟，所以我选择《卡彭老大帮我洗衬衫》（*Al Capone Does My Shirts*）。"也有学生说："我的祖父母在二战期间曾被拘禁，所以我选择《野花》（*Weedflower*）。"今年，我们有一个个性率直的六年级曲棍球运动员写道，《养家的人》（*The*

Breadwinner）这本书让他看到自己是多么幸运，因为他最大的烦恼不过是对方球队的防守球员，而不是塔利班。他的短文深深地触动了在座的一位父亲。他自愿加入了我们两个亲子读书俱乐部中的一个。

蒙特梭利中心学校为学生做的是帮助他们改变一生的学习体验，而这也正是我们应该做的。我们应该把这种体验灌输到每一个美国孩子的生命中，无论他们是富有还是贫穷，而不是当他们成绩不够理想时就责备老师。帮助后进学生有一个方法就是给他们和那些成绩好的孩子同样的学习体验。事实是我们反而给了他们更多的测试。于是，他们认为考试就是阅读的目的，因而更加憎恨阅读。

第六章 | 家庭、学校和图书馆的阅读环境

没有哪种偷盗的破坏性比得上从平民区夺走一个完善的图书馆。

——乔纳森·考泽尔[①]

[①] Jonathan Kozol,美国作家、教育家、活动家,著有多部很有影响的关于美国公共教育的作品。

你是否曾经注意过阅读成绩和马术比赛成绩之间的相似性?

为了进行讨论,我们作个假设:国家领导人突然决定把骑马作为学校里最重要的课程。(这也许不像你想象的那样牵强:如果汽油的价格持续上涨,一些人可能真的想骑马。)许多新课程会随着马术课应运而生,马鞍和各种装备需要购买,马术教练需要得到认证。此外,竞技实验课上,学生们会被强制学习骑马和套马技术。所有这一切都是为了强制性的竞技分级考试(包括高中生的"毕业骑马考试"),以保证"没有一个骑手掉队",并让每个人都能"跨过最高的围栏"。

和太阳从西边下山一样肯定的是,在这种情况下,一定会有某些州胜出,某些州失利。事实上,这样的观点并不奇怪,搜索美国职业牛仔竞技协会的网站,看看他们每一次的排名。你会发现好成绩总是来自这些州:犹他州、德克萨斯州、内布拉斯加州、俄勒冈州和科罗拉多州。这些州有大量的牧场、马匹和牲畜。当然,你可以很快预测出哪些州总是排名靠后——一定是那些马匹数量最少的州,譬如新泽西州、伊利诺伊州、特拉华州和缅因州。如果没有马,你就很难在比赛中取得好成绩,不是吗?

马匹在竞技比赛中扮演的角色等同于印刷读物在阅读中的角色。像德克萨斯州或者俄勒冈州总能在马术比赛上拔得头筹一样,美国也有一些州每年的阅读成绩都是最高的。虽然大家都生活在同一个国家,受同一个政府管理,但是有些家庭、学校和社区几十年来都很少能够看到一本新书,也很少订阅报纸。

如果缺少印刷读物,那么很难在阅读上有出色的表现。政府的项目,如"不让一个孩子掉队"和"力争上游"确保了那些有阅读障碍的学生能够在课后接受训练并学习自然拼读法。这样很好。但是,给那些在生活中没什么机会接触印刷读物的学生教授自然拼读法就像是送桨给无舟之人一样——根本不可能取得什么进步。

请允许我再次使用前言中的这张图表。我截取了其中的一部分。这部分数据对比了两种不同的幼儿园学生——对阅读兴趣高和兴趣低的两种学生的家庭阅读环境：

家庭信息	阅读兴趣高的孩子(%)	阅读兴趣低的孩子(%)
家中图书数量	80.6 本	31.7 本
孩子拥有图书证	37.5	3.4
父母带孩子去图书馆	98.1	7.1
父母每天给孩子朗读	76.8	1.8

进一步深入探讨之前，我要声明，在美国，家庭和学校阅读环境的差距是完全可以弥补的。资金不是问题。如果我们能花八千多亿美元用于援建阿富汗和伊拉克，就应该能很轻松地修缮城市里的学校和各类公共图书馆。我们去做的，都是我们认为值得去做的。如有必要，我们可以用强有力的证据证明这属于国家安全的范畴：现在城市里绝望的15岁的半文盲，今后将会变成无业的本土恐怖分子。

过去20年，一些令人尊敬的研究人员，如纽曼、杜克、克拉生、麦奎兰、艾林顿和劳斯，通过调查发现孩子们接触印刷读物的机会越多就越能获得更高的阅读分数，相反，机会越少分数越低。令人羞愧的是，教育部门的专家们却没有明白这一点，甚至其中一位研究者（纽曼）在华盛顿担任教育部长助理时，那些专家们也不明白。

家中藏书数量	科学成绩
超过 100	161
26～100	147
11～25	132
0～10	122

十二年级学生家庭拥有图书的数量和科学成绩之间的关系

资料来源：美国教育部，国家教育统计中心

　　从 1972 年开始，美国教育进展评估就追踪分析了美国学生主要科目的成绩。同样，他们也调查了学生家中藏书的数量，并将它和学生的阅读、数学、科学、公民课、历史和写作的成绩进行了关联研究。对于所有科目，家中藏书数量越多，获得的成绩就越高，通常都会高出 40 分。事实上，书的普及度常常能缩小父母之间的教育差距。国际研究也得出了同样的结论。另外，埃利 1992 年发布的对 21 万名学生的研究发现学校和班级图书馆越大，学生的阅读成绩就越高。

　　超过 13 个州都经过研究发现图书馆系统越强大，学生的成绩就越高。其中，鲍曼研究了马萨诸塞州的综合评估系统考试，发现每个学生拥有书的数量增多以及全职图书管理员的人数增多，意味着学生成绩有 11 分的提高。此外，每周学生去图书馆的次数增多，意味着学生成绩有 12 分的提高。

　　要证明阅读环境对整个学区的影响，我有一个非常好的例子，涉及加利福尼亚州的三个社区。这三个社区在地理上只相距 30 千米和 60 千米，但在另一些方面有着天壤之别。斯蒂芬·克拉生和南加州大学的同事对三个社区——比佛利山、沃兹和康普顿的家庭、学校以及图书馆中印刷读物的数量进行了整理。在比佛利山，93% 的高中生会进入大学，而沃兹和康普顿的比例相对较低。1999年，康普顿管理者汇报说，仅有不到10%的学生可以达到所在年级的平均水平。从下方的图表中，可以很直观地看到和其他社区的学生拥有如"热带雨林"般丰富的图书相比，该社区学生的印刷读物非常匮乏。

加利福尼亚州三个社区的平均阅读环境

	家中藏书数量	班级藏书数量	学校图书馆藏书数量	公共图书馆藏书数量
比佛利山	199	392	60000	200600
沃兹	4.5	54	23000	110000
康普顿	2.7	47	16000	90000

克拉生的数据呈报给了加州的一个委员会。鉴于加州在全美阅读成绩的排名中居于末位的窘境，该委员会曾在20世纪90年代致力于加强加州的语言艺术课程。由于加州拥有全美最多的贫困儿童，并且对学校和公共图书馆的投入最少，所以加州政府官员承诺拨款1.95亿美元用来改进语音方面的教学。这有效吗？尽管投入了大量资金，1996年的全国排名中加州依旧是最后一名。到2011年，在全国52个州和管辖区域中，上升至第46名——哥伦比亚特区独居最后一名。根据教育部的统计，加州学校图书管理员和学生的比例在全美排名第51位，每5124名学生仅有1名图书管理员，还不到全国平均水平1:916的五分之一。该州成年人监狱系统的情况都要比这好一些，图书管理员和犯人的比例为1:4328。

学校应该弥补家庭图书的匮乏，所以期待低收入家庭的学生有一个完善的班级图书馆——或者有类似"每个孩子都有一个好的图

169

书馆"这样的项目。相反，内尔·杜克对马萨诸塞州20个一年级班级（10个城市班级和10个郊区班级）进行了为期一年的研究后发现，图书匮乏的现象在学校中依然存在。除了老师平均拥有18年的教学经验外，城市学生使用班级图书馆的次数受到更严格的限制，而图书馆中的藏书更加老旧、图书质量更低，课堂阅读时间用于阅读更简单的文本，更多的时间花费在抄写和听力上。老师们为学生朗读的频率更低。即便朗读，也是这些较简单的书。班级图书馆平均每位学生拥有图书的数量仅为郊区高收入家庭学生班级的一半。此外，7个高收入家庭学生的班级从章节故事书开始读起，而只有2个城市低收入家庭的班级听过章节故事书。

在之前的章节中，我提到过教育考试服务中心的保罗·巴顿。他建议在贫困的社区建立汽车图书馆或流动图书馆，并让它"像卖雪糕的人一样无处不在"。这里，一项为期三年的研究项目证实了巴顿的建议确实切中要害：给孩子们提供书，他们就会阅读这些书——然后成绩就会提升。

在了解了"暑假退步"的消极影响、贫困学生的低成绩以及他们在校外很少有机会接触印刷读物的情况后，理查德·艾林顿、安妮·麦吉尔-弗兰岑及研究团队在17所高度贫困的学校中，选出852名小学低年级学生为一组，与另外一组478名情况相似的学生进行对比研究。这项研究持续三年，涵盖三个暑假。

在春季学期中，这852名学生可以在学校的书展上选择12本平装书，暑假开始时，交给他们自己保管。（另一组478名学生则没有书展，也没有免费的图书。）书展上的图书都是研究者们事先选择好的，均为初级水平，迎合学生对流行文化（电影和体育明星）、系列图书、少数族裔角色，以及课程中的科学/社会议题的兴趣。（最后两类图书感兴趣的人最少。）

三年后，结果如下：实验组的学生比对照组的阅读成绩高很多。直接原因就是实验组学生的阅读频率更高。这是因为在三个暑假中，他们更有机会接触印刷读物。有趣的是，在所有的学生当中，最贫困的学生取得了最好的成绩。实验组成功的原因是，（1）有机会接触书，（2）个人拥有书，（3）这些书是他们自己选择的。虽然成绩的提升并不是非常大，但是研究者发现他们获得的成绩等同于或者高于通过全面的学校改革或上暑期学校带来的成绩提升。而且，这样的实验比起学校改革或暑期学校要便宜得多，也简单得多。

像这样为期三年的图书项目花费了多少呢？不到 12 万美元。如何筹集这笔钱呢？好吧，如果我们拿上伊拉克战争一周的花费（20 亿美元），就能在 1.6 万所学校中实施该项目。如果我们想做，就绝对能实现。

家庭图书馆中应该有多少本书呢？

少量的几本书通常就已经足够了。不是 200 本，也不是 50 本，而是真正属于你自己的那 12 本，有足够的页数可以在冬日的夜晚或是雨天读给孩子听，满足他们的想象力。（我将在 243 页详细介绍自己在幼儿园时购买的一本书的故事。）

我想起了一个小男孩。曾经有几本书对他产生了深远的影响，于是他又将这种影响传递给了更多人。当时他才 10 岁。大家觉得他和妹妹有一点野，即使他已上过一年学，并学会了阅读。他的学校没有为每个孩子准备足够多的书，家中也没有一本书，直到他的继母带来了一小摞书。虽然继母自己不识字，但是她知道书的力量，并且立刻让这个小男孩感到了亲切。她成了男孩的好朋友，而这个小男孩最终做了美国总统。

这一摞书——后来一位作家把它们形容成今天的 iPad——包括《伊索寓言》《鲁滨逊漂流记》《天路历程》《辛巴达历险记》。这些书都不属于金色童书系列①，它们讲述的都是现实的故事。其中的一本书中这样写道：

> 我的父亲留给我一笔相当可观的财产，大部分在我年少时因为放纵的生活而挥霍掉了；但是，我认识到自己的错误，明白了财富易逝，并且很快就被我这个拙劣的管理员耗尽了。我进一步地反思自己不良的生活方式，我荒废了时间，可那才是世界上最宝贵的东西。
>
> ——《辛巴达历险记》

这就是这一小摞书和萨拉·布什·林肯为小男孩亚伯拉罕所做的——点燃他心中对阅读的热爱，（这是在"诵读学校"里不可能实现的。我打赌学校的老师肯定会喜欢今天的考试。）并为他打开了一扇门，通往印第安纳州小鸽溪以外的世界。他"持续不断地阅读手边一切读物"。这些书渐渐让他明白除了耕种和收割以外，生活还有很多意义。而这也彻底地改变了美国的历史②。

全世界范围内，改变命运的都是家中的印刷读物。研究者在过去几十年中收集了 27 个国家 7 万个家庭的数据，通过分析发现，家

---

① 金色童书系列（Little Golden Book）是自 1946 年开始出版的儿童系列读物，用各种善良可爱的小动物来讲述发生在孩子们身边的日常故事。
② 2011 年 1 月 29 日的《纽约时报》刊载了比尔·克林顿的前演讲稿撰写人泰德·威德默的文章《林肯的另一个母亲》（Lincoln's Other Mather），写到林肯出发去华盛顿就任总统之前，历经 18 小时的行程去向他的继母道别。他遇刺身亡四年后，继母身着林肯跟他道别那次带给她的黑色连衣裙入葬于一个没有标记的坟墓。55 年后，当地的狮子俱乐部立了一块碑，写着"如果林肯拯救了美国，她则拯救了林肯……在对的时刻，她遇到了一个失去母亲的小男孩，并帮助他成为亚伯拉罕·林肯"。

中的图书越多，家庭成员的学历越高。家庭拥有图书的数量越多（0本，25本，75本，500本），学生从初中、高中或大学毕业的可能性就越高。即便将父母的经济收入、教育水平以及职业情况都考虑进去，也是如此。

按理说，如果学生们想成为合格的阅读者，我们却不给他们在校进行休闲阅读的时间（因为学生们忙于准备考试），那么他们就必须在家阅读。而在家阅读的障碍如下：(1) 低收入家庭的印刷读物太少。(2) 贫困社区图书馆开放的时间太短——在预算短缺的情况下，这里总是第一个被关闭。对于低收入家庭，社区有必要尽一切可能为大家提供丰富的阅读环境，就像本章中提到的艾林顿和麦吉尔-弗兰岑的研究一样。

报纸从家庭中消失会有影响吗？

报纸和杂志是家庭中的"隐性的"图书馆。在过去一个世纪里，它们实在太常见了，以至于常常被忽略。但是，正是由于它们的普遍存在，孩子们才对印刷读物更加熟悉。家中的阅读榜样们花时间来阅读这些文章和标题，在孩子们面前挥舞着这些叫报纸杂志的印刷读物——它们是父母传递给孩子们的阅读火炬。

日报和周刊如今都步履维艰，属于美国增长最缓慢的产业。从20世纪80年代起，无论是在大城市还是小乡村，报纸的发行量都在持续下跌，从当时的6280万跌至2011年的4700万。皮尤研究中心的调查发现，1991年有56%的美国人从报纸上获取信息，而2010年这一数字仅为31%。同时，周刊和月刊的发行量也在下跌。曾经最受全球欢迎的美国杂志《读者文摘》，发行量从2300万缩减至500万。即使像《时代周刊》这种杂志的员工，都选择了离开这个行业。

（甚至有110年历史的课堂读物《读者周刊》也在2012年停刊。）

正是这些出版物使一代又一代的美国人融入阅读的世界，但是现在它们正面临消失。《纽约时报》的大卫·卡尔生动地描绘了如今家庭对印刷读物的态度。他回想起自己小时候，父亲和哥哥总是在早餐的时候争抢《明尼阿波利斯星坛报》的场景。看着他们在早餐时获取资讯和比赛结果，卡尔想道：

> 一边站着吃早餐，一边读报纸。这才意味着你是一个大人了。所以，当我13岁时，我也这样做了，并且一直持续到现在。
>
> 上周三的早晨，我的一个女儿从学校回来，住在一个朋友家中。毫无疑问，她肯定在自己的手机上设置了提醒功能，以便她随时接收Facebook主页上的新消息。她的妹妹起床后，草草地吃完早餐，就去查阅邮件，看一看网飞公司的电影推荐。我的妻子离开家去公司时，报纸还没有来，所以她会在路上听在圣诞节买的iPod。

更真实的是，我10岁大的女儿，用了5分钟吃完了一碗麦圈，就跑到餐厅，打开笔记本电脑，开始浏览迪士尼的网页，剩我一个人和四份报纸在厨房。报纸上刊登了《星坛报》被出售的消息。在衰退的市场环境下，它被降价卖给了一家私人股份公司。

我环顾四周。我知道自己根本不需要读报纸也明白发生这一切的原因所在。

当然，许多报纸都可以在线阅读。但是，孩子们看不见，没有报纸在他们眼前晃动。此外，一些年轻的家长更不愿意受累去读报纸。读报纸已经太、太过时了！没人会再读这种东西了。现在，我们从RSS订阅、博客、电子产品上的消息通知、谷歌，当然还有Facebook上729个朋友那里获取信息。这就是新方法，爸爸。

如今的阅读已经不像过去那样深入。它非常私人化，并且是无形的。但问题是，你如何传递无形的火炬？你又如何扮演无形的阅读榜样？

如果图书馆如此重要，为什么困难时期它们总是第一个被关闭？

当一个州或者社区资金不足时，先关闭图书馆已经成为一种惯例。事实上，图书馆一直在那里，被人忽略，还是免费的，所以一些人认为它毫无价值，是个不值一提的受害者。甚至连学校图书馆也是如此。

2010年由于经济衰退，洛杉矶市缩减开支。于是，73家公共图书馆在周一统一关闭，而全国还有几百家图书馆也有着相同的命运。

这个移民城市，被贫困笼罩，在全国考试的排名中总是排在末位。然而，市政府官员选择了关闭图书馆。

正如旅行作家比科·莱尔在这个时期所观察到的，"为了省钱而关闭图书馆就像是为了拯救一个正在流血的人而切除他的心脏一样。"

2012年，密歇根州的特洛伊市爆发了一场惊人的公共图书馆保卫运动。这个城市拥有8万人口（是美国第11大城市），是底特律周边最有吸引力的城市之一。恰恰是这个地方相信图书馆应该永远地存在下去。

特洛伊市的家庭年平均收入为8.5万美金（接近全国平均值的两倍）。面对经济衰退，他们认为不应该重复底特律的错误。当国家资助降低至20%时，特洛伊市政府告知当地的图书馆（拥有24.3万本图书），已经没有足够的资金让它们继续运营了。图书馆希望通过将税收提高0.7%以获得资金。然而，由当地茶党力量带头的投票人两次否决了这个提案。最后，具有决定意义的第三次投票定在8月2日，那天很多家庭会出去度假。一旦这次投票结果不利，图书馆就会面临关闭，藏书也将被出售。

应该怎么办？6月中旬，图书馆支持者用手中仅有的3500美元，向著名的里欧贝纳广告代理公司求助，该公司恰好在特洛伊有一个分公司总部。他们分析，如果依然只有19%的选民参加投票，那么结果不会改变。如何说服那些认为图书馆可有可无的市民参加投票呢？上一次投票关注的是税收增加，而真正的问题是图书馆的存亡。如果你投票支持关闭图书馆，就是投票支持销毁这些书。这样一来，就开启了一场完全不同的对话，不是吗？

于是这家广告公司和图书馆支持者们假托一个社区行动组——美国家庭安全保卫队，反对增加税收。他们在各种社会媒体上发布广告，覆盖了整个城市。甚至连草坪上的标语都被换成："8月2日投票关闭图书馆，8月5日举行烧书大会。"（见下图）他们甚至还给小丑和冰激凌贩卖机提供和张贴了烧书大会的广告。

> **VOTE TO CLOSE TROY LIBRARY**
> AUG. 2nd
> **BOOK BURNING PARTY**
> AUG. 5th
> facebook.com/BookBurningParty

一时间，讨论的焦点不再是税收，而是图书馆的未来。所有年龄段的图书馆读者们终于觉醒，甚至在夜里偷偷地摘掉家庭安全保卫队的广告牌。（保卫队又换上了更多广告牌。）这场运动迅速成为全州、全国，甚至全世界的新闻。最终，在投票前两个星期，家庭安全保卫队揭示了自己真实的身份——他们其实是为了唤醒民众才假装要焚烧图书的。紧接着，清醒后的资助者和投票人总数达到了之前的两倍（38%）。投票取得了压倒性的胜利。另外，这家广告公司也因此次运动而享誉全国，甚至全世界。

即使把公共图书馆仅仅当作税收问题来看待，它依然是社区的优势。我所在的小镇拥有4.5万人口（1.1万家庭）。让我们一起来看看这里的图书馆。从省钱的角度来看，图书馆的收益好于当地的任何一家银行：纳税人每花1美元就可以为自己节省4美元！是的，这是税收回报。如果你每年借阅图书馆中流通的所有书目（图书、电影、音频、杂志、报纸），回答问题，参与课程，使用授权的数据库,把所需费用与纳税人的实际花费进行比较,那么你会发现:纳税人每花1美元,就节省了4美元。甚至连伯纳德·麦道夫[①]都无法保证这样的收益。然而,有那么多城市和州要首先关闭图书馆。

一旦遇上财政危机,加州最喜欢的省钱办法就是辞退学校图书管理员。但是,经济衰退让该州变得更加愚蠢。图书管理员在自己的职位被取消之前,在一个卡夫卡式的地下法庭接受审问。审问的目的是为了诱使他们承认自己的无能。我无法想象为了让尽职的人离开岗位,还有什么办法比这更恶劣,更伤害他人自尊的。

这是《洛杉矶时报》资深记者赫克托·托瓦尔对当时场景的一些描述:

如果州教育部门的经费遭到了大幅削减,那么要支付图书管理员的薪水,唯一的办法就是证明他们可以转到教师岗位。于是,洛杉矶联合学区的法官们便来审问他们。

在市中心的地下室里,图书管理员正在接受审问。

大多数时间,他们在洛杉矶联合学区管理的初中和高中工作,解答学生们关于美国历史和希腊神话的提问,以及修复大量的吸血鬼小说。

但是这周,他们出现在洛杉矶联合学区的临时法庭上。这个法庭是在东9街一栋楼房的水泥地板上搭建的。当一位同事被审问时,其他人坐在塑料椅子上,望着简易的走廊。

书记官记录证词,法官赞同或否定律师的反驳,武装警察在附近徘徊,证人站在一旁。法官一次召进一位图书管理员。然后她们(大部分是女性)要一一自证为什么学校应该继续保

---

① Bernie Madoff,纳斯达克前主席。

留她的工作。

图书管理员们并没有什么可内疚的，洛杉矶联合学区却觉得她们应该降薪。在法官态度坚决的反复盘问之下，她们一直处于被动地位。

周一的庭审上，法官询问太阳谷高中的图书管理员劳拉·格拉夫，"你最后一次教授与图书管理员职位无关的课程，是什么时候？"

"我不明白你在问什么，"格拉夫回答道，"我教授所有科目，全天，在图书馆里。"

"你查考勤吗？"法官继续问道，"你是否给学生打过成绩？"

在过去20年中，作为记者，我见过太多奇怪的事情。但是，最可耻、最离奇的还是洛杉矶联合学区对这八十多名学校图书管理员的审讯。

如何对待朱尼·琼斯系列中的诸多语法错误，置之不理吗？

就在人们最终认同"哈利·波特"系列并不邪恶的时候，"朱尼·琼斯"系列成为审查员手下的替罪羔羊（"我们的校长是超人"系列就像许多内衣一样正在逐渐褪色，不那么惹眼了）。淘气的朱尼拥有超过2500万美元的销售额，这是怎样做到的呢？

首先，我个人认为芭芭拉·帕克是有史以来最有趣的童书作家。每一次当我朗读她的作品给我的孙子听时，我们都会在床上笑得前仰后合。除了幽默，朱尼吸引读者的法宝是，她用完美的方式提示了我们在童年时代被压抑的想法和恐惧。如果她偶尔犯错误却被掩盖，那么她将成为坏榜样。但事实并非如此。她得到了应有的奖励和惩罚，成为小读者喜爱的且不含说教的道德故事。

朱尼在语法和拼写上的错误并没有得到纠正，但《汤姆·索亚历险记》中的土话也没有被纠正，这并没有使全国读者都变成大舌头的文盲。还记得乔治·布什总统总是把"nuclear"（核武器）拼成"nuculur"吗？他可是耶鲁和哈佛的毕业生。所以请放松。朱尼·琼斯只是具有创造性的小说而已，不是语法或者拼写读物。这真是谢天谢地。这些书具备的特点正是我们的教科书所缺乏的——那些放学后，你仍想"和它在一起"的吸引力。

没有什么比我2006年遇到的趣事更能体现这本书的魅力的。那时，我在洛杉矶市中心的一所小学工作。学校里的学生大多来自流动工人、移民以及非常贫困的家庭。在与同事的谈话中，我提到了"朱尼·琼斯"系列。随后，一位二年级老师走过来对我说："我很高兴听到你提起朱尼·琼斯。"

"你也是它的粉丝？"我问道。

"是的，"她回答道，"还有我的许多学生。我们都是铁杆粉丝。5年里学生们从我的教室偷走了600本。"她继续解释说，她不断地用自己的钱购买丢失的书。这是因为如果学生们喜欢朱尼，就会想把她带回家。她认为自己应该满足学生们的愿望。

请注意：这些二年级学生并没有偷教科书，而是偷了朱尼·琼斯。这就是一个教训，想要禁止这套书的那些人却看不到。2007年7月26日，《纽约时报》几乎用了半个版面来讲述一些富有社区对朱尼滑稽行为的持续争议，并讨论了这套书是否应该被家庭和学校禁读。

看过这个系列之后，如果你还想找一些别的书——内容不那么尖锐，但也独具特色的书，那么我向你推荐洛伊丝·劳里的《谷尼·伯德·格林》(*Gooney Bird Greene*)。你可以在朗读书目中的小说部分找到这本书。

想要了解更多与图书审查相关的内容，你可以登录我的网站：www.trelease-on-reading.com/censor_entry.html

如何用有限的经费让图书馆更成功？

在开始之前，你可以先认真观察一下当地的杂货店。《纽约时报》杂志的一篇专题文章曾介绍过超市成功的秘诀。事实上，这里只有一条成功法则：将牛奶放在超市的一头，而面包放在另一头——这样顾客就必须走遍全店才能买到这两件必需品。这条法则至今仍然适用：顾客看得越多，买得就越多。顾客调查和通用商品代码扫描给了我们另一些启发，也许可以用在图书馆：

• 只有31%的顾客有购物清单（一半以上的成年人到图书馆时对要借什么书完全没有主意，孩子更是如此）。

• 2/3的采购都是随兴的（与选书一样）。

• 商品摆在最佳的位置（视线下方15度），销售量会增加8%（清理出视线上下的位置来展示图书）。

很少有顾客知道食品公司每年要支付将近90亿美元的上架费，这占了超市利润的一半。简单地说，他们是付费租用展示空间。支付如此庞大的费用，厂商当然要确定商品上架展示时能产生最大的效益——也就是商品的正面朝外摆放，因为商品的亮相程度与销售量是密不可分的。反之，支付较少上架费的厂商的商品，便只能放在货架最上层或最下层的不利位置。

供货商要求每一件商品都正面朝外摆放，原因很简单，因为商品正面的图案最容易影响顾客选择——饼干、麦片、蛋糕、杂志的封面和报纸的首页。销售秘诀就是：尽量将产品的正面展示出来。

将产品正面展示出来的作用同样适用于幼儿对书的选择。研究人员对某个幼儿园的室内图书馆进行了为期一周的观察，然后发现孩子选择的90%的图书都是书架上封面朝外的书。出版商很清楚封面会影响图书的销量，所以才会花大力气设计封面。一些出版社甚至每月为每本书支付连锁书店750美金，以争取"露脸"的机会。最近，出版商开始模仿《暮光之城》和《饥饿游戏》系列，使用亮丽的颜色和现代感的护封，让"传统的"书名变得更生动活泼，对销售的作用也是立竿见影。例如《呼啸山庄》换了封面后，三年内销售了12.5万册。

如何腾出足够的空间让书本露脸？

我并不是说要把每一本书都封面向外陈列，即使书店也不会这么做，但他们真正想销售出去的新书或畅销书一定是封面朝外的。

话虽如此，但教室中的空间甚至比图书馆还要有限。面对这个挑战，几年前有位老师（我真希望当时记下了她的名字）把她的解决方法告诉了我——就是利用教室里的死角。比如在黑板与地板间装上导雨槽，作为图书陈列架；黑板和柜子间的半米的空间也可以这样利用。另外一位老师还把她安装好的导雨槽书架照片寄给我看。

她们说的导雨槽可以在任何五金店买到，1米才1美元，材质是强化亮光塑料，很容易被切成任何尺寸，通过塑料支架用螺丝钉固定在包括水泥墙在内的各种墙壁上。（想了解一位校长和他的学校是如何使用导雨槽制作书架的，可以浏览网页：www.trelease-on-reading.com/oliver.html）

导雨槽本身并不能解决学校或社区的阅读问题，它仅是一种营销策略。但是如果没有营销，再好的商品也无法卖出去。

为什么孩子对系列图书如此着迷？
他们是不是应该阅读一些经典作品？

许多经典图书并不是专门为儿童写的。但是，它们在成年精英人群中非常受欢迎，而成为阅读的标准，强加给儿童。孩子过早开始阅读经典会打消他们阅读的积极性，而不是激励他们继续阅读。请记住：我们的目标是培养终身阅读者，而不是未来的英文老师。

我想起了20世纪50年代一个被格罗顿中学（罗斯福和奥金克洛斯[①]都是这所学校的学生）开除的叛逆少年。最后，学校给他的家长写了一封信，上面有校长对他的评语：

> 他还是个缺乏常识的孩子。他阅读了很多东西，但都很肤浅。我非常希望明年他的能力能有巨大的提升，能够从有深度的读物中获取真正的力量。此外，我希望他能够很快成熟起来，而不是像现在这样热衷漫画书。

如果你是一个受挫的英文老师（或者家长），并且有一个这样的学生，那么让我告诉你：乔纳森·亚德利，格罗顿中学这个16岁的问题少年，也许对格罗顿没有一点喜爱，却对阅读和文学保持了持续热情，最终，他在《华盛顿邮报》上的书评获得了1981年的普利策奖。（25年后，他的儿子，记者吉姆，再一次获得普利策奖，延续

[①] Auchinclosses，1917～2010年，美国律师、小说家，以及历史学家。

了家族的传统。)

孩子们总是容易被垃圾读物吸引——就好像他们体内装有垃圾磁铁一样。我们的工作就是通过给孩子们朗读，最终引导他们爱上更有营养的读物。这让他们有机会将垃圾读物和你为他们朗读的图书进行比较，在选择图书时为他们提供一个参考框架。其实大部分经典读物都可以并且应该再晚一点阅读，在你真的可以理解它们的时候。强制高中生阅读厄普顿·辛克莱的《屠场》的想法让我感到恐惧。我45岁时（这才是他最初写作的对象），才觉得这真的是一部伟大的作品。

我非常赞同马克·范·道伦①教授对经典图书的定义：可以持续销售的图书。半个世纪以来，这个开拓性的定义让《詹姆斯和大仙桃》和《夏洛的网》等书也被纳入经典范畴。

凯瑟琳·谢尔德里克·罗斯博士的调查很好地回答了系列图书的问题。罗斯发现在过去一百年里，系列图书毫无疑问都是青少年读者的最爱。但是，它一直都是文化守门人——老师和图书管理员轻视的对象。这些图书的内容要么太过骇人听闻，要么有太多虚构的成分，一度被认为对生活在现实世界中的孩子有不利的影响。

让成年人更加警惕和担心的是系列图书"让人着迷"的特性，例如《神探南茜》(Nancy Drew)、《哈迪男孩》(the Hardy Boys)、《鲍勃西孪生兄弟》(the Bobbsey Twins)、《流浪少年》(the Rover Boys)、《汤姆·斯威夫特》(Tom Swift)、《户外女孩》(the Outdoor Girls)系列。青少年读者不是只读一本，而是一本接着一本。但是，成年人很少想到孩子们正是在这个过程中成为优秀读者的。

精英们很肯定南茜·朱尔会侵蚀女孩的思想。美国最大的图书馆

---

① Mark Van Doren, 1894~1972, 美国诗人、作家、批评家、哥伦比亚大学英语文学教授，曾获普利策奖诗歌奖。

一个世纪以来，系列图书毫无疑问都是孩子们的最爱。它们带来了很多益处，危害很少。

供应商——H.W. 威尔逊公司，拒绝印刷《神探南茜》的图书馆索引卡。

系列图书之所以存在，最重要的一个原因是它与孩子之间建立了一种愉快的联系。正如我在第一章中提到的，人们不会一遍又一遍地做某件事情，除非它能够持续地带给你快乐。快乐就像胶水，把我们和某种行动粘在一起。

这些不用动脑的冒险故事书会给孩子们带来多少危害曾经是人们激烈讨论的话题。但它没有对小雅克造成伤害。1920 年，他刚刚从法国来到美国，不断地收集他能够找到的关于弗兰克·梅里威尔的运动小说。许多年后，他毫无羞愧地承认这些书籍对他的阅读能力以及适应美国社会，都起到了深远而积极的作用。此外，这并没有影响他成为美国最著名的人文学者——雅克·巴尔赞（Jacques Barzun，2000 年，他 96 岁时创作了一本世界文化史领域的畅销书）。在第 154 页中，我介绍了克拉生的研究。他用像《甜蜜谷》这样的系列图书，帮助以英语为第二语言的学生，并且效果明显。

最后，罗斯指出，系列图书读者进行的大量阅读正是玛格丽特·米克[①]所说的"私人课程"。这是因为每日的阅读教会了孩子们

[①] Margaret Meek，伦敦大学教育学院荣誉退休教师、童书评论家。她的著作《文章如何教会读者学习》（*How Texts Teach What Readers Learn*）影响了英国教师二十多年。

略读和推理，告诉他们哪里应该停下来查找线索，让他们了解到章节标题或者人物和场景设置的重要性。"读得越多，你的理解能力就越好"，这句话不仅正确，而且应该成为系列图书的口号。

系列图书能够创造优秀的读者，最有力的证据就是罗伯特·卡尔森教授为期30年的调查。每个学期，他都会让他的研究生撰写他们的"阅读自传"，回忆他们早年阅读过的书籍——哪些书是他们喜欢的，哪些是他们讨厌的。正如他在《阅读者的声音：我们是如何爱上读书的》（*Voices of Readers: How We Come to Love Books*）中指出，大部分学生早期都和系列图书有着密切的关系。这真的阻碍了他们的智力发展吗？既然这些学生能够进入研究所，那么答案显然是否定的。

如果你的孩子或者学生正在阅读系列图书，无论它是关于小屁孩、吸血鬼，还是一个叫哈利的巫师，请尽量往好处想，并满足孩子们的爱好。你的孩子不是正在通往监狱的路上，而是正在成为一个很棒的读者。在未来合适的时间里，他们将会去阅读经典。

有互联网和电子书，我们还需要图书馆吗？

今日图书馆担忧的问题和20年前相比，简直是截然不同。回想那时，争论主要集中在图书馆是否可以像那些可怕的大型书店一样

带饮料和零食。今天，当 iPhone 中可以看的书比纽约公共图书馆还多时，问题变成了图书馆是否将会被互联网和电子书彻底取代。

然而，没有人可以准确地预言电子时代的未来，就算是 75% 的未来也无法预言。但有一点我可以赌上自己身家，图书馆将要发生改变。它们的规模、范围和预算会变得更小。与此同时，图书管理员的角色也将势必变成"数据追踪者、指导员、向导和老师"。

75 年前的课本如今经历了一次突如其来且彻底的改头换面。

最后，图书也会发生变化，就像它在过去几千年中不断演变一样。2012 年第一季度，美国电子书的销量首次超过了精装书。这个兆头也许还没有显而易见，但销售数据已经显示出来。就像电视机用了 10 年时间就走进了美国的千家万户，电子书取代图书馆至少也需要这么长的时间。毕竟，电视的出现并不是取代了旧版本的电视，而是一种新产品。取代已经存在 500 年的印刷读物还是需要一段时间的，除非你想宣布这个世界是从谷歌时代开始的。据统计，截至 2012 年，只有不到 3% 的公共图书馆拥有电子书。

既然已经做了这样的预言，那么就让我们来了解一些关于电子书的问题。（我将在下一章讨论数字化学习会遇到的挑战。）

电子书对非常小的读者会有怎样的影响？

我相信汽车和阿司匹林都是好东西——但对于小孩子来说并不是。电子书也是如此。现在，那些受过教育，并利用数码设备阅读的家长，似乎和我有相同的感受。他们为自己的小孩画了一道警戒线：目前，只能读纸质书籍，不许看电子书。2011年，只有5%的童书是电子书。

但是，如果出版商给电子书加入更多的声音和视频，把它从图书变为产品，那么情况也许会改变。电子书成为产品的危险在于它会变成一种不良诱惑，如同电视一样。如果孩子们的电子书真的变成这样，那么文字的微妙或者读者的思考将迷失在声音和光影中。我们的阅读世界中一定存在一些商业垃圾，但如果儿童出版由唯利是图的公司运营（日益严峻的威胁），那么大量的童书将沦为"骗人的花招"，而且电子书也将变成另一种电视。（孩子坐在后座，敲打着屏幕上的字母和数字，产生各种刺耳的声音。这让正在打电话，而不是和4岁孩子沟通的父母感到没有那么愧疚。）

孩子们的小手和小脑袋瓜需要去探索他们眼前的这个世界。为了实现这个目的，这个世界需要在他们眼前静止足够长的时间。在没有移动和噪音的情况下，让孩子们翻页，然后仔细观察图片。电子书就像一列飞速行驶的列车，很小的孩子无法积累重要的知识和细节。（第七章中我们将会讨论电子书和小读者之间的关系。）

电子书对大孩子的影响又是另一回事了。学校和图书馆对这种影响尤为担忧。这些孩子在数字世界里长大。他们在7岁或者更小的时候，就开始使用智能手机。许多孩子都期待可以通过数码设备阅读他们的下一本小说。电子屏幕是否能像纸质书籍一样让孩子轻松地学习呢？这一点存在争议。第七章中我们将进行讨论。

20世纪初期，电影业用了十几年的时间制定出版权和许可制度来稳定产业。如今，在出版商、数码设备制造商（如Nook、Kindle、iPad等）和图书馆之间也出现了相似的争论。争论的焦点在于图书馆在购买新的版权（数字版权管理）之前，一本电子书可以下载多少次。但是，随着科技的快速发展，这个争论可能一夜间就会发生改变。然而，有一件事情是很肯定的：将普通图书全换成电子书需要的资金是贫困社区图书馆和学校最大的障碍。

在未来的数字世界中，图书管理员的角色是怎样的？

这个问题的答案你可以在美国两个情况完全相反的地区找到：马萨诸塞州阿什伯纳姆的岩石山脉和西北太平洋的奥林匹克国家森林公园。

如果你想看看未来的图书馆，那么可以去阿什伯纳姆（6000人口）参观一下库欣学院。这所拥有148年历史的常春藤寄宿学校，每年的学费为5万美金，的确不是普通的学校。但是，该校的图书馆，跟普通的城镇图书馆或者学校图书馆一样，也面临着使用问题。因此，2009年，库欣将费舍尔—沃特金斯图书馆中的所有图书全部电子化。

过去，450名学生（从九年级到研究生）将"旧"图书馆当作自修室，而不是资料室或者阅读室。2.5万册图书静置在书架上，大部分多年无人触碰。意识到教职员工已经习惯上网检索资料，而且学生们也是如此后，库欣图书馆决定赶上时代的潮流——或者至少改头换面吸引读者。图书馆将2万册图书赠送给工作人员和地区图书馆，只留下5000本参考书。图书操作间被改造为网络咖啡屋，营业时间为早上7点半到下午3点半。现在，这里已经成为学校最受欢迎的地方。为了吸引员工回来，他们的休息室和邮箱已经被移至图书馆内整修一新的空间。原先放书架的地方现在都是桌椅和共享空间，学生们可以在这里上网。现在，图书馆已经成为一个信息中心，而不是图书储藏室，比过去热闹多了。

现在，库欣的学生依旧阅读传统的纸制书籍。购买书籍的经费来自他们的学费，由老师分配。但是课外休闲阅读的情况如何呢？他们会读像詹姆斯·帕特森[①]或者苏珊·柯林斯[②]的小说吗？事实上，图书馆会购买这类电子书，然后把它下载到 Kindle 上，再借给学生（不需要电子邮件或者上网设备）。到 2011 年，图书馆每月从亚马逊购买电子书的费用为 1000 美元，和数字化之前的费用一样。如果学生们想要阅读的图书没有电子版（这种情况很少），当地的图书馆会欣然为他们提供纸质版（这些图书馆通常都是当年接受库欣捐赠的图书馆）。因为学校教职员工的小孩也会来图书馆看书，所以图书馆的家庭区还保留了上百本绘本。这个小空间相对于整个电子化的图书馆，就像巨型电子车库中的小马厩一样。

你也许会想说，"是啊，库欣学院真有钱，能够进行这种改造。但是，他们还有很长、很长的一段路要走。"也许是，也许不是。作为领头羊，其他享有盛誉的机构也在向库欣学习。纽约公共图书馆正在出售它最主要的一间借阅室。然而紧要关头，一笔 800 万美元的捐款挽救了它即将运往新泽西的 300 万册图书。哈佛图书馆裁去了 30% 的员工。简言之，传统图书馆正在像卡片目录一样消失。

你也许认为这种变化会开始得非常缓慢。但是，让我们来看看这个例子。1920 年，一个名叫威廉·波茨的巡警，对底特律市中心频发的交通事故感到苦恼。于是，他发明并安装了美国第一个交通

[①] James Patterson，美国惊悚推理小说作家。
[②] Suzanne Collins，《饥饿游戏》作者。

信号灯。最初的信号灯花了37美元。到当年年末,底特律有了15盏这样的信号灯。接下来的事情就众所周知了。

根据当前人们对图书馆的需求,未来图书馆将在规模上缩小。但是,仍然非常需要具有专业技能的图书管理员。正如库欣的图书馆馆长汤姆·科比特对他的员工说的,"在检索资料方面,你们比现在的学生要轻松多了。如果你想查找查尔斯国王,所有的资料都会被整理得井然有序,出现在你面前的架子上。"现在的学生在互联网上面对的是一堆混乱的,有时还不真实的信息。相比较而言,过去的学习、思考和研究要容易得多。

树章鱼项目研究结果引起人们高度重视

如今的图书管理员应该担任怎样的角色呢?想一想前面我们提到的波茨警官——要有人监管电子交通。当年轻人进入互联网时,他们总是将怀疑精神抛到一边,然后假定只要是网上的就是真实的。这让我想起了奥林匹克国家森林公园和生活其中的"树章鱼"的研究。

为了提高使用网络能力较差的学生的警惕性,康涅狄格州大学的研究员们选择了48名七年级的网络用户参加研究。他们是从康涅狄格州和南加利福尼亚州多所经济条件较差的学校中，经过测验选出的熟练的用户和读者。研究人员给学生们看了一个网页，上面是一种他们并不认识，而且非常危险的生物——西北太平洋树章鱼，然后让他们去判断这种树章鱼的真实性。

48名学生中只有6人对该网页产生怀疑，因为在别的课上有人已经向他们透露了消息。当研究人员要求这6名学生验证他们的怀疑时，没有一个学生知道怎么做。其他42名学生认为这是"可信"的。当研究人员告诉他们这是个骗局并要求他们找到证据时，即使网页上显示萨斯科奇人[①]是树章鱼的主要猎物，还有善待南瓜组织的链接，他们依然无法找到揭穿谎言的办法。而且，这些学生被认为是学校中最擅长使用网络的。

树章鱼项目的主要研究者唐纳德·洛伊博士，发表评论说："这些研究结果应该引起人们的高度重视。因为每个人都会在网络上发表一些东西，并且现在的学生还没有能力去分辨他们发现的这些信息。"他指出，对于网络文化教育，当下的课堂可谓是"严重匮乏"。

一项在5个大学图书馆内进行的为期两年的调查，再次印证了人们对学生检索能力的焦虑。研究发现，学生们上网搜索资料的方法用一个词概括，不是可怕就是愚蠢。没有一个学生向大学图书管理员寻求帮助。换句话说，他们中的大部分人已经知道自己在做什么吗？不！事实上，30名学生中，只有7人可以进行"合乎规范的"搜索和研究。其余的学生通常都是依赖谷歌，或者毫无头绪，浪费大量的时间，最终停止在没有结果的搜索上。同时，他们总是忽略一些其他选择，如谷歌学术搜索或谷歌图书搜索。更糟糕的是，他们的教授几乎没有或者根本没有给他们提供一点指导。大部分学生

[①] 传说生活在北美的长毛野人。

只能做到应付了事。这份报告指出，学生们非常需要图书管理员的帮助，教学部门需要与图书馆更好地合作，更好的网络检索指导也非常必要。

好吧，我知道你会说学校里的孩子们还不熟悉网络检索和研究，但是已经成年的专业人士不应该同样如此。树章鱼实验出现5年后，我打算对该实验的原始资料进行研究，但是我能找到的仅是一份大学出版物和一些博客评论。为了解决这个难题，我给康涅狄格州大学的洛伊博士写了一封电子邮件。他在给我的回信中，一并附上了原始的网页链接：

> 很感谢你的来信。除了博客圈、报纸和美国有线电视新闻网络的大量报道外，你是第四个向我寻求资料的人。这才是树章鱼实验的目的所在。很显然，在鉴别网络资料的真伪方面，成年人做得并不比青少年好多少。

"应付了事"综合征的感染范围似乎比我们想象的还要大。这一切都显示出，就像30年前谷歌和互联网还没有诞生时一样，如今我们还是非常需要专业的图书管理员。鉴于当下情况的复杂性，我们似乎更加需要了。或者从尽量有点粗俗且更实际的角度来思考这个问题：互联网的信息产量不断增加，"垃圾"也不断增加。而最能充当垃圾检测仪的就是合格的图书管理员。

维基百科和真正的百科全书相比，谁更准确？

在维基百科出现的这10年内，它招致了许多批评家和精英人士的严厉指责。维基百科创建于2001年，是当下访问量排名第七的网

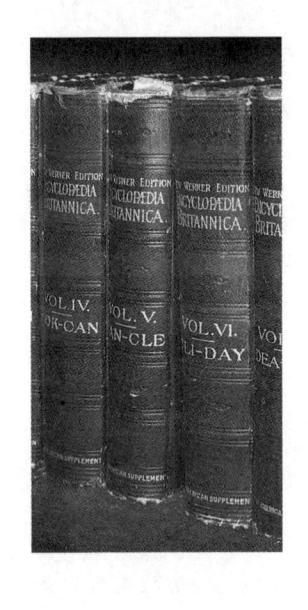

站（Google、Facebook 和 YouTube 分列第 1、2、3 名）。它拥有 200 种语言的超过 400 万篇文章，而线上大英百科全书只有 50 万篇英文文章。维基百科是完全免费的，而大英百科仅有一部分不收费的网上资料，需要订阅才能获取更多细节。(2012 年 3 月，大英百科全书的纸质版正式退出历史舞台，就像一名年迈的拳击冠军再也站不起来了一样。百科全书重 129 磅，年龄 244 岁，售价 1395 美元。)

然而，它们之间更大的差别是"作者"。大英百科全书拥有大约四千名权威人士，为大约一百名编辑提供信息。维基百科的作者和编辑完全是"志愿者"。任何人，无论是否拥有证书，都可以创建、添加，或者编辑文章。虽然在 2005 年这种方法存在着严重的弊端，但是一系列"制衡制度"的应用制止了批评之声。最近任何一个尝试在维基百科创建或者编辑一篇文章的人，都会告诉你这并不容易。想要在某个电影明星的维基百科主页上发表一篇伪造的评论？不用妄想了。你需要非常专业的编码技术，然后还要经过更加严格的编辑审核。此外，想了解网页编辑过程的整个历史记录可以点击"查看历史"，这样投稿人就不可能"隐形"了。

既然维基百科的许多投稿人并不是专业人士，那么一篇文章能找出多少错误呢？2005 年，《自然》杂志组建了一个专家小组，从维基百科和大英百科全书的网站上共找了 42 篇科学文章进行检测。结果维基百科的错误率为平均每篇 4 个，大英百科全书为 3 个。专家们在这 42 篇文章中总共发现了 8 个严重的错误，维基百科和大英百科全书各占4个。

除了作者的问题外，线上大英百科全书和维基百科最大的差别在于它们的范围。把出生地输入这两个网站。大英百科全书并没有关于我的出生地（新泽西州奥兰治）的词条，但是维基百科对这一词条却有5页的解释和60个脚注的引证。怪不得刚刚退休的《纽约时报》执行编辑曾公开发表声明，除了搜索引擎外，维基百科是他最喜欢的网络工具。许多像他一样的权威人士也是如此。

维基百科是完美的吗？并不是，但考虑到它的规模、范围以及读者规模的情况下，免费的维基百科可以说是数字时代的奇迹之一，它让这个世界变得更美好、更智能。长久以来，昂贵的百科全书被固定在图书馆的硬枫木书桌上，不进入公共流通领域。随着维基百科的出现，源源不断的信息被装进我们自己的口袋里。在家长与孩子的对话中，"让我们马上查查看"已经取代了"明天我们一起去图书馆"。

第七章 | 数字化学习的利与弊

> 作为一名社会生物学家,我所担忧的并不是我的孩子们正在上网做什么,而是这种与网络的连通对他们的大脑造成了怎样的影响。
>
> ——安东尼·瓦格纳[①]

[①] Anthony Wagner,斯坦福大学教授。

回顾 1950 年 9 月，即电视 10 年迅速发展期伊始，摩托罗拉公司在全美范围内投放了一系列广告。广告宣称家中的电视会让家人的关系变得更紧密，并且能够提升学生的成绩。半个世纪后，大家都知道结果。如今，数字化学习又以相同的方式进行宣传——它是解决美国（也许是全世界）学校一切问题的万能法宝：连接上电子云，我们就得救了，完成教育了。美国学校每年投资 220 亿美元用于教育软件和电子学习设备的开发，家长和老师们一致认为这种投资可以让孩子们更快速、更明智地走向成功。是不是听到了 20 世纪 50 年代电视广告的回声？

在过去 10 年，将所有儿童产品电子化获得了不少支持（"至少他们在线阅读了，不是吗？"）。与此同时，关于不同年龄的人如何利用数码设备进行学习的信息也越来越多。既然网络学习已经成为当下家庭和学校的一部分，那么在这一版中，我想我至少要对这些新的研究结果作一个基本介绍。

本着实事求是的精神，我承认自己每天也在使用数码产品：iPad、iPod、笔记本电脑、台式电脑和数码相机。在修订和整理本版的过程中，我立足之前已有的版本，又新找了 700 多篇文章和论文。不同以往的是，这些资料都是通过互联网找到的。我使用本地图书馆的借书卡，通过康涅狄格州图书馆和高等教育部连上了专业的杂志。所有的这些文章都存在一个小小的闪存盘中。再见了，回形针和文件柜。

此外，我还想提醒一句，无论新科技什么时候出现，都会有一群"专家"来预言：苏格拉底曾预言字母和书写将是阻碍人们思维和记忆发展的罪魁祸首；爱迪生曾说电影将代替课本；电视界的高管们曾预言《芝麻街》将解决识字方面的困难。所有的这些预言都错了。我敢肯定有些新的研究结果会在某天被证明是错误的。但问题是：哪一个呢？

电子书对于学习的好处

我听到对电子书最主要的反对声，是传统的阅读者说自己有多怀念翻书页的感觉和书的味道。如同怀旧的默片粉丝，哀悼管风琴演奏者的消失。

不论闻得到书香还是闻不到，电子书的存在已是既成事实，而且其存在非常合理。它是一个双赢：既是出版商的赚钱工具，也是购买者的省钱之道。还节省了时间、空间，保护了学生的脊椎和树木。不过，它也伤害了孩子们的视力。

几十年来，学生们都饱受课本不断增重的痛苦。一个装满课本的书包，重达二三十斤。由于各州都在提高学术标准，书本不得不变得更厚，以涵盖可能的考试内容。难怪各学区和大学都开始使用电子阅读器。这样就可以将学生所有的课本全部集中到一个不超过两斤的设备上。此外，就像电脑操作系统进行安全更新一样，科学和数学电子课本可以很快得到更新，而无须去购买新的版本。

另一方面，图书的寿命得到延长。当税法变动，出版社需要为库存图书纳税时，那些无法持续销售的图书很快就会绝版。但是，电子书不存在实体，因此没有库存成本，也无须为库存纳税。所以，只要出版商和作者的协议存在，书就可以一直销售。这极大地延长了书的寿命，并且使出版社有机会让绝版书起死回生（这种情况正在发生）。这就是拉撒路效应[①]。事实上，绝大部分的经典图书都可以在古腾堡官网上阅读电子版。

[①] 拉撒路是圣经人物，被耶稣从坟墓中唤醒复活。拉撒路效应是指一个生物体在化石记录中消失了很长时间后的突然重新出现，好像死而复生。

电子书增加了图书寿命的同时，电子设备也拓展了阅读的多媒体经验。设想一下，某个班级正在学习民权运动。iPad上的电子文本中有一个超链接，点击它就会出现美国公共广播公司的"美国印象"系列纪录片中关于"自由乘车者"的一集，节目追踪了决意违反"吉姆·克劳法"的四百名黑人和白人"乘车者"，他们使这场运动成为美国民权史上的一个重要事件。

电子文本超链接让任何学生、在全世界任何地方学习到可汗学院数以千计的免费课程。佐治亚郊区的孩子也可以和比尔·盖茨的孩子在线学习同样的课程。

或者再试想一下，通过电子书上的链接可以获取一些有声资料——公共电台的大量存档。例如，与小说《麦田里的守望者》一样出名的是作者塞林格和他隐居的生活方式。每个人都告诉少年吉姆·赛德维斯不要去打扰塞林格。因为他不欢迎访客，何况他根本不会被找到。但是，这个男孩想要以这本书为故事蓝本编排一场校内表演。他相信塞林格一定会喜欢这个创意。于是他便开始搜寻作者的隐居地。四十多年后，赛德维斯向美国公共媒体节目《故事》讲述了他寻找塞林格的经历，以及作者的反应。他一边寻找一边对着录音机口述过程。随后，他将录音带，而不是常规的大学申请文件，寄给了哈佛大学。（最终，他被录取了。）这段采访难道不会增加你去了解这本书的兴趣吗？

是否应该担心传统而珍贵的作者签名书消失呢？出版商们甚至已经找到了让作者在电子书上做个性化签名的方法。网络资源无限，而且绝不会增加一毛钱的成本，也不会增加一斤重量。

电子书的劣势

电子书的劣势也许会随着时间改变，但在当下，它引起了人们的重点关注。

如何与朋友们分享或借阅电子书？老师应该如何为班级图书馆储备电子书？将来是否会有二手电子书书店？（二手书店在过去几十年中延长了书本的寿命。）低收入家庭能否承受得起 200 美元的电子阅读器？那些书架上吸引你眼球、驱使你去拿起书、读一读勒口和首页的封面呢？没有了。封面曾是吸引所有年龄段读者的主要因素（参见第 181 页）。电子阅读器的电池取代打印机墨盒还需要多久？（必需品，却太贵了。）

100 年后依然可以阅读。

另外，非常令人不安的是，今天的电子书版本多久又会过时呢，比如，老版本的 word 文档已经无法用最新版本的微软文字处理软件来阅读了。虽然实体书中的内容也许过时，但是 200 年前出版的书今天仍然可以阅读。而 20 年前甚至几年前的许多电子文档却不一定能打开了。5 年后，电子书的版本就将过时吗？我们是否需要购买更新后的软件,才能重新阅读我们的电子书?软件公司对这种现象是否有追踪记录呢?最近你还用过软盘吗?

有调查明确显示,我们数字阅读的速度慢于纸质阅读(慢6%~11%)。也许像开车一样,人们经过多年练习后数字阅读的速度和质量会提升——但这可能需要几代人的时间。

科学研究还表明,我们对数字文本的阅读理解程度低于印刷文本。原因如下:

1. 数字文本缺少纸质文本具备的固定的物理"界标"。纸质文本就像有路标的景观,而数字文本好比海洋——我们都知道在大海中航行更加困难。我们印象最深刻的东西往往会借助视觉记忆和位置记忆。这就是为什么不借助搜索工具很难在电子书中找到之前读过的内容。阅读者对要找到的文字在页面的顶部还是底部,书的前半部分、中间还是后半部分,毫无概念。

2. 相比数字阅读,纸质阅读能刺激大脑中的某些区域,处理情感共鸣和空间记忆。因此,纸质阅读可以留下"更深的足迹"[①]。

在线学习:得还是失?

当我写下这些文字的时候,重点大学都在聘用或解雇校长,急于登上"在线学习"这艘游艇。以麻省理工学院和斯坦福大学为首,

---

① 2009年,明略行公司和班戈大学在英国皇家邮政进行一次研究,给他们看纸上的图像和电子图像,对大脑进行核磁共振扫描,观察大脑的反应是否有区别。结果发现,加工处理视觉和空间信息的大脑区域,以及涉及情感反应的大脑区域,在受到纸上的图像刺激后,产生的反应更多。这两块大脑区域都能提升日后回忆信息的能力。结论是:"比起虚拟的东西,实物对大脑来说更真实。它是存在的,还占地方。有形的物质在大脑中留下了更深的足迹。"

在线学习即使不是当下的形势，也是未来的主流学习方法。但是，越来越多的学校将互联网视为虚拟教室。他们认为这样可以省钱、省时、省心，甚至省校园里的停车位。

凯西·戴维森就是众多相信未来教育进展与互联网息息相关的人群中的一员，还是杜克大学的著名教授和副校长。

在《你看：注意力的大脑科学将如何改变我们生活、工作和学习的方法》（Now You See It: How the Brain Science of Attention Will Transform the Way We Live, Work, and Learn）这本书中，她为数字化学习提供了大量支持，不管灾难预言者如何诟病数字化多任务处理。

- 我们天生注意力分散，必须随着年龄和经验的增长，学会集中注意力，才能在需要完成重要的多重任务时，让注意力足够集中。
- "（多任务处理）是 21 世纪的理想模式……在互联网上，链接无所不能，而且可以随时浏览。"我们完全有能力同时处理多项任务。
- 就像台式电脑促使我们重新整理自己的工作和游戏空间一样，现在我们需要整理自己的思路。大脑的神经可塑性可以使这轻松实现。

为了证明自己的论点，戴维森提供了杜克 iPod 实验案例。2003 年，她和她的团队给 1650 名的杜克大学新生派发了 iPod，测试他们是否会把 iPod 当作学习工具。当时，iPod 是让大多数人引以为豪的随身听和音乐管理器。这批学生大概是最后一群可以回忆起互联网诞生前后那段时光的人。带着在高中时的上网体验，谁能够更清醒地看到 iPod 中潜藏着指导学习的功能呢？如果一个创意或者一种产品要交付"广大用户"进行体验以求改善，那么为什么不从这群聪明的年轻人开始呢？

不出所料，各种创意层出不穷。戴维森说："真正的宝藏埋藏在学生们的创造力中。这些学生在一起学习，也经常围在教授身旁，结果他们的 iPod 上有了更多的学习软件，比任何人，甚至比苹果公司预想的都要多。"

长话短说，2007 年这些学生从杜克大学毕业时，苹果公司发布了"iTunes U"网络公开课软件。这里有数以千计来自大学、图书馆和博物馆可以免费下载的讲座和教案。2011 年，这个数据让历史上取得的一切与教育相关的成绩都黯然失色：超过 35 万个讲座被下载了 6 亿次（其中一半是 2010 年完成的）。123 个国家都可以免费下载。讲座资源来自包括哈佛大学、耶鲁大学、麻省理工学院、杜克大学、剑桥大学、牛津大学等一千多家教育机构。

灾难预言者的话

为简洁起见，我只列出一些专家认为的，在线学习的五大弊端及其原因。

1. 孩子就是孩子。无论有没有无线网络，二年级学生的表现就如二年级学生。
2. 教育软件公司对自己的产品，要么过度承诺，要么存在欺瞒。
3. 多任务处理会降低成功的可能性。
4. 持续不断的上网会削弱思考力和创造力。
5. 超链接（在线阅读）会妨碍理解。

孩子就是孩子。奈特·史图门在斯沃斯莫尔学院上大二时决定展开调查：同学们是如何使用电脑的。斯沃斯莫尔是美国最优秀的小型学院之一，但史图门发现本院学生使用电脑的方式和其他学校成千上万的学生雷同：玩游戏，给男朋友或女朋友发电子邮件，在聊天室里消磨时光，以及上传和下载音乐（当时还没有 Facebook 和 Twitter）。于是，他给《纽约时报》写了一篇专栏文章。他在文中总结道，许多学生还不够成熟，不懂得如何处理干扰和抵制来自互联网的诱惑。然而，很多认为给学校联网就是给孩子们的大脑联网的人，对这一事实完全没有足够重视。现在，许多曾经给高中生配备电脑的学区已经了解到与数码产品的联结不应该操之过急。

教育软件公司对自己的产品，要么过度承诺，要么存在欺瞒。 2011 年 9 月的一天，美联社宣布 600 个学区将推行 iPad 项目，将最新的科技送到孩子们的手中。当天，《纽约时报》便用了头版的大部分页面和两个内页，讲述了一个发人深省的科技故事。亚利桑那州卡乐瑞学区的课堂科技改革已经进入第 6 个年头，投入了 3300 万美元用于电子智能设备。结论：保持中立。

尽管卡乐瑞的数学和阅读成绩高于全州平均水平，但 6 年来教室中设备的数字化并没有带来明显的成绩进步。这并没有令专家感到惊讶。他们指出，很少有研究显示教室中的数字化设备投资能带来积极或是消极的变化。盖茨夫妇基金会的前任教育执行理事告诉《时代》周刊，"数据非常微弱。我们很难拿出具有说服力的数据。"

事实上，政府和独立机构的很多研究都显示出目前已有的教育软件的无效性。在此我很难将这些研究一一列举。《纽约时报》一篇头条文章准确地概括了他们的发现："夸大软件的效果。"这似乎一直都是教育软件销售员所做的，以达到每年 22 亿美元的销售额。斯坦福大学教育成果研究中心，对宾夕法尼亚州超过 7.3 万名特许学校[①]学生的阅读成绩进行了为期4年的追踪研究。他们发现网络学校里所有学生（完全通过在家上网学习）的表现要比在学校上课的学生差一些。科罗拉多网络学校的学生毕业率为12%，而公立学校为78%。在2011年乔布斯去世不久前，他和比尔·盖茨有一次会面，即使是他们也"赞同到目前为止，电脑对于学校教育的作用微乎其微"。

位于硅谷附近的私立华德福学校的学生大多都是苹果、雅虎和谷歌等公司管理人员以及工程师们的孩子。华德福的理念很简单：小学时杜绝使用科技产品。他们的课程主要关注动手能力和学习能力。直到高中甚至高中以后，才开始使用科技产品。更不可思议的是，从事高科技产业的父母对此表示赞同，他们的孩子也是如此。

多任务处理会降低成功的可能性。数字化学习的支持者很可能高估了数码设备和儿童。如果是边抛边接小球的挑战，那么数码设备就像你抛接的塑胶球一样。多添加一个球，抛接过程就会变得更具挑战性。再加入第三个或者第四个，你的双手就会变得应接不暇。这时，再多加球就会变得难上加难。

现在，把数码设备想象成塑胶球，把大脑想象成你的双手。当下，青少年的大脑经常要在电子阅读器、iPod、智能手机和笔记本电脑以及卧室中的电视之间来回切换。

2008年，美国青少年（13～17岁）每月要发2272条短信。到了2010年，增加到3339条。除去睡眠时间外，平均每小时6条短信。简言之，在这个学生们智力和情感最重要的成型时期，他们每天要被短信打搅118次，总计90分钟。（回想一下第137页中选择

[①] charter school，美国众多公办民营学校中的一种类型。区别于公立学校和私立学校，特许学校由政府负担教育经费，由私人经营，除了必须达到双方预定的教育成效之外，不受一般教育行政法规的限制。

分子式中干扰因素的角色。）

还是这忙碌的 24 小时，让我们来看看学生们在收发短信之外还做了什么。对儿童媒体消费进行的为期最长的研究是凯撒家族基金会所做的，2009 年凯撒就学生们同时使用多种媒体的情况进行报告。研究人员发现，学生们每天使用多媒体的时间比 2004 年增加了 3 个多小时：从 7 小时 30 分增长到 10 小时 42 分——花在电影、音乐、电视、视频以及少许印刷读物上。而这还是在智能手机与 Kindle 和 iPad 等电子阅读器问世前的情况。

一脑多用的过程会丢失多少比塑胶球更重要的东西呢？克里夫·纳斯博士和其他斯坦福大学的研究人员对此进行了研究。他们选取了两组大学生，观察他们在记忆和表现上有什么差别。在完成不同的任务时，他们要在多媒体间切换，如手机、Twitter、短信、视频聊天以及浏览网页。两组学生的智力水平相当。根据他们同时使用多媒体的情况被划分成重度和轻度多任务处理者。

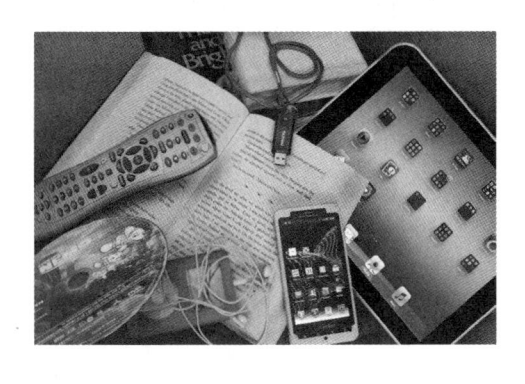

数字化批评者说，他们的焦虑因大量的电子干扰物而倍增。

重度多媒体使用者在各个方面都失败了，注意力也非常涣散。纳斯和他的团队发现，重度使用者很难说出哪些内容相互关联，且很容易被不相关的材料干扰；其记忆总是混乱无章，在转换任务时表现得更是缺乏条理。在边开车边打电话这样简单的多任务处理中，研究者也发现了同样的问题。

持续不断的上网会削弱思考力和创造力。太多的青少年和成年人每周 7 天，每天 24 小时同时使用多媒体，根本没什么停下来或者不接触的时间。

这有什么不对吗？你工作的时间越长，获得的成就也就越多，不是吗？专家说，这不一定。

大多数创造性的艺术家和思想家都承认，当工作"到达极限"时，他们必须停下来，把工作放到一边，思考一些别的事情（例如骑自行车或者放空自己）。这样才能让他们与灵感之神缪斯对话。缪斯很少大声喊叫，只有安静独处时才能听到。历史上有无数的例子证明：重要的发现或者顿悟都发生在远离工作台的空闲时间。爱因斯坦经常搁置数学问题，去听听音乐再回来解决。

如果没有足够的线下时间，当我们和孩子不停地下载、上传、发短信、看视频、上谷歌，或者与 Twitter 上的 742 个好友互动，创造力会受到怎么样的影响呢？"深入思考"越少，创造力就会越差。下一个乔布斯、爱迪生、索尔克、斯皮尔伯格、艾灵顿，或者斯坦贝克将在哪里？他绝不可能从纷繁嘈杂的多任务环境中脱颖而出，这一点毋庸置疑。

我们上网时，也在消耗设备以及生命的能量。最近一些对人类和鼠类进行的观察实验研究结果，有力地证明了多任务处理对大脑持续不断的刺激会影响大脑功能。换句话说，如果你没有充足的放松时间，就很难拥有灵感降临的一刻。

那些连续不断上网，连睡觉时都要把手机放在枕头上的孩子，根本没有时间消化吸收一天的学习和经历。这才是心理学领域真正担心的问题。如今深受影响的人们的生活只有广度，而没有深度。

超链接（在线阅读）会妨碍理解。如果想了解互联网对人类思维的影响最发人深省的研究，那么可以阅读尼古拉斯·凯尔的这本书——《阴影：互联网正在对我们的大脑做什么》(*The Shallows: What the Internet Is Doing to Our Brains*)。凯尔毕业于达特茅斯学院和哈佛大学，是大西洋两岸一些知名杂志的长期撰稿人，以及《大英百科全书》的编辑委员会成员。但是他也有一个苦恼。

写《阴影》这本书是为了证明他的一个论点：使用互联网 10 年显著地"支配"了他的大脑，使他阅读复杂的文字叙述变得愈发困难。他的注意力日渐涣散，阅读更肤浅了，回忆更困难了。

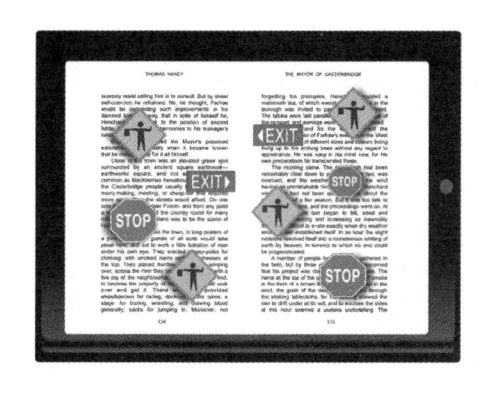

数字阅读的世界充斥着各种干扰。

当凯尔与同事、优秀作家和研究者们交流了自己的苦恼后，许多人也承认自己遇到了相似的问题，甚至再也读不下去长篇叙述。他们都已开始按照快速和肤浅的思考方式阅读，那么还有谁需要仔细地阅读呢？谷歌会帮我们做的。

在《阴影》这本书中，凯尔用了整整 26 页讲述在线阅读的害处。这里我列举了他一些发人深省的观点：

- 超链接（下划线）文本不但减缓阅读速度，还会妨碍理解。
- 互联网用户面对的信息和消遣娱乐的巨大洪流淹没了整个大

脑，使"干扰物变得更容易让人分心"。

• 100 名志愿者通过电脑浏览器共同上一堂课。其中一半志愿者得到的材料仅为文本内容，另一半的材料上有一些多媒体窗口。结果，仅有文本材料的志愿者得分比后者高得多。

• 对上网时眼球运动的研究显示一个网页上仅有 18% 的内容被真正阅读了，而每个网页的平均阅读速度为 10 秒或更少。

凯尔对在线阅读时注意力涣散问题的担忧，得到报业对读者阅读行为追踪调查结果的进一步支持。上网阅读报纸的读者平均每个月的阅读时间为 45 分钟。而阅读纸质报纸的读者，每月阅读的平均时长为 790 分钟。另外，在线阅读者也很少深度阅读。

啊，微波炉的承诺！

总之，数字时代的早期是一个危机与承诺并存的时期。研究显示纸质阅读比数字阅读对内容的记忆要更深刻，尽管这一事实可能会随着几代人使用电子屏幕阅读后发生改变。另一方面，电子阅读器和电脑更令人愉快，使我们能够更快地接触到更多信息，并且更易使用，也更省钱。

这些不同也许最终会促使数字阅读成为一位观察者口中的"微波炉"模式。她回忆起 20 年前我们以为会用微波炉烹饪三餐，但现在只是用它来加热食物和制作爆米花——大一些的食物还是要留给烤箱处理。因此，我们最终也许会使用电子书来进行简单的休闲阅读，而使用纸质书来学习和掌握知识。

至于仅仅是因为给孩子们买了数码设备，就期待他们能学得更快更深入，只能说"微波炉式学习"并不能保证思维的全面发展。

第八章 | 电视和音频：对培养读写能力有害还是有益？

> 我相信电视是对现代化社会的一个考验，我们将发现，电视对人的影响将会超出我们的想象，不是成为人类平静生活中一个令人无法忍受的干扰，就是令我们的生活更加美好。我深深相信，人类世界将因电视的存在而提升或沉沦。[①]
>
> ——E.B. 怀特

[①] 引语出自 E.B. 怀特 1938 年 10 月为《哈伯斯》杂志撰写的专栏文章《从城市出走》(*Removal from Town*)。

如今，电子媒介已经成为儿童家庭生活以外的主导力量（对于某些孩子，甚至超越了家庭）。因此，在与读写能力相关的任何图书或讨论中都必须引入这一话题。在上一章中我们讨论了数字化学习的问题。那电视的情况又如何呢？大部分人认为电脑的出现会削弱电视在家庭中的作用。但到目前为止并未发生。那么，电视的存在是积极的，消极的，抑或是无效的？

还记得奥普拉读书俱乐部对阅读的积极影响吗？这是电视的一个积极因素。回忆一下在越南战争、民权运动、"9·11"事件和卡特里娜飓风事件中，电视对提高公共意识所起的积极作用。这是它的另一个巨大影响。

另外，我承认自己也有一台电视，通过苹果高清机顶盒来收看晚间新闻、《危险边缘》[①]、《60分钟》[②]、洋基队比赛和电影。作为休闲娱乐、获取资讯甚至是打发时间的方式，电视是无害的——但要适度观看。媒介就像药箱中的药物，也许有帮助，只是对于孩子的使用需要监督和控制。现在，平均每个家庭有3.8台电视，监管能够实现吗？这是一个严峻的挑战。

我也非常理解和同情如今家庭生活的复杂性：父母双方都有工作，养育孩子和处理问题有着相当大的压力和时间限制。对于一些家长而言，电视也许是唯一能用来看住孩子的工具——我理解他们的做法。然而，尽管家庭需要电视，但并不意味着它的影响是良性的。对于任何家庭而言都不是。

在本章中，我会两次提及一个非常重要的观点：孩子在长时间看电视时做了什么并不重要；真正带来危害的是，他们因为过度看电视而忽略了许多其他事情。让我来给你讲一个大约25年来我反复

[①]《危险边缘》(Jeopardy)，哥伦比亚广播公司益智问答游戏节目，已有数十年历史。
[②]《60分钟》(60 Minutes)，哥伦比亚广播公司的电视时事杂志节目。

给家长们讲述的故事。

故事的主角是一位名叫桑亚·卡森的单亲妈妈,她住在底特律的贫民区,独自抚养两个儿子。卡森太太出生在一个有24个小孩的大家庭,而她的教育程度只有小学三年级,她的工作是帮一些富有的家庭做家务或照顾小孩,有时甚至必须同时做两三份工作才能维持生计。许多年后,她的儿子才发现,妈妈因为心理焦虑,常常向心理咨询机构求助。

另一方面,卡森太太的两个儿子却不像妈妈那样勤奋。他们在学校的成绩很差,小儿子班尼五年级,在班上是成绩最糟糕的学生。这两兄弟曾在波士顿的教会学校就读,当时成绩还算不错,但自从转到底特律的公立学校后,成绩就一落千丈,这表明公立学校与之前学校的水平相差很多。卡森太太觉得,不得不住在美国治安极恶劣的城市,并独自将两个孩子抚养长大,已经够糟糕的了,没想到儿子们的学习成绩更是让她伤透脑筋。

有一天,她把班尼叫到面前,手上拿着他的成绩单,并指着数学的分数告诉他:"班尼,其实你可以取得更好的成绩,现在你要做的第一件事就是把乘法表上的每一栏都背会。"

"妈妈,可是你知道那有多少算式要记吗?我看我得花一整年的时间才能统统背下来。"班尼回答。

"我自己才上到小学三年级,我12岁时就把乘法表全部都记下来了。"他妈妈接着说,"所以,从明天开始,你背不出来就不准出去。"

班尼指着数学课本上的乘法表哭了起来:"看看这一大堆数字,我怎么可能背下来呢?"

他的妈妈只是紧绷着脸,静静地看着班尼,并再次坚决地告诉他:"除非你都背下来,否则别想出去玩。"

班尼只好开始背乘法表，他的数学成绩同时开始进步了。他妈妈的下一个目标是提高班尼其他科目的成绩。她发现，只要两个孩子在家，家里的电视就从来没有关过，于是她告诉他们："从现在开始，你们一个星期内只许看3个电视节目！"（桑亚·卡森虽然没有学过很多书本上的知识，不过她的直觉判断与30年后专家的研究结果不谋而合，那就是"过度看电视"和"学习成绩差"有着很大的关联性。）

卡森太太接着想办法去填补孩子因为不能看电视而空出来的时间，她告诉他们："你们两个人要去图书馆借两本书回来读，每个星期都要交给我一篇读书报告。"（许多年后，这两个小男孩才发现，其实以妈妈的阅读程度根本就无法理解他们写的报告。）

两兄弟不喜欢这样的决定，又不敢违抗妈妈的命令，只好开始每周读两本书，再向妈妈汇报书的内容。一段时间后，班尼的阅读课成绩进步了许多，而且因为其他课程也都和阅读能力有很大的关系，所以成绩单上其他科目的分数也都提高了。（值得一提的是，在他们的妈妈打算改变学校教育之前，她先改变了自己的家庭。那些将教育券[①]或磁石学校[②]作为解决贫困学生学习问题的政治家们，忽略了家庭在这其中扮演的重要角色。）接下来的每学期、每学年，他的成绩都不断进步，升到高二时，他的成绩已经是班上第三名，而且跻身全美排名的前10%。

班尼高中毕业后，许多名校，如西点军校和斯坦福大学，都愿意给他提供奖学金；然而，当时他的口袋里只有10美元可以支付学

[①] 教育券是政府把原来直接投入公立学校的教育经费按照生均单位成本折算以后，以面额固定的有价证券形式直接发放给家庭或学生，学生凭教育券自由选择政府所认可的学校就读，不再受学区的限制。
[②] "磁石学校"就是"有吸引力的学校"，又称为"特色学校"。它办学特点鲜明，针对儿童特殊兴趣爱好，开设富有特色的课程。

校的申请费，最后他决定选择赢得当年大学杯电视益智游戏奖的学校——耶鲁大学。他在耶鲁花了4年主修心理学，接着又到密歇根大学和约翰·霍普金斯医学院就读。现在，62岁的本·卡森已经是世界上最知名的小儿脑外科医生之一。他33岁时，被约翰·霍普金斯医院任命为小儿神经外科主任，是当时全美最年轻的。

一个在贫民区长大，没有父亲，母亲只有小学三年级的教育程度，甚至自己小学五年级时还是班上成绩最差的学生，是如何变成世界知名的脑外科医生，哥哥也成为工程师的呢？卡森医生解释，主要有两方面原因：一是他母亲的宗教信仰，二就是母亲限制他们兄弟俩看电视，并强迫他们读书。读者若对这个故事感兴趣，请看由本·卡森本人所著的《天赋之手：本·卡森的故事》（*Gifted Hands: The Ben Carson Story*）一书。

在我的听众里，有许多人的教育程度比卡森太太超出3倍多，收入是她的10倍之多，然而在教育孩子方面的直觉却不及她的一半。许多家长无法真正"培养"孩子，能做到的只是"看着孩子长大"而已，而且大部分陪孩子的时间是在电视机前的沙发上度过的。

卡森家的故事里，有两点值得我们注意：一是卡森太太并没有

本·卡森博士承认，对看电视这个行为下错剂量，就不可能有他的医学生涯。

认为电视一无是处而全面禁止，她只是限制孩子看电视的时间；二是她对孩子有较高的期待。她要求孩子们要有正确的行为举止。通过限制孩子们看电视，卡森太太避免了灾难的发生。"度"决定了所有事物的影响力——从飓风和阿司匹林到阅读和电视。

现在卡森家的故事以多种形式呈现出来。每种形式都可以让你从一个角度加深理解：有图书，本·卡森所著的《天赋之手：本·卡森的故事》已经出版。还有电子书和有声读物。另外，它被特纳娱乐公司拍成了电影，由小库珀·古丁主演。学术成就学会对卡森博士进行了一次在线采访，你可以在该网站 http://www.achievement.org/autodoc/page/car1int-1 上找到采访的音频和视频。

电视到底有什么问题？

直到最近，大部分批评者也只是指出"过度看电视"是问题所在。对于粗心或不负责任的父母而言，电视只是个无辜的旁观者。但是，最新研究进一步指出电视更像是个同谋。虽然研究并没有彻底揭发电视机的罪行，却指出过度看电视会危害所有年龄段的观众，其中年龄最小的最易受到危害。最新的一份媒体研究报告对未来孩子们的学习表示忧虑：年龄在 8~18 岁的学生平均每天看电视的时间长达 4 小时 29 分钟，是听音乐或使用其他媒介的两倍，而且比 2004 年的调查结果又增加了 38 分钟。

让我们从年龄最小的"观众"说起，然后再依次讨论年龄更大的观众。

1. 虽然有时看电视被描述成"家庭活动"，但是对于婴幼儿而言，它通常是一种独立的体验。低收入家庭的 6 个月大的婴儿有 400

多小时被放在电视机前。而妈妈和他们互动的时间仅为这个时间的24%,并常是在教育节目时互动。在婴幼儿面前播放的大部分电视节目并不是专门为他们制作的。总之,低收入家庭的孩子看电视的时间更长,在学校里的成绩更低。他们的注意力是因为早期看电视过度而受到了伤害吗?请继续阅读。

2. 西雅图儿童医院研究人员对2500名儿童看电视的行为进行了追踪调查和研究。这些医生得出结论,孩子3岁前,每天看一小时电视,7岁时患注意力缺陷多动障碍的可能性就会提高10%。(注意力缺陷多动障碍是目前最普遍的儿童行为异常病症。)

3. 如今年轻的父母都焦虑地期望自己的孩子领先于邻居的孩子,就这样他们被卷入了购买电子产品的洪流。事实上,这些产品的作用通常微乎其微。还记得那些曾经在篷车里推销蛇油产品,后来又去深夜电视购物节目推销产品的小商贩吗?现在他们又要在幼儿园扎营,推销能够使孩子变成小爱因斯坦的玩具、DVD光盘、录像机和各种小玩意了。但是,想想爱因斯坦那不愉快的童年时光,谁想要这样的童年呢?很显然,成千上万的家长并不了解一个事实——来自美国最大的玩具公司的儿童研究主管评论:"没有任何证据表明这种玩具可以让孩子们变得更聪明。"儿童发展研究专家也警告说,这种万能玩具并不能提高智商。正如一名批评者所言:"最有价值的玩具应该能调动儿童身上最多的能量。孩子们越是自己动脑和动手去完成某项任务,越是能够学到更多。""小小爱因斯坦系列"的制作公司迪士尼因错误地在产品上打上"教育"标签而遭到了集体起诉,然后通过直接让步来化解危机——"不喜欢?可退款。"这本身听起来就底气不足。

4.孩子们一上学,过度看电视的影响就会体现在孩子的阅读和数学成绩上。研究者们对加州6所学校的348名不同种族的学生进行了调查。研究发现自己卧室里有电视的儿童与他们的数学、阅读及语言艺术成绩低有非常紧密的联系。(参见下方表格。)凯撒家族基金会的媒体研究显示,卧室安电视意味着看电视的时间更长。

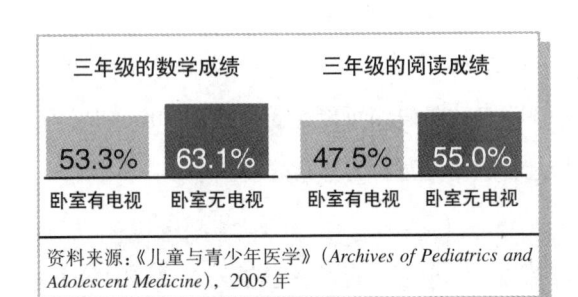

三年级的数学成绩	三年级的阅读成绩
53.3% 卧室有电视 / 63.1% 卧室无电视	47.5% 卧室有电视 / 55.0% 卧室无电视

资料来源:《儿童与青少年医学》(Archives of Pediatrics and Adolescent Medicine),2005年

儿童卧室有电视,意味着更久的观看时间和更低的分数。

有71%的8岁孩子家中,不仅拥有三台电视,而且儿童卧室也有电视。这使他们每天看电视的时间增加了1小时,而每天在电视机前的总时长则增加了2小时。如果卧室中有视频游戏,孩子每天玩游戏的时间就会增加32分钟。此外,如果卧室有电脑,使用电脑的时间就会比没有电脑的加倍。

这不仅仅是个学术问题。1999年,睡眠研究者和家长以及老师合作,对幼儿园至四年级的495名学生进行了研究。他们发现卧室中配有电视机的孩子更难入睡,而且夜里更易惊醒,进而影响了他们在学校中的表现。

5.就像许多不容忽视但人们避而不谈的问题一样,在政府要从人口统计学上要求每个孩子的分数都得到突破之前,黑人和白人学生之间的阅读差距实际上已经存在了几十年。随之而来的哗然引起了人们对这一问题的抗议和关注。正如我在本书前三章中所指出的，贫穷对这种差距起了关键作用。但是，除去贫穷的因素后，黑人学生的成绩依旧较低时，研究者们开始进一步挖掘其他原因。其中最确切的因素就是看电视的时长。最典型的例子是对俄亥俄州一所以学业为主的高中的研究。这所高中位于谢科高地一个黑人白人各占一半的中产阶级社区。

在同一所高中里，父母中至少一人拥有硕士学历的黑人学生成绩，仍然比家庭环境相似的白人学生低 191 分。原因之一是中产阶级家庭中，黑人学生看电视的时间是白人学生的两倍。

这项研究由罗纳德·弗格森主持，他是哈佛大学的一名非裔美籍公共政策讲师。这项研究显示，黑人高收入家庭的孩子看电视的时间是白人孩子的两倍。他们每天要看 3 小时电视，而白人孩子每天看 1.5 小时。凯撒家族基金会 2010 年的研究显示全国的情况与弗格森的研究类似。但是，他们还发现黑人孩子的卧室有电视的比例更高，每天看电视的时间多出将近 2 小时。

6. 2005 年，新西兰的研究人员发表了一项研究成果。他们对 1972～1973 年出生的 980 个人从儿童时起，进行了为期 26 年的跟踪调查，人员覆盖各个社会阶层。

研究分别在孩子 5 岁、7 岁、8 岁、11 岁、13 岁和 15 岁时收集数据，到他们 26 岁时进行采访，判断每一个人的受教育水平。考虑到智商、家庭收入和儿童行为问题，26 岁时的受教育水平与童年看电视的时间直接相关（参见表格）。那些每天看电视不超过 1 小时的学生最有可能获得本科学位。研究者指出，"这些发现表明过度看电视对学习成绩会产生消极的影响。还很可能对一个人的社会经济地位以及成年生活的幸福程度产生深远的影响。"

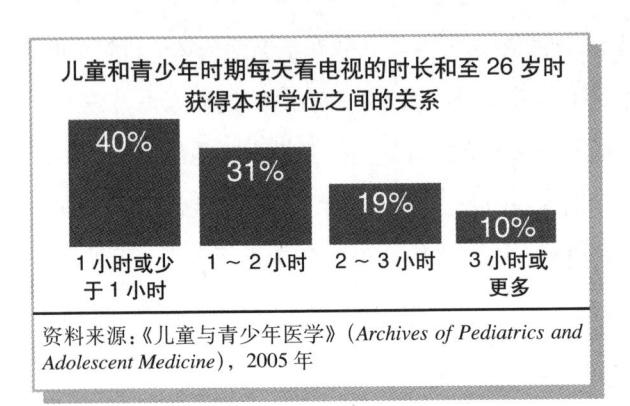

> 儿童和青少年时期每天看电视的时长和至 26 岁时获得本科学位之间的关系
>
> 40%　31%　19%　10%
> 1 小时或少　1～2 小时　2～3 小时　3 小时或
> 于 1 小时　　　　　　　　　　　　更多
>
> 资料来源:《儿童与青少年医学》(Archives of Pediatrics and Adolescent Medicine), 2005 年

7. 从 3 岁左右开始,电视的确在帮助孩子们积累词汇方面起到了积极作用,尤其是教育类的节目。但是,到 10 岁时,孩子们从电视上听来的内容对于他们词汇量的增长已经起不到什么作用,因为这些词他们全部都听过了。每 10 年就可以看出电视的词汇水平在下降。在《口齿不清的社会》(The Inarticulate Society)一书中,汤姆·沙赫特曼分析和比较了哥伦比亚广播公司 1963～1993 年这 30 年晚间新闻(从克朗凯特[①]到拉瑟[②])的语言结构。他发现在 1963 年的晚间新闻中,句子通常由 18～25 个单词构成,有从句结构,并且包含像"全体一致"、"义务"和"抗议"这样的抽象词语。这些词汇大体和《纽约时报》的头版保持在同一水平,目标观众是掌握 9000～10000 工作词汇,达到书面语水平的人群。到 1993 年,节目的词汇量已经下降至日常普通对话的水平(大约每天 848 个单词),而且很少使用抽象词语,短句子或者词组占了上风。就像许多商业广告一样,该节目已经从 1963 年的优秀高中毕业生的水平跌至 1993 年的初中生水平。2009 年,研究者对 88 个电视节目进行了研

[①] 沃尔特·克朗凯特(Walter Leland Cronkite),1916～2009,记者、冷战时期美国最负盛名的电视新闻节目主持人,哥伦比亚广播公司明星主持,被称为最可信任的美国人。
[②] 丹·拉瑟(Dan Rather),记者、新闻主播,曾是美国哥伦比亚广播公司晚间新闻的当家主播。

究，发现98%的节目词汇与日常词汇表一致。换句话说，对于年龄超过10岁且以母语为英语的观众，电视很难再为他们提供学习新单词的机会。但是，它对语言初学者依然有帮助——如果你用对方法看电视的话。

看多长时间电视对孩子无害？

在了解合理的观看时间之前，家长们最需要理解的是对学业最大的伤害也许是孩子因为每周有31.5小时懒散地坐在电视机前，而没做该做的事：没做游戏，没干家务，没画画，没发展业余爱好，没交朋友，也没跟朋友一起玩，没写家庭作业，没骑自行车，没玩滑板，没有打球，没有读书，也没有和他人交流。我听见家长把电视机叫作"保姆"，但是如果有一个保姆这样干扰孩子自然成长的过程，我想你一定不会再雇用她，不是吗？

美国儿科学会建议每周看电视的时长不应超过10小时，2岁以下的儿童不要看电视。这一结论基于1963～1978年的一项研究，研究对象为英国、日本、加拿大和美国境内5个地区的87025名儿童，主要是分析看电视与学习成绩之间的关系。结果发现，每周看电视的时长控制在10小时之内，对孩子的学习并没有不利影响（有时还有积极作用）。但是，超过10小时后，学生的学习成绩就开始下降。然而，目前学生平均每周看电视的时间是专家建议时间的3倍。

如何解决全社会和家庭中看电视的问题，无论是总统、学校，还是宗教机构都感到束手无策。他们并没有利用白宫的威慑力去发出警告。这也许是因为他们自己已是舆论中心。过去20年，民主党和共和党总统轮番谴责美国的教育状况，并高度赞誉考试的优点。然而，没有一个人有勇气说："当家长们正在观看总统国情咨文演讲时，我突然想到了一项研究。这项研究发现你和家人用晚餐时有 64% 的人会看电视。另外，除去睡觉时间，有一半的人在家时会开着电视。超过一半的人没有对孩子看电视的时长进行限制。但是，根据已有的调查研究，孩子们看电视的时间越长，学习成绩就越差。因此，我有一个非常简单的问题想问家长——你们真的完全不在意这些事情吗？"

我到现在也没有看到哪位总统有这样的勇气。但是学校的主管和牧师又如何呢？会有哪个学区、教堂，或者犹太教堂有勇气公开指责过度看电视的危害吗？读过这一章后，你可以从我的网站上免费下载宣传单页，上面对一些危害进行了总结。你可以把它分发出去，或者放在学校或教区的简报上。如果有 5 个家庭把它记在心里，那么就至少有 5 个人的头脑得救了。

家长应该如何妥善处理看电视的问题？

这一问题的答案也同样适用于对家用网络和电脑的管理。归根结底，它是对时间和家庭的管理。

我家从 1974 年开始对看电视的时间进行限制，当时我察觉到四年级的女儿和读幼儿园的儿子越来越沉迷于电视（他们现在一个 47 岁一个 43 岁），甚至我们长期坚持下来的每晚朗读也每况愈下，因为他们认为："朗读占去太多时间，使我们无法看电视。"

一天傍晚，我到马萨诸塞州拜访马丁·伍德夫妇。我发现他们四个十几岁的孩子在晚餐后马上就各自去做家庭作业。

我问这对夫妇："你们家的电视机坏了吗？"

"没有啊！怎么啦？"马丁回答。

"哦！现在才6点45分，而你的孩子们已经在做功课了。"

伍德太太解释道："因为我们不允许他们在上学的晚上看电视。"

"这真是伟大的想法，但你怎么施行呢？"

"这是家规。"马丁说。接下来的一个半小时内，这对夫妇很详细地告诉了我自从这条家规实行后，他们家里发生的积极变化。

那个晚上对我自己的家庭而言，真是个转折点。在向太太苏珊说明了这个办法的所有细节后，她决定全力支持我。"只有一个条件。"她补充说。

"是什么呢？"我问她。

"由你自己去告诉孩子。"她说。

第二天晚餐后，我们把孩子带到我们的卧室，让他们坐在枕头和被褥中间，我开始镇静地说："杰米，伊丽莎白，妈妈和我已经决定，在这个房子里，只要是平常上学的日子，晚上都不准再看电视。"

反应是可以预料的，他们哭了起来。但让我们震惊的是，他们竟然哭了整整四个月。尽管作了解释，他们仍然每晚都哭。我们试着让他们了解，这个规定并不是为了惩罚他们，并将它的所有好处一一列了出来，但他们哭得更厉害了。

而且，来自同学的压力是巨大的，特别是对伊丽莎白而言。她觉得自从不看那些朋友们都在讨论的电视节目之后，在学校午餐时，她都没有话题可以和同伴聊了。甚至连我和苏珊也感受到来自邻居和朋友的压力，他们认为这样的规定太严厉了。

一开始的确很困难，我们必须忍耐并抵抗这两方面的压力，还要对孩子的流泪、恳求努力视而不见。这样的情形经过三个月之后，我们开始看到，像伍德家一样，事情有了改变。我们突然发现，每晚全家有时间聚在一起朗读或者各自阅读，不慌不忙地做功课，学习下棋或玩拼字游戏，将橱柜里尘封多年的塑料模型拿出来组装，烤蛋糕和饼干，给亲人写贺卡，打扫卫生，轻轻松松泡个澡而不用争先恐后抢浴室，参加社区的运动团体，绘画或粉刷墙壁等。而最棒的是可以和家人聊天，有问有答。

我们也发现，孩子的想象力又恢复到了正常水平。

第一年的时候，这个决定非常沉重，但随着时间过去就变得容易些。年纪较小的杰米因为还没有像他姐姐伊丽莎白那样已经对电视产生依赖，所以禁止他看电视不那么困难，但伊丽莎白就需要较长的时间才能适应。

经过许多年后，我们把这个规定作了一些修正：

1. 星期一到星期四的晚餐时间，电视必须关掉，且直到孩子上床之前都不再打开。

2. 每个孩子每周在平常的晚上可以选看一个电视节目，但须先经父母同意，而且要先完成家庭作业和生活杂务。

3. 周末的三个晚上只有两晚可以看电视，剩下的一晚用来做功课或从事其他活动。在这一点上，每个孩子可以作不同的选择。

我们用这样的方式来控制电视，而避免受到电视的控制。或许这个规定的细节不适合每个家庭，但某种程度的控制总比没有好。然而不幸的是，"放任"已经成为65%的美国家庭的准则。

孩子们需要电子媒体提供的娱乐放松吗？

每个人都需要放松。但是，对于每天7.5小时的娱乐媒体时间（这是8～18岁的青少年平均每天花费在娱乐媒体，包括视频和电脑游戏上的时间）而言，这就不再是放松了。这相当于一年看了730

遍《飘》。真的应该休息一下了！

著名的历史学家小阿瑟·施莱辛格在他的自传《20世纪的生活》（*A Life in the Twentieth Century*）一书中写道，14岁之前，他已经阅读了598本书。此外，14~19岁，他一共看了482部电影。如果你觉得这听起来很惊人的话，那么我告诉你还有比这更惊人的。完成这些每周只要花费90分钟，而现在大部分美国青少年每周的娱乐时间为3150分钟。让大脑放松的不是娱乐，而是适度的娱乐。

前文提到的机械阅读导师如何？

让我们从利用这一设备获得最佳表现的国家芬兰开始说起。正如我在第一章中指出的，芬兰儿童7岁之前都没有接受过正规教育，却在全球范围内获得了最佳成绩。这些成就部分可以归功于芬兰儿童使用这种机械设备的频率比其他国家更高。但令人惊讶的是，这些成绩较高的学生每天也是长时间收看电视——比他们读书的时间还要长。芬兰学生每天看电视的时间大概是全球看电视时间最长的美国学生的2/3。

在美国，这种设备曾经非常昂贵（价值250美元），但一直在降价，直到1993年变为0美元，免费。事实上，它已经内置在美国出售的每一台电视机中。这个设备就是闭路字幕。你可以用遥控器控制。

芬兰一大半的电视节目都是美国的老式情景喜剧，如《盖里甘的岛》《伯南扎的牛仔》《脱线家族》《帕曲吉一家》《霍根英雄》。芬兰人无法给这么多节目用芬兰语配音，所以他们只能播放英文，然后配上芬兰语字幕。

这意味着一个9岁的芬兰孩子想要看的电视节目，几乎一半都

闭路字幕就像免费的阅读指导老师。

是外语的。为了看懂这些节目,她需要学会阅读芬兰语,而且必须能够快速阅读。在第一章中,我讲述了动机对于学习一切知识的重要性。就像动机促使美国青少年学习驾驶汽车一样,动机也促使芬兰儿童学习阅读——他们想要看懂这些电视节目。

显然,适量观看字幕电视对学生们没有害处,而且它还会极大地促进阅读水平的提高。大量的研究表明,观看带有字幕的教育类节目,对理解力的发展和词汇的积累都大有裨益(尤其是对双语学生)。

2003年,一位一年级老师跟我谈起了她班上一名9月入学的小女孩:

> 上学第一天,这个小女孩的阅读水平就已经达到了三年级的水平。这是非常少见的。但更令我感到惊讶的是,她的父母都是聋人。通常,如果父母是聋人,孩子即使听力正常,也会因为存在语言交流方面的不充分,从而落后于普通学生——这个孩子却领先了别人三年。我迫不及待地要和她的家长会面。在我告诉他们孩子取得的成绩后,他们脸上露出了微笑,解释说女儿一直都在看闭路字幕。

还有其他几个因素让闭路字幕成为如此有效的阅读指导。在第二章中，我提到我们的大脑通过视觉记忆的能力是通过听觉记忆的30倍。换句话说，如果我们通过看的方式来记忆一个单词（或者句子），那么它保留在我们大脑记忆库中的可能性，是仅通过听力来记忆的30倍。这也是海绵效应。

现在，我们来回忆一下第六章中讲述的阅读环境对成绩较差学生的影响。闭路字幕基本上是一个作用相当于家庭中日报或周刊的政府项目，而且是免费的。3小时闭路字幕节目中滚动的单词比一般成年人能从日报或周刊中读到的还多。安装闭路字幕就相当于订阅报纸，但不同的是，前者免费。

也许孩子还太小根本无法阅读，但是家中所有的书、杂志和报纸都可以帮助他适应阅读的世界。闭路字幕同样也有这样的作用。事实上，你可以说电视节目上的人在给孩子们大声朗读字幕。

芬兰教育部负责人帕思·萨尔博格一直将芬兰学生的阅读进步，归功于芬兰把所有引进的外语节目都配上了芬兰语字幕。1990年，乔治·布什签署了《电视解码器电路法案》(Television Decoder Circuitry Act)，规定每台电视机都必须安装字幕装置。令人奇怪的是，布什的三位继任者都没有把这一装置作为儿童的阅读指导来大力推广。我猜测他们不想这样做的原因要么是字幕没有搭配任何测验，要么是他们认为芬兰儿童的大脑构造与美国儿童完全不同。不管怎样，他们的无动于衷都令人感到不愉快。

有声书也算朗读吗？

当家长询问我给他们5岁的孩子听录音是否合适时，我的回答是:"不应该用有声书彻底取代有能力为孩子朗读的父母,但如果是作为朗读补充材料,或提供给那些父母不识字和父母不方便朗读的孩子们使用,那么有声书是非常不错的!"

随着美国人在汽车听 iPod 的时间不断增长,尤其是上下班平均都需要 50 分钟的情况下,有声书已经成为出版界非常重要的一项产品。有声书是非常好的例子,证明科技也可以使一个国家变得更爱阅读。

虽然有声书不像活生生的人那样,可以随时给孩子一个拥抱并回答他的问题,但是当大人不在身边或者很忙时,它填补了一个非常重要的空白。你甚至可以把它当作孩子玩耍时的背景音乐。它的文字内容比电视中的简单句子更有助于丰富孩子的词汇量。因此,家长们务必收集一些歌曲、韵文和故事,建立自己的有声读物库。社区图书馆和书店有越来越多适合各个年龄段孩子的有声书。你还可以考虑自己录音,或者请远方的亲戚把故事录下来,作为礼物寄给孩子。还有什么会比这样的礼物更个性化、保持得更久呢?我还想补充一句,对于家庭长途自驾游,有声书是在没有联合国的情况下最好的"维和部队"。

早期(现在偶尔也如此),人们还有这样一种担心,即害怕有声书会让读者"懒得去阅读印刷读物",就像柏拉图曾担心印刷读物会让人们的记忆力衰退一样。这种担心毫无依据。事实正相反。根据一项全国调查,使用有声书最频繁的人也是最热爱阅读的人。这项研究还发现:

- 75% 的有声书使用者拥有大学本科学历。41% 的人拥有更高的学历。

- 80% 的使用者的家庭年收入达 5.1 万美元或者更高。

- 86% 的使用者每天至少阅读一种报纸。
- 21% 的使用者每年至少阅读 25 本书。

各位住所附近的图书馆是有声书最经济的来源，如果找不到你要的书，可以到地区性的大图书馆找。

有声书播放器和 DVD 播放器之间有着本质的不同。现在，在私家车上安装 DVD 播放器简直毫无价值，还剥夺了孩子学习的机会：孩子们无法和父母交谈，或者和父母一起听有声书，然后分享知识体验。不同于 DVD 播放器，有声书可以让汽车前排和后排的人共同分享。家长可以暂停并提问。"你们认为他为什么这样做？他这样说是什么意思？" DVD 播放器就做不到这些，因为它只能安装在汽车后排。

说到边开车边听东西，如果没有有声书，还可以考虑广播剧。这有一个网址 www.otrcat.com/all.htm，上面有数以千计的 MP3 格式的老广播剧可以刻录成 CD，每部剧都不贵，这是最合算的一次网购。相比 DVD 而言，它可以帮助孩子集中注意力，训练听力技巧并锻炼想象力。

从现在来看，有声书的未来一定是数字下载。CD 离年轻一代已经越来越远。2010 年，传统的图书销售增长了 2.7%，CD 有声书的销量下跌了 11%，但数字有声书的下载量猛增了 38.8%。

有声书可以帮助那些英语学习者获得更多的机会接触英语吗？可以参考第 115 页圣布鲁诺学区的例子。

第九章 | 父亲必读

不要通过暴力和强迫的方式让男孩学习，而是通过他们感兴趣的事物引导他们。只有这样，男孩们才能更好地发现自己的爱好和天赋。

——柏拉图

最近我在海边度假，漫步沙滩时，看到了许多沙堡。第一个沙堡给我的印象非常深刻。爸爸和几个儿子一把一把地捧着沙子，搭建城堡。我猜这位爸爸应该是位建筑师或者工程师。一定是。

继续向前走，我又看到另一个家庭在堆沙堡。事实上，这里已经有超过12个沙堡——一些很漂亮，一些很破败，还有几个非常壮观。

我注意到这些沙堡堆得好的家庭中都有一个共同的因素——父亲（或者年长的男性）的参与。如果父亲在那里，男孩们就会更加积极，也更容易取得成功。当成年男性不在场时，男孩们也无法取得成功，沙堡也不尽理想。

我无法不把这些想法与当下男孩和学校教育问题联系在一起。我知道没有快速的补救办法，但我们最好还是尽快找出解决方案。正如一名批评者所说，一个国家如果只有一种性别的人在努力，那么它是无法取得太大进步的。

有些人说这是男孩本身的问题，也有一些人断言这是男性或者父亲的问题。在追究谁是谁非之前，如果相信本章开头柏拉图所说的那句话，那么我们至少应该承认这已经不是一个新的问题了。很显然，在公元前350年，小男孩们在学习上就已经存在态度问题。

如果过去几十年你曾离开地球的话，那么让我给你讲讲最近的男孩和学校教育的悲哀。

• 2008年对45个州阅读成绩的调查显示，每个年级中女孩的成绩都超过了男孩。

• 不同于40年前，如今的高中里，学习成绩最好的（毕业生代表），担任班级干部的，取得跳级生资格的，积极参加校园活动的，普遍都是女生。当女孩子们承担责任时，男孩子们却在操场上做运动或者玩电子游戏。

• 历史上第一次，女性在大学阶段取得的成绩超过了男性，包括被录取、毕业以及取得更高学历方面。而且这种差距在逐年增大。大概男性唯一突出的领域就是"辍学"，男性和女性的辍学比例为3:2。

汤姆·基亚雷拉是目前美国最棒的报告文学作家之一。他的写作领域非常广泛，食品到电影、体育到建筑都有涉猎。他还是迪堡大

男孩都去哪儿了？肯定不是在教室的前排。

学的客座教授，正是他在大学校园目睹了男性文化现状，促使他给《君子》杂志写了一篇文章，题目是"男孩的问题实际上也是男人的问题（*The Problem with Boys...Is Actually a Problem with Men*）"。这是一篇非常好的文章。我曾建议儿科医生把它打印出来，发给他们遇见的每一个新爸爸。基亚雷拉在文章中总结了他的焦虑：

> 如果你是一名美国男孩，那么你被确诊为注意力缺陷或学习障碍的可能性是女孩的2倍。你在标准化的阅读和写作考试中成绩可能会更差。你更有可能留级和辍学。即使你毕业了，你上大学的可能性也比女孩低；即使你上了大学，你的成绩可能更低，还更有可能无法毕业。你酗酒的可能性会是女孩的2倍，你24岁前自杀的可能性是女孩的5倍，入狱的可能性是女孩的16倍。

我们这些亲眼看到男孩危机的人都知道这不是男孩的问题，而是男人的问题。男孩不会养育自己——至少他们本不应该自己养育自己。

当然，也有捍卫男性的群体认为这都是假想。他们把责任推向少数族裔男孩，指责他们的成绩拉低了全体男孩的平均水平。虽然黑人男孩的阅读成绩较低的确是事实，但是这依然无法解释白人男孩在校园活动、班级领导和毕业率上的糟糕表现。缅因州的公立学校96%为白人学生。但是，无论在高中，还是在大学，男女之间的成绩差距之大依然是全美第五。

其他理由还包括：女孩的大脑发育更快；学校的规则对男孩的行为不公平；女孩天生比男孩有条理；爸爸们要么缺席，要么对体育比赛的记分牌比孩子的成绩单更感兴趣。这些借口反映了一些真相。但是，它们依然无法解释为何在各年龄段、众多领域中，如此多的男孩都表现欠佳。然而，其中有个原因应该引起更严肃的关注：那些本应该陪伴男孩长大的人——父亲。

男性世界的重大变化

我在全国 50 个州，做了将近 30 年的家长项目。除了社区项目外，父亲的参与率总是最低的。这个比例通常为 10:1（母亲：父亲）。也许父亲们都去工作了。恕我直言，很显然，他们认为孩子的教育不是他们的事。

大部分父亲都认为自己对以下三件事了如指掌：男孩、商业和体育。也许最近他们没有察觉，这些领域发生了巨大的变化。你在上文中已经看到了男孩的变化，那么让我们再看看另外两项，先从商业说起。

现在的世界是平的。正如托马斯·弗里德曼在《世界是平的》这本书中所描述的，25 年前，全球的力量结构存在高低之差：那些有权力和知识优势的国家处于山顶，而其余的位于山谷。这些国家（如美国、英国、德国和日本）控制着世界经济。这是因为他们垄断着信息和权力。

接下来，互联网出现了。突然间，那些曾经在山谷的国家也联入了信息网络和生产流水线中。这些地区包括印度、东欧、韩国、巴西和中国。你不相信吗？那么去玩具反斗城随便挑 10 件玩具，检查一下它们的产地。根据我的最新统计，百分之百来自中国。全球生产体系已经变得"扁平化"。再也没有不相通的山谷了。

正如弗里德曼所写，2003 年，有 2.5 万张美国纳税申报单外包给印度进行核算，因为一些美国公司希望得到物美价廉的服务。两

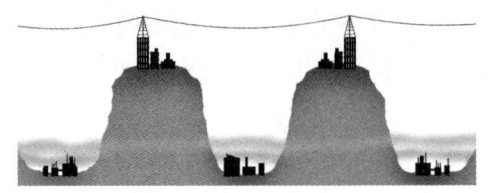

有谁告诉爸爸，世界的山顶和山谷已经消失？

现在世界是平的。

年内，这一数字上涨到 40 万。目前，印度每年有 7 万会计专业的学生毕业。他们不一定比美国本土的会计更聪明，却一点也不差，而且要价更低。他们没有人急于下班，不像美国的许多大学男生那样懒散。

从 2000 年开始，美国工厂丢失了 600 万个工作机会，或者说是 1/3 的劳动力失业，且大多数为男性。这是美国历史上第一次女性占据了大多数就业岗位。根据美国劳工统计局的报告，美国女性担任了一半以上的管理岗位。

唯一不了解商业领域这一重大变化的人就是那些连续 3 小时观看娱乐体育节目电视网的父子们。他们仍然坚信男孩没必要上幼儿园——只要会玩球就行了。30 年来，这种想法已经毫无依据，但是仍有许多男性在幻想中。这个国家对于男人来说曾经最重要的是他们能用双手从土地中收获什么，而现在是用头脑创造什么。没有优异的成绩，如今的男性面临着双重挑战：一是来自国内这些聪慧的妇女；二是来自那些坐在班加罗尔或者新加坡的办公室里，愿意以更少报酬做同样工作的外国人。

第三个变化就发生在家庭的电视机前。还记得对于男孩成绩的下降，我说过些什么吗？我们知道女孩成绩提升的原因是 40 年前母亲的教育理念发生了改变。现在，妈妈们对女儿的头脑有了更多的期待。但是，我们如何解释从1970年开始男孩的成绩急转直下呢？巧合的是，同一年，也就是1970年，"周一橄榄球之夜"的播出掀起了全国收视高潮。此前，以麦迪逊大街为中心的美国广告业一直认为，在深夜投放以男性为目标观众的广告纯粹是浪费时间——他们早就在懒人沙发上睡着了。直到"周一橄榄球之夜"开播，广告商们一下有了数以百万夜里11点还在为胜利击掌的男性观众。没过多久，网站也开始意识到深夜体育节目能带来巨额的广告收入，于是娱乐体育节目频道诞生了，然后是娱乐体育节目2频道。紧接着，又出现了高尔夫、马术、赛车、摔跤、职业篮球、职业橄榄球、职业棒球、极限运动的专门频道。各个体育项目应有尽有，而且是每周7天，每天24小时滚动播出。这就是第三个重大变化。

男孩们看到如此之多的成年男性日日夜夜痴迷于娱乐体育节目频道，他们对学校和教育的态度就深受影响。女孩们读书写字，而男孩子们击球、扔球、抓球、射击和钓鱼。到2000年，妈妈总是教育女儿去学习，而爸爸只是告诉儿子去看球赛。你在图书馆或书店里看到过男孩们吗？

男孩的游戏心态丝毫没有受到大学昂贵学费影响。研究者们对传统橄榄球强校（俄勒冈州立大学）的非注册运动员的成绩进行了为期9年的调查。结果发现每个秋季学期，当橄榄球队赢得更多的比赛时，学生们的平均成绩就会因为过多的聚会和饮酒而直线下降。（男孩成绩下降的幅度比女孩大。）相反，输球季反而成绩上升。

这些不是用来证明父子对体育活动的兴趣是错误的。我认为没有什么比事实更有说服力（比如美国篮球名人堂的档案中记载的曾经创下单场比赛100分记录的威尔特·张伯伦）。我们认识的许多成功且懂得平衡的人都指出他们从运动和训练中能够收获课堂上很少

237

学到的——团队合作、实践和毅力。正是这些与课堂知识相结合，才使他们获得成功。在下一章中，我将讲述青少年时期，体育运动在我的阅读生涯所起到的重要作用。但它们只是一部分，而非全部。

简言之，那些只会陪孩子一起玩球的父亲就像是"大男孩"，而那些既能陪孩子玩球，也能陪他们去图书馆或者书店看书的父亲才能称得上是"成熟男人"。父亲们需要明白，体育运动和学校教育并非相互排斥，我们能够兼顾二者。

奇怪的是任何教育层次的人群中都可以找到"不愿意阅读的父亲"。当我们把贫困家庭和受过大学教育的家庭进行比较时，就会发现两组家庭中，父亲为孩子朗读的时间都仅占15%，母亲为76%，其他成员为9%。如果我们大力宣传在加利福尼亚州莫德斯托市进行的一项调查，那么结果可能会有变化。调查显示：(1) 有父亲给朗读的男孩，阅读成绩明显较高；(2) 如果父亲休闲时阅读，儿子们就会更多地阅读。比起那些父亲很少或者从来不阅读的男孩，前者的成绩要更高。对父亲的调查则发现，在他们的童年时代，父亲为他们朗读的比例仅为10%。

那么，如何让父亲对阅读和教育更感兴趣一些？不如让他们读一读这章的内容？不用阅读整本书（除非他们愿意）——只要阅读这一章即可。也许还包括下一章，那是全书中最短的一章，讲述了我的父亲、一些"神秘的东西"，以及一份给有钱人看的体育杂志是如何激励我成为一名阅读者的。

如果父亲不知道该为孩子读什么（因为他们在小时候也许就不是一个阅读者），本书后半部分的朗读书目将帮助解决这个问题。我列举的书更多是为了吸引那些不愿阅读的人，而非培养未来的英语教授。我们有太多的英语教授，但是严重缺乏男性终身阅读者。

如果你是一位父亲，而且从来都不是个阅读者，那么请为了家中的下一代改变自己。可以从绘本开始，然后按照自己的方式过渡到小说。和孩子并排坐在一起，朗读给他们听。这里我向父亲们推荐4本绘本：柯林·麦克诺顿的《阿普杜勒船长的海盗学校》(Captain Abdul's Pirate School)、本·希尔曼的《它有多快？》(How FAST Is it?)、马克·蒂格的《秘密捷径》(The Secret Shortcut)，以及玛拉·伯格曼的《咔嚓，咔嚓！那是什么？》。想来一些更有挑战性、能够激发对话的书吗？有一本36页的小开本绘本——《六个人》，作者是大卫·麦基。故事的开头非常简单："从前有六个人。他们周游世界，为了寻找一个能平静生活和工作的地方。"故事的其余部分解释了占据各种日报头版和晚间新闻一半篇幅的战争是如何发生的。朗读完这些书时，你的第一反应很可能是："为什么我小时没有这种书？"接下来，你想阅读一些与运动相关的书吗？本书的朗读书目为你列举了一些你小时候从来没有看过的非常棒的运动绘本。对于大一点的孩子，可以开始朗读中短篇小说，如约翰·雷诺兹·加德纳的《斯通·福克斯》(Stone Fox)。还可以读一读盖瑞·伯森的《手斧男孩》。找个地方朗读"约翰叔叔给儿童的厕所读物系列"(Uncle John's Bathroom Reader for Kids Only!)吧。你一定会惊叹这些年你都错过了些什么。我猜你还会喜欢专门为男孩子编写的幽默故事集《男孩读物：恶作剧》(Guys Read: Funny Business)中大卫·卢瓦尔的小故事"孩子缘儿"(Kid Appeal)。其中的一段如下：

> 很多因素能让一个人变成最棒的朋友，例如忠诚和勇气。德怀特非常忠诚。无论我做什么，他都没有告过我的状。哪怕他被关了6个星期禁闭，他都一直没有承认是我和他一起往学校的新鱼池中倒了20包樱桃饮料。我发誓我们以为鱼池中根本没有鱼，我想要不是那时有两条鱼恰巧躲在里面，这也不算什

么坏事。在那些鱼翻起白肚皮之前,它们看上去真的都很正常。这听起来就像苏斯博士的故事。一条鱼,两条鱼。红鱼,死鱼。

爸爸们——当你们为孩子朗读时,同样也获得了第二次机会去阅读和欣赏自己童年时代错过的书。你也许会在这个过程中遇见自己童年时的小伙伴——例如德怀特。或者这样想:给孩子朗读是另一种形式的运动训练,只是这种运动方式允许相互依偎而已。

第十章 | 一个好动的孩子通往阅读的道路

我的父亲、一本5美分的书、神秘的东西，以及一位年轻老师是如何指引我完成这本书的。

尽管我很想相信父亲很清楚自己当时做了什么，但我依然怀疑这一点（在我向他问明白之前，他就去世了）。他也许只是在尽力不让事情变得更糟。事实上，问题在我。小时候，我们住在一套二层公寓中。多数时间，我都非常淘气，造成了许多间接伤害，以至于有一些邻居不得不起草了一份请愿书让我们搬家。幸运的是，还是有很多人喜欢我的父母（比喜欢我的人要多得多）才没有让这份请愿书生效。

父亲晚上下班回到家中后（他在一家生产型企业从事销售工作，是他所在的部门中唯一一个没有大学文凭的），母亲便把我丢给他，好像他们两个人是在轮流看管犯人。母亲会说："给，看着他。"很多年后，母亲告诉我："对于孩子好动，当时还没有专业的术语。如果有，你肯定就是多动症的典型代表。"

随着时间的流逝，父亲找到了能让我安静下来并集中注意力的办法——为我朗读。他会朗读家中的绘本给我听，但大部分时间在读一些他喜欢的东西，如晚报和《星期六晚邮报》。渐渐地，这成了每晚的惯例。我四岁的时候，每天晚上我们都一起阅读报纸上的漫

吉姆和一个受伤的朋友正在分享一本漫画书。时间大约是1945年。他声称他对朋友的受伤没有责任。说得跟真的似的。

画版。(这些漫画最终成为我和弟弟生命中不可分割的一部分,除了大斋节以外——这是我们最大的牺牲了。)

一开始,父亲必须把漫画中的隐含意义解释给我听,例如,艾尔·凯普①的《莱尔·阿布纳》(*Li'l Abner*)中的讽刺意味。但是渐渐地,我开始明白这其中的意义。我懂得了幽默,也最终理解了戴格梧德和他的老板戴泽斯先生②之间的关系。《莱尔·阿布纳》为我后来阅读《幽默》杂志奠定了基础。许多年后,在马萨诸塞州的伯克希尔山,要不是我身后排了一长队人,我真的很想对年迈的诺曼·洛克威尔③讲述我和父亲一起钻研《星期六晚邮报》上他的那些插画的时光。

最重要的是,每晚的朗读让我明白了阅读究竟是什么。当我上一年级时,我知道阅读这件事值得付出任何代价——认读识字卡片和写作业。

但是,在我上一年级前,还发生了一件令人难忘的事情。一天下午,我遇到了我最老的一位文学朋友——《初级文学》(*Junior Literature*)。在我写下这句话的时候,它还静静地躺在我的对面。它的扉页上,是用红色铅笔写着的"5美分"。这是一本初中英文课本,在我出生10年前就已经出版了,里面有弗罗斯特、朗费罗、马克·吐温、惠蒂埃、吉卜林,以及乔纳森·斯威夫特、阿纳托尔·法朗士、威廉·卡伦·布莱恩特和西奥多·罗斯福的作品。

如今大部分的初中和高中都不再用这种课本了。但是1946年的一天,在从康涅狄格农场幼儿园(新泽西州尤宁郡)回家的路上,我路过了学校旁边的公共图书馆。哇!庭院前的草坪上放着几张桌

---

① Al Capp,美国知名连环画家。
② Dagwood 和 Mr.Dithers,美国80年代著名漫画《金发女郎布朗娣》中的人物。
③ Norman Rockwell,美国20世纪早期最重要的画家及漫画家。

子，桌子上不仅摆着书，还对外出售！我还是第一次遇到这样的庭前旧货甩卖，或者说是如今大部分美国公共图书馆常见的年度图书售卖。尽管还没搞明白状况（我认为他们正在销售图书馆藏书），有一件事我已经非常肯定：我不知道面前这本书的书名是什么意思，全书 613 页我一句也读不懂，但我想要把它买下来。而且，它只卖 5 美分！

为什么我想要这本书呢？首先，封面上有三个海盗，并经过烫金处理。其次，书中有更多海盗，另外还有国王、弓箭手、剑和危难中的少女。最后，它和漫画书一样便宜。我跑了两个街区回到家中，向妈妈要了 5 美分，然后又飞奔回来，生怕它已经被卖了。幸好它还在——这是我人生中为自己买的第一本书。

随后的几年，这本书和我就像邻居一样——起初虽然不是很亲密，但只有彼此都在才觉得安心。从一开始我就觉得这本书和其他的书不同，它里面有非常重要的内容，就像隔壁有一位可以随时拜访的大学教授一样。随着我渐渐长大，我们的关系变得更加亲密。

当其他"普通的"图书读完,且图书馆关门时,我会读一读里面的片段。直到上了高中,我才意识到这是一本教科书。尽管如此,那时我们已经是老朋友了。

这是第一本完全属于我的图书,吸引我的是冒险经历——有海盗、骑士等。你可以说这是"男孩的兴趣所在",同样也是这种吸引男孩的因素让我爱上了漫画书。在我的邻居中,我收藏的漫画书最多,还不断和朋友们交换。事实上,直到我上七年级时,我们家都没有属于自己的房子。另外,直到父亲晚年,他买的每一辆车都是二手的。但是,我们家里到处都是印刷读物:百科全书、报纸和杂志。邮递员曾经和善地向我父亲抱怨,相比他服务的其他家庭,我母亲订阅的杂志实在是太多了,以至于压弯了他的脊背。远在识字之前,崔利斯家的男孩就喜欢翻阅印刷读物了。几乎每一天,我们都会浏览杂志以及邮箱中的商品目录宣传册。

现在来汇报一下我的行为转变:我已经因此变得安静了不少,尽管我的妈妈依然抱怨我"在外是个天使,在家是个恶魔"。她总是对的。

安静是件好事。因为接下来我将离开康涅狄格农场幼儿园,去城镇另一头的圣迈克尔教区学校上一年级。那是 1947 年,战争已经结束。学校里挤满了学生。至少圣迈克学校,特别是我在的一年级是这样:一个道明会修女(伊丽莎白·弗朗西斯修女)、一间教室和 94 名学生。助教呢?有啊,他就挂在教室前方的十字架上。这就是修女老师需要的全部了——那样的一个助教和连玻璃都能熔化的眼神。

修女站在教室的前方,举着识字卡片。她读完卡片上的字母后,我们跟着她读。我不知道其他学生对这有什么意见,但是我觉得无聊透顶。(我没有和她谈过我的想法。)我只是坐在那里等待着一些

245

好东西——像《星期六晚邮报》那样的好东西。最终，她开始为我们朗读，但并不是像你期待的那样。她并没有朗读绘本——上帝知道我们已经受够了《迪克和珍》①读本。她给我们朗读的是章节故事书（参见104页）。我们非常喜欢这些故事。如果她能够再读一章，我们宁愿放弃休息时间。求求你了，修女？

尽管学校的师生比例严重失调，但是我开始毫不痛苦地学习阅读了。那段日子很美好，而且书也越来越好，尤其是四年级时读的杰克·伦敦的《野性的呼唤》（非指定读物）。这是当时我读过的最好的书，之后人生中我读的所有书都会和它进行比较。

青少年小说作家鲍勃·利普斯特写了许多吸引男孩的图书。他观察到竞赛是最能吸引男性，尤其是男孩的主题之一。对于我个人而言，这个主题也将在我的阅读生涯中起到至关重要的作用。我必须说明，圣迈克学校没有体育课，也没有运动队。因此，直到我们搬到新泽西州的北平原镇，住进属于自己的第一个家时，我还没加入过任何一个队伍。哦对了，我们会在公寓后面的小块空地上进行一些即兴比赛，但是没有什么组织——没有制服和帽子，也没有裁判和教练。

因此我来到北平原镇时，便处在非常明显的劣势地位。这里几乎所有的男孩都参加体育运动，每一项体育运动都是一个长得像花衣风笛手的老师哈罗德·波特教的（他后来成了我的偶像和朋友）。虽然我在电视上看过体育节目，但那时只有6个频道，而且体育节目有限。我如何弥补在体育运动上的缺失呢？

《时代》和《生活》杂志的创办人亨利·卢斯帮我填补了这一空白。卢斯刚刚创办了一本体育周刊《体育画报》。一些人认为这将是

---

① Dick and Jane，美国20世纪30年代到70年代的儿童阅读启蒙教材。

卢斯做过的最费力不讨好的事情。后来我知道,卢斯打算用这本杂志去吸引汉普顿斯和格林尼治那些富有的运动爱好者。不知道这本杂志是否吸引了他们,但这正是我需要的。它弥补了我在体育知识上的空白,另外,它还有许多除臭剂和刮胡膏这类新产品的广告,这意味着它的目标读者是成年人。因此,我认为《体育画报》中的一切都是绝对真理。很快,我的弟弟布莱恩也开始和我一起如饥似渴地阅读每期杂志。

但是,关于《体育画报》还有许多事情我们当时并不知道。既然它的目标读者是汉普顿斯的富人,那么它的故事就应该迎合富人的口味。如果你去浏览一下它的封面,那么你会发现赛马、高尔夫、网球、狗展、保龄球、斗牛、越野障碍赛和航海的封面报道占了多数。(1954年关于篮球和关于服饰的文章比例为6∶17。)等一下,弟弟和我都在怀疑,这些也是体育运动?我们一直认为体育运动就是棒球和篮球,但也许我们错了。体育运动也包含这些项目。如果我们想成为一名真正的运动员,最好阅读这些。

我必须补充一点,《体育画报》聘用了一些非常了不起的作者撰写稿件(这对汉普顿斯的富人很有吸引力)。这些作者包括赫伯特·沃伦·温德、约翰·安德伍德、约翰·杰拉尔德·霍兰德和惠特尼·塔尔。很多年后,他们的名字都充斥着金钱的味道。从《纽约客》杂志挖来的温德,这样形容高尔夫大师锦标赛的成熟:

> 1934年,大师赛诞生时只是一个值得注意的比赛而已。短短20年间,它的声誉和魅力迅速增长,掀起的波澜使公开赛黯然失色,并足以使它与世界职业棒球大赛(起源于1903年)和肯塔基赛马会(起源于1875年)并肩成为全国经典的体育赛事。

如果你不计分的话，这样长的句子在正常情况下可不是一个 13 岁的男孩能够理解的。但我愿意去挑战，获取本·霍根[①]的一些独家新闻。这一点很重要。个人兴趣的确是促使男孩前进的最强大动力，无论这个兴趣是体育、汽车修理、模型比赛、战争、音乐还是电脑。通往孩子心灵的机会之窗也许只会开启片刻，因此，只要孩子愿意接受，就尽可能地去满足他。

我认为《体育画报》的那些作者就是我早期的写作教练。大部分人无论如何都会受到读的东西和身边的人的影响。很少有人会在读了好的文学作品后，还写蹩脚的诗。的确，他们读了狄更斯也不一定能写出狄更斯一样的好作品，但他们肯定能够区分优秀作品与垃圾作品。阅读伟大的作品只有积极的影响，尤其是在你自愿阅读的情况下。

我的名字第一次被印刷读物刊登就是在《体育画报》上。1955 年 11 月 28 日，美国奥运队捐助者的名单上出现了我的名字，因为我购买了一张价值 10 美元的会员卡，混进了快乐小山村俱乐部。《体育画报》用了两年时间连载了社会批评家和小说家约翰·马昆德的小说《快乐小山的生活》(Life at Happy Knoll)。书中，他讽刺性地描述了一个虚构的乡村俱乐部董事会成员的阴谋。14 岁的孩子是否理解了夹杂在连载之中的社会评论呢？没有，但是它告诉我富人是如何在他们的世界中操控一切的，以及他们的秘密和我的相比是怎样的截然不同。你也许可以叫它来自董事会的"神秘的东西"，总之我如饥似渴地抓住了它。

神秘的东西是男孩的另外一项驱动力（那玩意儿是成年人不想

[①] Ben Hogan，美国职业高尔夫球运动员。他在 1949 年的一次车祸中因严重受伤致残，但他以不屈的毅力坚持打球。受伤前后曾两次获得美国职业高尔夫球协会锦标赛冠军。

让我们知道的)。上九年级时,某天我无意中看到了一本书——唐纳德·鲍威尔·威尔逊的《我的六个犯人:一个心理学家在利文沃斯堡的三年》(*My Six Convicts: A Psychologist's Three Years in Fort Leavenworth*)。我是在北平原镇公共图书馆的成人书架上无意间看到这本书的。它的封面让我相信里面肯定有一些秘密。我既不认识心理学家,也不认识任何一个罪犯。但是,我打赌这里面肯定有很多很多我本不应该知道的东西。神秘的东西。

加利福尼亚的一名教授乔·斯坦奇菲尔德曾经告诉我在阅读的过程中,外界的因素更容易激励女孩(她们更喜欢同伴、母亲和老师的选择),而男孩更容易受到内在因素的刺激(他们更喜欢自己感兴趣的东西)。我同意。说是自私也好务实也好,男孩就是更容易被那些他们自己感兴趣的事物吸引,而不是那些大家感兴趣的事物。这正是我选择《我的六个犯人》这本书的原因,而且它也改变了我的人生。

这本书正如我预料的一样引人入胜。我用它完成了新来的英语老师阿尔文·施密特先生留的第一篇读书报告。我想不起来在这之前写过什么读书报告，虽然肯定是有的。我很确定这是我写的第一本成人读物的读书报告。报告交上去后不久，施密特先生在放学后把我叫到他的办公桌前，递给了我一个密封的信封，让我交给父母。

我从来都不是那种内向安静的孩子，所以我想信里也许有很多他想在学期末告诉家长的事情。回家的路上，我一直都惴惴不安。妈妈读了信，只有一页纸，又把它塞回了信封，说："等你爸爸回来，我们再一起讨论它。"我猜情况一定很糟糕。

晚饭后，她让我的兄弟们离开房间，然后把这封信交给了父亲。我看着父亲读信，看着他热泪盈眶。我的面部肌肉抽搐着，怕是惹了什么大麻烦。然后，他把这封信递给了我。

写这封信是想告诉你们，第一学期英语课，吉姆的作业和态度都是"最棒的"。能够教到吉姆这样的学生我很开心，我相信他一定会比自己设定的标准走得更快。在写作和演讲上，吉姆都能很好地表达自己的观点，他是全班人的榜样。

对此，我要向你们表示祝贺。

——你最真诚的，阿尔文·施密特

那时我已经上了9年的学，从来没有哪位老师给我父母写过这样的信。如今回首从前，我会这样回忆：有一位从教刚两年的老师（我后来才知道），他在"天赋"和"潜能"的概念兴起的20年前，就开始使用它们；他还有礼节、有意识地给学生父母（制造商）写信，让他们知道自己的孩子很棒（产品有效）。

我不会忘记这位老师和他的这封信。除了我的家人外，还有人觉得我与众不同。这件事我一直藏在心里。那个学年结束后，我搬到了马萨诸塞州（施密特先生主动给我的新学校写信，确保我被分在了新闻班）。后来，施密特先生调去另外一个学区，我们就失去了联系。1975年的一天，开车载着寡居的母亲去某个地方时，我问她："妈妈，你还记得很多年前，我在新泽西州读书时，那位给你和爸爸写信的老师吗？"

她停顿了一会儿，然后平静地对我说："我永远也不会忘记。"我们谈了一会儿施密特先生，猜测他去了哪里，然后结束了这个话题。但第二天我顺便去探望母亲时，她拿出了施密特先生的那封信，日期正好是20年前那一周。我深藏在心中的东西，也是母亲藏在抽屉里作为传家宝的东西。现在，它正躺在我的抽屉中。

我提到这封信有许多原因。首先，我在写作和演讲（一整年他都要求我们在班里做演讲）上得到的认可对我青少年时期的自我评价是非常重要的。没有哪份试卷成绩能与这封信的意义相提并论。第二，施密特先生是位非常年轻的老师，他的名字前面没有一长串头衔。但是，他拥有的一种无形的东西，使他成为一位伟大的老师：他的学生热爱他，尊敬他，并且可以走近他。没有任何评估考试可以衡量老师的这种品质。无论你拿多少奖金在一个老师面前晃，也不可能创造出这种魔力。

本书的第一版问世时，我把它献给了施密特先生和我的孩子们。很多年后，我和施密特先生再次相遇，他告诉我那段献辞让他教育生涯的每一天、每一周，甚至30年都引以为豪。又过了几年，我参加了他在新泽西州克兰福德举办的退休聚会。第二天早晨，我驱车前往新罕布什尔州一个小镇，为25名教师进行一下午的在职培训演讲。在演讲中，我提到了施密特先生和他对我的影响。休息期间，一位年轻的教师走过来对我说："我在新泽西州的克兰福德长大，施密特先生曾经是我八年级的老师。他就是我今天当老师的原因。"

目前，关于在学校中引入商业模式，通过学生的考试成绩来衡量教师的价值，已经有过许多讨论。这种方法会严重损害这一职业，将一些最好的老师驱逐出去。（假设我们告诉警察将根据犯罪率支付他们的工资：低犯罪率意味着高收入，那么没人想在美国的市区当警察，每个人肯定都想去郊区。）每次看到这种衡量标准时，我都会想起施密特先生对学生们的影响。你如何用一场考试来衡量他的价值呢？

总之，这就是一个孩子通往阅读的道路。你是否注意到这不是一次独自的旅行？在整个旅途中，我都有人陪伴，家人、图书馆管理员、老师……他们确保我平安到达目的地。虽然没有一张适合所有人的阅读地图，但是在阅读的路上，总会有人通过每天给我们朗读，给我们提供丰富的印刷读物，以及给予我们鼓励而非考试，帮助我们走得更轻松。

正如玛雅·安吉洛[①]曾经说过的，"人们也许会忘记你说过什么，也许会忘记你做过什么，但是人们不会忘记你带给他们的感受。"

正是父母的养育、老师的教诲和伟大的阅读带给我们的感受，改变着我们的人生。这种感受，无论男人还是女人都会永远铭记。

[①] Maya Angelou，1928～2014，美国励志的黑人作家、诗人、演员，推动民权的代表人物之一。

附录 | 朗读书目

给孩子朗读的关键是选择什么样的书。无论是过去还是现在，本书的读者并不是每一个人都熟悉儿童文学。一些读者或许刚刚成为父母或老师，另一些或许经常给孩子朗读；一些读者也许正在寻找标准书目，而另一些也许正在搜寻新的图书。为了满足这种多样性，在编辑书目的过程中，我试图在新与旧之间找到一种平衡。

在这一版中，我尽可能地删除一些绝版图书，为优秀的新书腾出空间，避免使本书变得重复烦琐。

我承认编辑任何书目都存在风险。只有上千页的手册才能公平地涵盖所有值得注意的图书。我们并不需要如此全面，因为朗读书目是为了帮助那些刚开始尝试朗读的家长，并替他们节省时间。请记住这是朗读书目。因此我排除了一些不适合大声朗读的图书，或者因为主题原因，更适合独自默读的图书，如马克·吐温的《汤姆·索亚历险记》（方言）和罗伯特·科米尔的《巧克力战争》（主题）。其他忽略的书也许写得很好，但是有一些粗俗的语言，或是包含会给老师带来风险的内容。还有一些没有入选的图书需要你叙述时声音很轻，或者对话时声音非常沉重。这会使朗读变得很困难，除非你有非常好的声音技巧。

入选的许多图书都已经连续销售了10年或者超过10年。时间是最好的证明。这意味着这些书里包含着持久不衰的内容。因此人们愿意持续购买或借阅。那些不能持续销售的图书都会绝版，所以我没有将它们收录其中。

朗读书目列出了9种类型的图书：

无字书
可预测情节发展的书
参考书

绘本

中短篇小说

长篇小说

诗歌

选集

童话及民间故事

祝你朗读愉快!

编辑说明:

（1）朗读书目中，图书均按原版书名字母顺序排列，并保留英文原文：第一行是书名，第二行是作者名，第三行是美国出版社及出版年份。

（2）书目中已有简体中文版出版的，翻译按照简体中文版书名、作者，并标明中文版出版社名称和出版年份。

（3）未出版简体中文版的图书，仅翻译了书名和作者名。

Wordless Books   无字书

这些书没有文字,而是用一些连续的图画来讲述整个故事。无字书是给初级读者"读"的书,那些想要为自己的孩子朗读的成年人(甚至文盲和半文盲)也可以读。成年人在"讲"故事时,可以用书中的图画作为故事的线索。

Ah-Choo
Mercer Mayer
Dial, 1976

《阿嚏》
(美)梅瑟·迈尔

A Ball for Daisy
Chris Raschka
Farrar, 2011

《黛西的球》
(美)克里斯·拉西卡
晨光出版社,2013 年

Ben's Dream
Chris Van Allsburg
Houghton Mifflin, 1982

《班班的梦》
(美)克里斯·范·奥尔斯伯格
河北教育出版社,2011 年

A Boy, a Dog, and a Frog
Mercer Mayer
Dial, 1967

《一个男孩、一条狗和一只青蛙》
(美)梅瑟·迈尔
贵州人民出版社,2008 年

Deep in the Forest
Brinton Turkle
Dutton, 1976

《森林深处》
(美)布林顿·特尔克

Flotsam
David Wiesner
Clarion, 2006

《海底的秘密》
(美)大卫·威斯纳
河北教育出版社,2008 年

Frog Goes to Dinner
Mercer Mayer
Dial, 1974

《青蛙参加晚宴》
(美)梅瑟·迈尔
贵州人民出版社,2008 年

Frog on His Own
Mercer Mayer
Dial, 1973

《独自生活的一天》
（美）梅瑟·迈尔
贵州人民出版社，2008 年

Frog, Where Are You?
Mercer Mayer
Dial, 1969

《青蛙，你在哪里？》
（美）梅瑟·迈尔
贵州人民出版社，2008 年

Good Dog, Carl
Alexandra Day
Green Tiger, 1985

《卡尔是条好狗》
（美）亚历山大·戴

Peter Spier's Rain
Peter Spier
Doubleday, 1982

《下雨天》
（美）彼得·史比尔
明天出版社，2011 年

Sector 7
David Wiesner
Clarion, 1997

《7 号梦工厂》
（美）大卫·威斯纳
河北少年儿童出版社，2013 年

The Silver Pony
Lynd Ward
Houghton Mifflin, 1973

《银色小马》
（美）林德·沃德

The Snowman
Raymond Briggs
Random House, 1978

《雪人》
（英）雷蒙·布力格
明天出版社，2009 年

Time Flies
Eric Rohmann
Crown, 1994

《时光飞逝》
（美）埃里克·罗曼

Tuesday
David Wiesner
Clarion, 1991

《疯狂星期二》
（美）大卫·威斯纳
河北教育出版社，2009 年

Unspoken: A Story from the Underground Railroad
Henry Cole
Scholastic, 2012

《没有说出口的：地下铁路的故事》
（美）亨利·柯尔

Predictable Books

可预测情节发展的书

在这些绘本中，有些词语和特定的句型会不断重复，使孩子能够预测到这些词语和句子在下文中的出现，从而更好地参与到阅读中。

Are You My Mother?
P. D. Eastman
Random House, 1960

《你是我的妈妈么？》
（美）P.D. 伊斯曼
连环画出版社，2014 年

Brown Bear, Brown Bear, What Do You See?
Bill Martin Jr.
Henry Holt, 1983

《棕色的熊、棕色的熊，你在看什么？》
（美）比尔·马丁
明天出版社，2013 年

Chicka Chicka Boom Boom
Bill Martin Jr. and John Archambault
Simon & Schuster, 1989

《叽喀叽喀砰砰》
（美）比尔·马丁
（美）约翰·阿尔尚博

Chicken Soup with Rice
Maurice Sendak
Harper, 1962

《鸡汤拌饭》
（美）莫里斯·桑达克

Do You Want to Be My Friend?
Eric Carle
Putnam, 1971

《想做我的朋友吗？》
（美）艾瑞·卡尔

Drummer Hoff
Barbara Emberley
Prentice-Hall, 1967

《鼓手霍夫》
（美）芭芭拉·安柏利

Duck in the Truck
Jez Alborough
Harper, 2000

The Flea's Sneeze
Lynn Downey
Henry Holt, 2000

Goodnight Moon
Margaret Wise Brown
Harper, 1947

The House That Jack Built
Jeanette Winter
Dial, 2000

I Know an Old Lady Who Swallowed a Pie
Alison Jackson
Dutton, 1997

If You Give a Mouse a Cookie
Laura Numeroff
Harper, 1985

The Important Book
Margaret Wise Brown
Harper, 1949

Jack and Jill's Treehouse
Pamela Duncan Edwards
Katherine Tegen Books, 2008

《鸭子达克拖卡车》
（英）杰兹·阿波罗
江苏少年儿童出版社，2016年

《跳蚤的喷嚏》
（美）林恩·唐尼

《晚安，月亮》
（美）玛格丽特·怀兹·布朗
北京联合出版公司，2014年

《杰克盖的房子》
（美）珍妮特·温特

《我知道有个老太太吞了一个馅饼》
（美）艾莉森·杰克森

《要是你给小老鼠吃饼干》
（美）劳拉·努梅罗夫
吉林出版集团有限责任公司，2011年

《重要书》
（美）玛格丽特·怀兹·布朗
二十一世纪出版社，2010年

《杰克和吉尔的树屋》
（英）帕梅拉·邓肯·爱德华

The Little Old Lady Who Was Not Afraid of Anything
Linda Williams
Crowell, 1986

《什么都不怕的小老太太》
(美) 琳达·威廉姆斯

Millions of Cats
Wanda Gag
Putnam, 1977

《100万只猫》
(美) 婉达·盖格
南海出版公司，2010年

The Napping House
Audrey Wood
Harcourt Brace, 1984

《打瞌睡的房子》
(美) 奥黛莉·伍德
明天出版社，2009年

Pierre: A Cautionary Tale
Maurice Sendak
Harper, 1962

《皮埃尔：警世故事》
(美) 莫里斯·桑达克

Rolie Polie Olie
William Joyce
Harper, 1999

《小小欧里的世界》
(美) 威廉·乔伊斯

Snip Snap! What's That?
Mara Bergman
Greenwillow, 2005

《咔嚓，咔嚓！那是什么？》
(美) 玛拉·伯格曼

Ten Little Fingers and Ten Little Toes
Mem Fox
Harcourt, 2008

《十个手指头和十个脚趾头》
(澳) 梅·福克斯
北京联合出版公司，2012年

This Is the House That Was Tidy and Neat
Teri Sloat
Henry Holt, 2005

《这就是那个曾经干净整洁的房子》
(美) 泰里·斯洛特

This Is the Van That Dad Cleaned
Lisa Campbell Ernst
Simon & Schuster, 2005

Tikki Tikki Tembo
Arlene Mosel
Holt, 1968

The Very Hungry Caterpillar
Eric Carle
Philomel, 1969

We're Going on a Bear Hunt
Michael Rosen
Atheneum, 1992

The Wheels on the Bus
Maryann Kovalski
Little, Brown,1987

Reference Books

How Animals Live: The Amazing World of Animals in the Wild
Bernard Stonehouse, Esther Bertram
John Francis, Illus.
Scholastic, 2004

Scholastic Children's Encyclopedia
Scholastic, 2004

The Worst-Case Scenario Survive-O-Pedia（Jr. Edition）

《这是爸爸洗过的车》
（美）莉莎·甘贝尔·昂思特

《一个很长很长的名字》
（美）阿琳·莫瑟尔

《好饿的毛毛虫》
（美）艾瑞·卡尔
明天出版社，2008年

《我们要去捉狗熊》
（英）迈克尔·罗森
河北教育出版社，2010年

《巴士上的轮子》
（美）玛丽安·科沃尔斯基

参考书

《动物生活百科（青少版）》
（英）伯纳德·斯通豪斯
（英）埃丝特·伯特伦 著
（英）约翰·弗兰西斯 绘
电子工业出版社，2013年

《学乐儿童百科全书》

《绝境生存百科（青少年版）》
（美）大卫·伯根尼希特

261

David Borgenicht, Molly Smith, （美）莫莉·史密斯
Brendan Walsh, Robin Epstein （美）布兰登·沃尔什
Chuck Gonzales, Illus. （美）罗宾·爱泼斯坦 著
Chronicle, 2011 （美）查克·冈萨雷斯 绘

Jim's Favorite Books in Rhyming Verse (in order of complexity) 吉姆最喜欢的韵文书（按照难易程度排序）

The Neighborhood Mother Goose 《我的邻居鹅妈妈》
Nina Crews （美）妮娜·克鲁斯 摄影

Ten Little Fingers and Ten Little Toes 《十个手指头和十个脚趾头》
Mem Fox （澳）梅·福克斯
北京联合出版公司，2012 年

Over in the Meadow 《在原野上》
Olive A. Wadsworth （美）奥利夫·沃兹沃斯

Chicka Chicka Boom Boom 《叽喀叽喀砰砰》
Bill Martin Jr. （美）比尔·马丁

The Napping House 《打瞌睡的房子》
Audrey Wood （美）奥黛丽·伍德
明天出版社，2009 年

The Wheels on the Bus 《巴士上的轮子》
Maryann Kovalski （美）玛丽安·科沃尔斯基

Where's My Truck? 《我的卡车在哪？》
Karen Beaumont （美）凯伦·博蒙特

King Jack and the Dragon 《杰克王与龙》
Peter Bently （英）彼得·本特利
新蕾出版社，2014 年

This Is the House That Was Tidy and Neat Teri Sloat	《这就是那个曾经干净整洁的房子》 (美) 泰里·斯洛特
Duck in the Truck Jez Alborough	《鸭子达克拖卡车》 (英) 杰兹·阿波罗 江苏少年儿童出版社,2016 年
Sheep in a Jeep Nancy Shaw	《绵羊开着吉普车》 (美) 南希·肖
Jesse Bear, What Will You Wear? Nancy White Carlstrom	《杰西熊,你穿什么?》 (美) 南希·怀特·卡尔斯特姆
The Day the Babies Crawled Away Peggy Rathmann	《婴儿爬走的那一天》 (美) 佩吉·拉特曼
Shoe Baby Joyce Dunbar	《婴儿鞋》 (美) 乔伊斯·邓巴
Snip Snap! What's That? Mara Bergman	《咔嚓,咔嚓!那是什么?》 (美) 玛拉·伯格曼
Madeline Ludwig Bemelmans	《玛德琳》 (美) 路德维格·贝梅尔曼斯 新星出版社,2013 年
Micawber John Lithgow	《米考白》 (美) 约翰·利思戈
The Recess Queen Alexis O'Neill	《课间女王》 (美) 艾利克斯·奥尼尔

Kermit the Hermit
Bill Peet

《城堡里的螃蟹》
（英）比尔·皮特
浙江少年儿童出版社，1990 年

If I Ran the Zoo
Dr. Seuss

《如果我来经营动物园》
（美）苏斯博士

The Friend
Sarah Stewart

《朋友》
（美）萨拉·斯图尔特

Casey at the Bat
Ernest L. Thayer
C.F. Payne Illus.

《神速凯西》
（美）欧内斯特·泰尔 著
（美）C.F. 佩恩 绘

Who Swallowed Harold?
Susan Pearson

《谁吞下了哈罗德》
（美）苏珊·皮尔森

Picture Books

绘本

Aesop's Fables
Jerry Pinkney
North-South, 2000

《启迪孩子智慧的 60 个经典伊索寓言》
（美）杰里·平克尼
未来出版社，2013 年

Alexander and the Terrible, Horrible, No Good, Very Bad Day
Judith Viorst
Ray Cruz, Illus.
Atheneum, 1972

《亚历山大和倒霉、烦人、一点都不好、糟糕透顶的一天》
（美）朱迪思·维奥斯特 著
（美）雷·克鲁兹 绘
新星出版社，2012 年

All About Alfie (series)
Shirley Hughes
Bodley Head, 2011

《关于阿尔菲的一切》（系列）
（英）雪莉·休斯

Andrew Henry's Meadow
Doris Burn
Philomel, 2012

《安德鲁·亨利的草坪》
(美) 多丽丝·伯恩

April and Esme, Tooth Fairies
Bob Graham
Candlewick, 2010

《艾普尔和牙仙子埃斯米》
(澳) 鲍勃·格雷厄姆

Arthur's Chicken Pox (series)
Marc Brown
Little, Brown, 1994

《亚瑟小子：可恶的小水痘》(系列)
(美) 马克·布朗
新疆青少年出版社, 2012 年

Aunt Minnie McGranahan
Mary Skillings Prigger
Betsy Lewin, Illus.
Clarion, 1999

《明妮·麦格拉纳汉阿姨》
(美) 玛丽·斯基林·普利格 著
(美) 贝特西·勒温 绘

Baby Brains
Simon James
Candlewick, 2004

《布朗家的天才宝宝》
(英) 西蒙·詹姆斯
湖北美术出版社, 2009 年

Bella and Stella Come Home
Anika Denise
Christopher Denise, Illus.
Philomel, 2010

《贝拉和斯特拉回家》
(英) 安妮卡·丹尼斯 著
(英) 克里斯托弗·丹尼斯 绘

Belle, the Last Mule at Gee's Bend
Calvin Alexander Ramsey,
Bettye Stroud
John Holyfield, Illus.
Candlewick, 2011

《贝尔，吉河湾的最后一头驴》
(美) 卡尔文·亚历山大·拉姆齐
(美) 贝蒂·斯特劳斯 著
(美) 约翰·霍利菲尔德 绘

265

Benny and Penny in the Big No-No! 《本尼和彭尼闯入禁区！》
Geoffery Hayes （美）杰弗里·海耶斯
Toon/Candlewick, 2009

The Biggest Bear 《那只大大熊》
Lynd Ward （美）林德·沃德
Houghton Mifflin, 1952 贵州人民出版社，2013

Boys of Steel: The Creators of Su- 《钢铁男孩：超人创造者》
perman （美）马克·泰勒·诺贝尔曼 著
Marc Tyler Nobleman （美）罗斯·麦克唐纳 绘
Ross Macdonald, Illus.
Knopf, 2008

Brave Irene 《勇敢的艾琳》
William Steig （美）威廉·史塔克
Farra, Straus & Giroux, 1986 二十一世纪出版社，2013 年

Brown Bear, Brown Bear, What 《棕色的熊、棕色的熊，你在看
Do You See? 什么？》
Bill Martin Jr. （美）比尔·马丁 著
Eric Carle Illus. （美）艾瑞·卡尔 绘
Henry Holt, 1983 明天出版社，2013 年

A Bus Called Heaven 《一辆叫天堂的巴士》
Bob Graham （澳）鲍勃·格雷厄姆
Candlewick, 2011

Captain Abdul's Pirate School 《阿普杜勒船长的海盗学校》
Colin Mcnaughton （英）柯林·麦克诺顿
Candlewick,1994

The Carpenter's Gift
David Rubel
Jim Lamarche Illus.
Random House, 2011

A Chair for My Mother
Vera B. Williams
Greenwillow, 1982

Chewy Louie
Howie Schneider
Rising Moon, 2000

Cloudy with a Chance of Meatballs
Judi Barrett
Ron Barrett, Illus.
Atheneum,1978

The Complete Adventures of Peter Rabbit
Beatrix Potter
Puffin, 1984

Corduroy
Don Freeman
Viking, 1968

A Day's Work
Eve Bunting
Ronald Himler, Illus.
Clarion, 1994

The Dinosaurs of Waterhouse Hawkins (nonfiction)

《木匠的礼物》
（美）大卫·卢布尔 著
（美）吉姆·拉马奇 绘

《妈妈的红沙发》
（美）薇拉·威廉斯
河北教育出版社，2007年

《爱咬东西的路易》
（美）豪伊·施耐德

《阴天有时下肉丸》
（美）朱迪·巴瑞特 著
（美）罗恩·巴瑞特 绘
新星出版社，2014年

《彼得兔全集》
（英）比阿特丽克斯·波特

《小熊可可》
（美）唐·弗里曼
新星出版社，2012年

《最重要的事》
（美）伊夫·邦廷 著
（美）罗纳德·希姆勒 绘
河北教育出版社，2011年

《霍金斯的恐龙世界》（非虚构）
（美）芭芭拉·克利 著

Barbara Kerley　　　　　　　　（美）莱恩·塞兹尼克 绘
Brian Selznick, Illus.　　　　　　北京联合出版公司，2013 年
Scholastic, 2001

Don't Want to Go!　　　　　　《不想去！》
Shirley Hughes　　　　　　　　（英）雪莉·休斯
Candlewick, 2010

Eddie: Harold's Little Brother　《埃迪：哈罗德的小弟弟》
（nonfiction）　　　　　　　　（非虚构）
Ed Koch,　　　　　　　　　　（美）埃德·科赫
Pat Koch Thaler　　　　　　　（美）帕特·科赫·泰勒 著
James Warhola, Illus.　　　　　（美）詹姆斯·沃霍尔拉 绘
Putnam, 2005

Elsie's Bird　　　　　　　　　《艾西的鸟》
Jane Yolen　　　　　　　　　（美）简·约伦 著
David Small, Illus.　　　　　　（美）大卫·司摩 绘
Philomel, 2000

Encounter　　　　　　　　　《偶遇》
Jane Yolen　　　　　　　　　（美）简·约伦 著
David Shannon, Illus.　　　　　（美）大卫·香农 绘
Harcourt Brace, 1992

Erandi's Braids　　　　　　　《艾兰迪的辫子》
Antonio Hernádez Madrigal　　（美）安东尼奥·赫尔南德斯·马
Tomie Depaola, Illus.　　　　　德里加尔 著
Putnam, 1999　　　　　　　　（美）汤米·狄波拉 绘

The Everything Book　　　　　《百宝书》
Denise Fleming　　　　　　　（美）丹尼斯·弗莱明
Henry Holt, 2000

Franklin and Winston: A Christmas That Changed the World (nonfiction)
Douglas Wood
Barry Moser, Illus.
Candlewick, 2011

《富兰克林和温斯顿：一个改变世界的圣诞节》（非虚构）
（美）道格拉斯·伍德 著
（美）巴里·莫泽 绘

Froggy Gets Dressed (series)
Jonathan London
Frank Remkiewicz, Illus.
Viking, 2000

《小青蛙穿衣服》（系列）
（美）乔纳森·伦敦 著
（美）弗兰克·瑞克维茨 绘

Full, Full, Full of Love
Trish Cooke
Paul Howard, Illus.
Candlewick, 2003

《满，满，满满的爱》
（英）翠西·库克 著
（英）保罗·霍华德 绘

Goodnight Moon
Margaret Wise Brown
Clement Hurd, Illus.
Harper, 1947

《晚安，月亮》
（美）玛格丽特·怀兹·布朗 著
（美）克雷门·赫德 绘
北京联合出版公司，2014 年

Gossie (series)
Olivier Dunrea
Houghton Mifflin, 2002

《穿雨靴的小鹅》（系列）
（美）奥利维尔·邓瑞尔
新星出版社，2014 年

The Great Fuzz Frenzy
Susan Stevens Crummel
Janet Stevens, Illus.
Harcourt Brace, 2005

《大绒球》
（美）苏珊·史蒂文斯·克鲁默尔 著
（美）珍妮特·史蒂文斯 绘

Harvesting Hope: The Story of Cesar Chavez (nonfiction)
Kathleen Krull
Yuyi Morales, Illus.
Harcourt Brace, 2003

《收获希望：凯撒·查维斯的故事》（非虚构）
（美）凯瑟琳·克鲁尔 著
（美）尤伊·莫拉莱斯 绘

Henry's Freedom Box (nonfiction)
Ellen Levine
Kadir Nelson, Illus.
Scholastic, 2007

《亨利的自由箱》（非虚构）
（美）埃伦·莱文 著
（美）卡迪尔·尼尔森 绘

High as a Hawk: A Brave Girl's Historic Climb (nonfiction)
T.A.Barron
Ted Lewin, Illus.
Philomel, 2004

《像鹰一样高：一个勇敢女孩的历史性登高》（非虚构）
（美）T.A.巴伦 著
（美）泰德·勒温 绘

A House in the Woods
Inga Moore
Candlewick, 2011

《我在森林有个家》
（英）英格·莫尔

The House on East 88th Street (series)
Bernard Waber
Houghton Mifflin, 1962

《东88街的房子》（系列）
（美）伯纳德·韦伯
新星出版社，2015年

How BIG Is It? (nonfiction series)
Ben Hillman
Scholastic, 2007& 2008

《它有多大？》（非虚构系列）
（美）本·希尔曼

I Am So Strong
Mario Ramos
Gecko/Lerner, 2011

《我很强大》
（比）马里奥·拉莫斯

I Stink!
Kate Mcmullan
Jim Mcmullan
Harper, 2002

《我很臭！》
（美）凯特·麦克马伦
（美）吉姆·麦克马伦

If I Ran the Zoo
Dr. Seuss
Random House, 1950

《如果我来经营动物园》
（美）苏斯博士

If You Give a Mouse a Cookie
Laura Numeroff
Felicia Bond, Illus.
Harper, 1985

《要是你给小老鼠吃饼干》
（美）劳拉·努梅罗夫 著
（美）费利希亚·邦德 绘
吉林出版集团有限责任公司，
2011 年

Ira Sleeps Over
Bernard Waber
Houghton Mifflin, 1972

《伊拉去借宿》
（美）伯纳德·韦伯

The Island of the Skog
Steven Kellogg
Dial, 1973

《神秘的石格格岛》
（美）史蒂文·凯洛格
贵州人民出版社，2009 年

Johnny on the Spot
Edward Sorel
Simon & Schuster, 1998

《约翰尼在现场》
（美）爱德华·索雷尔

The King and the Seed
Eric Maddern
Paul Hess, Illus.
Frances Lincoln, 2009

《国王和种子》
（英）埃里克·麦登 著
（英）保罗·赫斯 绘

The Legend of the Bluebonnet
Retold by Tomie Depaola
Putnam, 1984

《蓝色羽扁豆的传奇》
（美）汤米·狄波拉 改编

The Library Lion
Michelle Knudsen
Kevin Hawkes, Illus.
Candlewick, 2006

《图书馆狮子》
（美）米歇尔·努森 著
（美）凯文·霍克斯 绘
河北少年儿童出版社，2011 年

Lilly's Purple Plastic Purse
Kevin Henkes
Greenwillow, 1996

《莉莉的紫色小皮包》
（美）凯文·亨克斯
新蕾出版社，2014 年

The Little House
Virginia Lee Burton
Houghton Mifflin, 1942

《小房子》
（美）维吉尼亚·李·伯顿
南海出版公司，2013 年

The Little Old Lady Who Was Not Afraid of Anything
Linda Williams
Megan Lloyd, Illus.
Harper, 1998

《什么都不怕的小老太太》
（美）琳达·威廉姆斯 著
（美）梅根·洛伊德 绘

Little Red Riding Hood
Retold by Trina Schart Hyman
Holiday, 1983

《小红帽》
（美）特瑞娜·沙特·海曼 改编
未来出版社，2015 年

Lost and Found: Three Dog Stories
Jim Lamarche
Chronicle, 2009

《失物招领：三个关于狗的故事》
（美）吉姆·拉马奇

Lousy Rotten Stinkin' Grapes
Margie Palatini
Barry Moser, Illus.
Simon & Schuster, 2009

《烂糟糟的葡萄》
（美）玛吉·帕拉蒂尼 著
（美）巴里·莫泽 绘

The Luck of the Loch Ness Monster
A.W.Flaherty
Scott Magoon, Illus.
Houghton Mifflin, 2007

《尼斯湖水怪的运气》
（美）A.W. 弗莱厄蒂 著
（美）斯科特·马古恩 绘

Madeline (series)
Ludwig Bemelmans
Viking, 1939

《玛德琳》(系列)
(美)路德维格·贝梅尔曼斯
新星出版社，2013 年

Make Way for Ducklings
Robert Mccloskey
Viking, 1941

《让路给小鸭子》
(美)罗伯特·麦克洛斯基
河北教育出版社，2009 年

Marshall Armstrong Is New to Our School
David Mackintosh
Abrams, 2011

《马歇尔·阿姆斯特朗是我们的新同学》
(英)大卫·麦金托什

Marven of the Great North Woods
Kathryn Lasky
Kevin Hawkes, Illus.
Harcourt Brace, 1997

《马文和北方大森林》
(美)凯瑟琳·拉斯基 著
(美)凯文·霍克斯 绘

Me and Momma and Big John
Mara Rockliff
William Low, Illus.
Candlewick, 2012

《我、妈妈和圣约翰大教堂》
(美)玛拉·罗克利夫 著
(美)威廉·洛 绘

Micawber
John Lithgow
C.F. Payne, Illus.
Simon & Schuster, 2002

《米考白》
(美)约翰·利思戈 著
(美)C.F. 佩恩 绘

Mighty Jackie: The Strike-out Queen
(nonfiction)
Marissa Moss
C.F. Payne, Illus.
Simon & Schuster, 2004

《强大的杰基：三振出局女王》
(非虚构)
(美)玛丽萨·莫斯 著
(美)C.F. 佩恩 绘

Mike Mulligan and His Steam Shovel
Virginia Lee Burton
Houghton Mifflin, 1939

《迈克·马力甘和他的蒸汽挖土机》
(美) 维吉尼亚·李·伯顿
二十一世纪出版社，2009 年

The Minpins
Roald Dahl
Patrick Benson, Illus.
Viking, 1991

《逃家男孩》
(英) 罗尔德·达尔 著
(英) 帕特里克·本生 绘

Mirette on the High Wire
Emily Arnold Mccully
Patnam, 1992

《天空在脚下》
(美) 埃米莉·阿诺德·麦卡利
河北教育出版社，2009 年

Miss Nelson Is Missing! (series)
Harry Allard
James Marshall, Illus.
Houghton Mifflin, 1977

《尼尔森老师不见了！》（系列）
(美) 哈利·阿拉德 著
(美) 詹姆斯·马歇尔 绘
北京联合出版公司，2011 年

Molly Bannaky (nonfiction)
Alice Mcgill
Chris K. Soentpiet, Illus.
Houghton Mifflin, 1999

《莫莉·班娜基》（非虚构）
(美) 爱丽丝·麦吉尔 著
(美) 克里斯·索恩特皮特 绘

Molly's Pilgrim
Barbara Cohen
Daniel Mark Duffy, Illus.
Morrow, 1983

《莫莉的朝圣者》
(美) 芭芭拉·科恩 著
(美) 丹尼尔·马克·达菲 绘

My Brother Martin: A Sister Remembers (nonfiction)
Christine King Farris
Chris K. Soentpiet, Illus.
Simon & Schuster, 2003

《我的弟弟马丁：姐姐的回忆》
(非虚构)
(美) 克里斯汀·金·法里斯 著
(美) 克里斯·索恩特皮特 绘

The Mysterious Tadpole
Steven Kellogg
Dial, 1977

《神奇的蝌蚪》
（美）史蒂文·凯洛格
贵州人民出版社，2009 年

Naming Liberty
Jane Yolen
Jim Burke, Illus.
Philomel, 2008

《命名自由》
（美）简·约伦 著
（美）吉姆·伯克 绘

The Napping House
Audrey Wood
Don Wood, Illus.
Harcourt Brace, 1984

《打瞌睡的房子》
（美）奥黛莉·伍德 著
（美）唐·伍德 绘
明天出版社，2009 年

The Neighborhood Mother Goose
Photographed by Nina Crews
Dutton, 1989

《我的邻居鹅妈妈》
（美）妮娜·克鲁斯 摄影

Nurse, Soldier, Spy: The Story of Sarah Edmonds, a Civil War Hero
（nonfiction）
Marissa Moss
John Hendrix, Illus.
Abrams, 2011

《护士、士兵、间谍：萨拉·埃德蒙德斯——内战女英雄》
（非虚构）
（美）玛丽萨·莫斯 著
（美）约翰·亨德里克斯 绘

Odd Boy Out: Young Albert Einstein（nonfiction）
Don Brown
Houghton Mifflin, 2004

《怪男孩：阿尔伯特·爱因斯坦》（非虚构）
（美）唐·布朗
北京联合出版公司，2012 年

An Orange for Frankie
Patricia Polacco
Philomel, 2004

《给弗兰基的橘子》
（美）派翠西亚·波拉蔻

Otis
Loren Long
Philomel, 2009

The Perfect Bear
Gillian Shields
Gary Blythe, Illus.
Simon & Schuster, 2008

Peter and the Winter Sleepers
Rick De Haas
North-South, 2011

The Pied Piper of Hamelin
Michael Morpurgo
Emma Chichester Clark, Illus.
Candlewick, 2011

Pink and Say
Patricia Polacco
Philomel, 1994

Please, Baby, Please
Spike Lee,
Tonya Lewis Lee
Kadir Nelson, Illus.
Simon & Schuster, 2002

Pop! The Invention of Bubble Gum（nonfiction）
Meghan Mccarthy
Simon & Schuster, 2010

《奥蒂斯》
（美）罗伦·隆

《完美的小熊》
（英）吉莉安·斯尔德 著
（英）盖理·布莱斯 绘

《彼得和冬眠者》
（荷）里克·德·哈斯

《哈梅林的花衣魔笛手》
（英）迈克尔·莫波格 著
（英）艾玛·奇切斯特·克拉克 绘

《平克和赛伊》
（美）派翠西亚·波拉蔻

《拜托了，宝贝，拜托了》
（美）斯派克·李
（美）汤娅·刘易斯·李 著
（美）卡迪尔·尼尔森 绘

《泡泡糖的发明》（非虚构）
（美）梅根·麦卡锡

The Poppy Seeds
Clyde Robert Bulla
Puffin, 1994

《罂粟花种子》
（美）克莱德·罗伯特·布拉

Pop's Bridge
Eve Bunting
C.F. Payne, Illus.
Harcourt Brace, 2006

《爸爸的桥》
（美）伊夫·邦廷 著
（美）C.F. 佩恩 绘

Regards to the Man in the Moon
Ezra Jack Keats
Four Winds, 1981

《和月亮上的人有关》
（美）艾兹拉·杰克·季兹

Richard Wright and the Library Card（nonfiction）
William Miller
Gregory Christie, Illus.
Lee & Low, 1999

《理查德·赖特和图书证》
（非虚构）
（美）威廉·米勒 著
（美）格雷戈里·克里斯蒂 绘

Rikki-Tikki-Tavi
Rudyard Kipling
Jerry Pinkney, Illus.
Morrow, 1997

《瑞奇－提奇－嗒喂》
（英）拉迪亚德·吉卜林 著
（美）杰里·平克尼 绘

The Rough-Face Girl
Rafe Martin
David Shannon, Illus.
Puffin, 1998

《丑女孩》
（美）雷夫·马丁 著
（美）大卫·香农 绘

The Secret Shortcut（series）
Mark Teague
Scholastic, 1996

《秘密捷径》（系列）
（美）马克·蒂格

The Seven Silly Eaters　　　　　　《七个愚蠢的食客》
Mary Ann Hoberman　　　　　　　（美）玛丽·安·霍伯曼　著
Marla Frazee, Illus.　　　　　　　　（美）玛拉·弗雷齐　绘
Harcourt Brace, 1997

The Silver Pony　　　　　　　　　《银色小马》
Lynd Ward　　　　　　　　　　　（美）林德·沃德
Houghton Mifflin, 1973

Six Men　　　　　　　　　　　　《六个人》
David Mckee　　　　　　　　　　（英）大卫·麦基
North-South, 2011　　　　　　　　河北少年儿童出版社，2014 年

Snip Snap! What's That?　　　　　《咔嚓，咔嚓！那是什么？》
Mara Bergman　　　　　　　　　（美）玛拉·伯格曼　著
Nick Maland, Illus.　　　　　　　　（英）尼克·马兰德　绘
Greenwillow, 2005

Somebody Loves You, Mr.Hatch　　《有人喜欢你，哈奇先生》
Eileen Spinelli　　　　　　　　　　（美）艾琳·斯皮内利　著
Paul Yalowitz, Illus.　　　　　　　（美）保罗·亚罗维茨　绘
Simon & Schuster, 1991

The Story of Little Babaji　　　　　《小巴巴吉的故事》
Helen Bannerman　　　　　　　　（英）海伦·班纳曼　著
Fred Marcellino, Illus.　　　　　　（美）弗莱德·马塞里诺　绘
Harper, 1996

The Story of Ruby Bridges　　　　《鲁比·布里奇斯的故事》
(nonfiction)　　　　　　　　　　（非虚构）
Robert Coles　　　　　　　　　　（美）罗伯特·科尔斯　著
George Ford, Illus.　　　　　　　（美）乔治·福特　绘
Scholastic, 1995

The Super Hungry Dinosaur
Martin Waddell
Leonie Lord, Illus.
Dial, 2009

Sylvester and the Magic Pebble
William Steig
Simon & Schuster, 1969

Ten Little Fingers and Ten Little Toes
Mem Fox
Helen Oxenbury, Illus.
Harcourt, 2008

Thank You, Sarah: The Woman Who Saved Thanksgivng (nonfiction)
Laurie Halse Anderson
Matt Faulkner, Illus.
Scholastic, 2002

There's Going to Be a Baby
John Burningham
Helen Oxenbury, Illus.
Candlewick, 2010

Thomas' Snowsuit
Robert Munsch
Michael Martchenko, Illus.
Annick, 1985

Tikki Tikki Tembo
Arlene Mosel
Blair Lent, Illus.
Henry Holt, 1968

《超级饿的恐龙》
（美）马丁·沃德尔 著
（美）利奥尼·洛尔 绘

《驴小弟变石头》
（美）威廉·史塔克 著
明天出版社，2013 年

《十个手指头和十个脚趾头》
（澳）梅·福克斯 著
（英）海伦·奥克森伯里 绘
北京联合出版公司，2012 年

《谢谢你，莎拉：拯救感恩节的女人》（非虚构）
（美）劳里·哈尔斯·安德森 著
（美）麦特·福克纳 绘

《新生儿即将诞生》
（英）约翰·伯宁罕 著
（英）海伦·奥克森伯里 绘

《托马斯的儿童防雪服》
（美）罗伯特·蒙施 著
（美）迈克尔·马奇蔻 绘

《一个很长很长的名字》
（美）阿琳·莫瑟尔 著
（美）布莱尔·伦特 绘

Tintin in Tibet (comic book)
Hergé
Little, Brown, 1975

《丁丁在西藏》（漫画）
（比）埃尔热
中国少年儿童出版社，2009 年

Toy Boat
Randall De Sève
Loren Long, Illus.
Philomel, 2007

《玩具船去航行》
（美）兰德尔·德·塞弗 著
（美）罗伦·隆 绘
湖北美术出版社，2009 年

The True Story of the Little Pigs
Jon Scieszka
Lane Smith, Illus.
Viking, 1989

《三只小猪的真实故事》
（美）乔恩·谢斯卡 著
（美）莱恩·史密斯 绘
河北教育出版社，2007 年

The Ugly Duckling
Hans Christian Andersen
Robert Inpen, Illus.
Penguin, 2005

《丑小鸭》
（丹麦）安徒生 著
（澳）罗伯特·英潘 绘
上海辞书出版社，2005 年

The Very Hungry Caterpillar
Eric Carle
Philomel, 1969

《好饿的毛毛虫》
（美）艾瑞·卡尔
明天出版社，2008 年

Wagon Wheels
Barbara Brenner
Don Bolognese, Illus.
Harper, 1993

《车轮》
（美）芭芭拉·布伦纳 著
（美）唐·博洛尼亚 绘

We're Going on a Bear Hunt
Michael Rosen
Helen Oxenbury, Illus.
Atheneum, 1992

《我们要去捉狗熊》
（英）迈克尔·罗森 著
（英）海伦·奥克森伯里 绘
河北教育出版社，2010 年

When Jessie Came Across the Sea Amy Hest P.J. Lynch, Illus. Candlewick, 1997	《当杰西穿过大海》 （美）艾米·海斯特 著 （爱尔兰）P.J. 林奇 绘
Where the Wild Things Are Maurice Sendak Harper, 1963	《野兽国》 （美）莫里斯·桑达克 贵州人民出版社，2014 年
Where's My Teddy? (series) Jez Alborough Candlewick, 1997	《我的泰迪熊在哪里？》（系列） （英）杰兹·阿波罗
Where's My Truck? Karen Beaumont David Catrow, Illus. Dial, 2011	《我的卡车在哪儿？》 （英）凯伦·博蒙特 著 （美）大卫·卡特罗 绘
Where's Waldo? (series) Martin Handford Little, Brown, 1987	《威利在哪里？》（系列） （英）马丁·汉德福特 新星出版社，2013 年
The Whingdingdilly Bill Peet Houghton Mifflin, 1970	《被施了魔法的狗》 （英）比尔·皮特 浙江少年儿童出版社，1990 年
The Wolf Who Cried Boy Bob Hartman Tim Raglin, Illus. Putnam, 2002	《小男孩来了》 （美）鲍勃·哈特曼 著 （美）提姆·拉格林 绘
The Wretched Stone Chris Van Allsburg Houghton Mifflin, 1991	《可恨的石头》 （美）克里斯·范·奥尔斯伯格

You Can Do It, Sam (series)
Amy Hest
Anita Jeram, Illus.
Candlewick, 2003

《你能行，山姆》（系列）
（美）艾米·海斯特 著
（美）安妮塔·婕朗 绘

Jim's Favorite Friendship Books

吉姆最喜欢的讲述友谊的书

The Carpenter's Gift
David Rubel

《木匠的礼物》
（美）大卫·卢布尔

Chester's Way
Kevin Henkes

《柴斯特的新朋友》
（美）凯文·亨克斯
新蕾出版社，2014 年

Danitra Brown, Class Clown
Nikki Grimes

《达尼塔·布朗：班级小丑》
（美）尼基·格兰姆斯

A Day's Work
Eve Bunting

《最重要的事》
（美）伊夫·邦廷
河北教育出版社，2011 年

Erandi's Braids
Antonio H. Madrigal

《艾兰迪的辫子》
（墨西哥）安东尼奥·马德里加尔

Evie & Margie
Bernard Waber

《艾维和麦琪》
（美）伯纳德·韦伯

The Friend
Sarah Stewart

《朋友》
（美）萨拉·斯图尔特

The Lemonade Club
Patricia Polacco

《柠檬的滋味》
（美）派翠西亚·波拉蔻
北京联合出版公司，2013 年

Marshall Armstrong Is New to Our School David Mackintosh	《马歇尔·阿姆斯特朗是我们的新同学》 （英）大卫·麦金托什
Marven of the Great North Woods Kathryn Lasky	《马文和北方大森林》 （美）凯瑟琳·拉斯基
Nora's Ark Natalie Kinsey-Warnock	《诺拉的方舟》 （美）娜塔莉·金赛-沃诺克
Otis and *Otis and the Tornado* Loren Long	《奥蒂斯》《奥蒂斯和龙卷风》 （美）罗伦·隆
Somebody Loves You, Mr. Hatch Eileen Spinelli	《有人喜欢你，哈奇先生》 （美）艾琳·斯皮内利
Uncle Jed's Barbershop Margaree King Mitchell	《杰德爷爷的理发店》 （美）玛格丽·金·米切尔
Wallace's Lists Barbara Bottner Gerald Kruglik	《华莱士的清单》 （美）芭芭拉·波特纳 （美）杰拉尔德·克鲁格里克
Worst of Friends Suzanne Tripp Jurmain	《最糟糕的朋友》 （美）苏珊娜·特里普·朱梅恩

High-Scoring Sports Picture Books

受欢迎的运动主题绘本

All-Star! Honus Wagner and the Most Famous Baseball Card Ever Jane Yolen	《全明星赛！何那斯·华格纳以及有史以来最著名的棒球卡》 （美）简·约伦
America's Champion Swimmer: Gertrude Ederle David A. Adler	《美国游泳冠军：格特鲁德·埃德尔》 （美）大卫·阿德勒 著

Baseball Saved Us Ken Mochizuki	《棒球拯救了我们》 （美）肯·望月
Brothers at Bat Audrey Vernick	《兄弟出击》 （美）安德烈·弗尼克
Casey at the Bat Ernest Thayer C.F. Payne, Illus.	《神速凯西》 （美）欧内斯特·泰尔 著 （美）C.F. 佩恩 绘
Eddie: Harold's Little Brother Ed Koch, Pat Koch Thaler	《埃迪：哈罗德的小弟弟》 （美）埃德·科赫 （美）帕特·科赫·泰勒
The Greatest Skating Race Louise Borden	《最伟大的滑冰比赛》 （美）路易斯·波登
Major Taylor: Champion Cyclist Lesa Cline-Ransome	《梅杰·泰勒：自行车赛冠军》 （美）莱萨·克莱因-兰塞姆
Mighty Jackie: The Strike-out Queen Marissa Moss	《强大的杰基：三振出局女王》 （美）玛丽萨·莫斯
A Nation's Hope: The Story of Boxing Legend Joe Louis Matt de la Peña	《一个国家的希望：拳击手乔·路易斯的传奇故事》 （美）麦特·德·拉·佩
Oliver's Game Matt Tavares	《奥利弗的游戏》 （美）麦特·塔瓦雷斯
Roberto Clemente Jonah Winter	《罗伯托·克莱门特》 （美）乔纳·温特

Salt in His Shoes: Michael Jordan in Pursuit of a Dream Deloris Jordan, Roslyn M. Jordan	《鞋子里的盐：迈克尔·乔丹》 （美）迪洛丝·乔丹 （美）萝丝琳·乔丹 北京联合出版公司，2012 年
Shoeless Joe & Black Betsy Phil Bildner	《没鞋子的乔和布莱克·贝琪》 （美）菲尔·布林德
Teammates Peter Golenbock	《队友》 （美）彼得·格伦伯克
There Goes Ted Williams Matt Tavares	《泰德·威廉姆斯出场》 （美）麦特·塔瓦雷斯
Wilma Unlimited: How Wilma Rudolph Became the World's Fastest Woman Kathleen Krull	《威尔玛·鲁道夫如何成为世界上跑得最快的女人》 （美）凯瑟琳·克鲁尔

Jim's Favorite Kindergarten Novels（in order of difficulty）   吉姆最喜欢的幼儿园小说（按照难易程度排序）

Two Times the Fun Beverly Cleary	《两倍快乐》 （美）贝芙莉·克莱瑞
Look Out, Jeremy Bean! Alice Schertle	《小心，杰里米·比恩！》 （美）爱丽丝·谢特尔
Junie B. Jones and the Stupid Smelly Bus Barbara Park	《朱尼·琼斯和笨臭巴士》 （美）芭芭拉·帕克
The Chalk Box Kid Clyde Robert Bulla	《粉笔盒宝宝》 （美）克莱德·罗伯特·布拉

Dinosaurs Before Dark
Mary Pope Osborne

《神奇树屋：恐龙谷历险记》
（美）玛丽·波·奥斯本
湖北少年儿童出版社，2010 年

My Father's Dragon
Ruth Stiles Gannett

《我爸爸的小飞龙》
（美）鲁思·斯泰尔斯·甘尼特 著
南海出版公司，2014 年

Mostly Monty
Johanna Hurwitz

《蒙蒂》
（美）约翰娜·霍维茨

The Stories Julian Tells
Ann Cameron

《朱利安讲的故事》
（美）安·卡梅隆

Chocolate Fever
Robert Kimmel Smith

《巧克力狂热》
（美）罗伯特·基梅尔·史密斯

James and the Giant Peach
Roald Dah

《詹姆斯与大仙桃》
（英）罗尔德·达尔
明天出版社，2009 年

The Water Horse
Dick King-Smith

《深水传奇》
（英）迪克·金-史密斯 著
新蕾出版社，2012 年

Short Novels

中短篇小说

Baseball in April
Gary Soto
Harcourt Brace, 1990

《四月的棒球》
（美）加里·索托

Be a Perfect Person in Just Three Days!
Stephen Manes
Yearling, 1996

《做三天的好人！》
（美）史蒂芬·梅尼兹

The Bears' House
Marilyn Sachs
iUniverse, 2008

《小熊们的家》
（美）玛丽琳·萨克斯

The Best Christmas Pageant Ever
Barbara Robinson
Harper, 1972

《有史以来最棒的圣诞表演》
（美）芭芭拉·罗宾逊

A Blue-Eyed Daisy
Cynthia Rylant
Simon & Schuster, 1985

《蓝眼睛的雏菊》
（美）辛西娅·赖蓝特

Cam Jansen: The Mystery of the Dinosaur Bones (series)
David Adler
Puffin, 1997

《凯姆·金森：恐龙骨头的秘密》
（系列）
（美）大卫·阿德勒

Chocolate Fever
Robert K. Smith
Dell, 1978

《巧克力狂热》
（美）罗伯特·基梅尔·史密斯

Dinosaurs Before Dark (series)
Mary Pope Osborne
Random House, 1992

《神奇树屋：恐龙谷历险记》
（系列）
（美）玛丽·波·奥斯本
湖北少年儿童出版社，2010 年

The Friendship
Mildred Taylor
Dial, 1987

《友谊》
（美）密尔德瑞·泰勒

Frindle
Andrew Clements
Simon & Schuster, 1996

《我们叫它粉灵豆》
（美）安德鲁·克莱门斯
天津教育出版社，2013 年

Gooney Bird Greene (series)
Lois Lowry
Houghton Mifflin, 2002

《谷尼·伯德·格林》（系列）
（美）洛伊丝·劳里

The Half-a-Moon Inn
Paul Fleischman
Harper, 1980

《半月旅馆》
（美）保罗·弗莱施曼

Herbie Jones (series)
Suzy Kline
Putnam, 1985

《赫比·琼斯》（系列）
（美）苏西·克莱恩

The Hundred Dresses
Eleanor Estes
Harcourt Brace, 1944

《一百条裙子》
（美）埃莉诺·埃斯特斯
新蕾出版社，2011 年

Junie B. Jones and the Stupid Smelly Bus（series）
Barbara Park
Random House, 1992

《朱尼·琼斯和笨臭巴士》
（系列）
（美）芭芭拉·帕克

Keeper of the Doves
Betsy Byars
Viking, 2002

《鸽子的守护者》
（美）贝特西·拜厄斯

Kindred Souls
Patricia Maclachlin
Harper, 2012

《家族的灵魂》
（美）帕特丽夏·麦克拉克琳

Lafcadio, the Lion Who Shot Back
Shel Silverstein
Harper, 1963

《一只会开枪的狮子》
（美）谢尔·希尔弗斯坦
南海出版公司，2013 年

Lawn Boy
Gary Paulsen
Wendy Lamb Books, 2007

《草坪男孩》
（美）盖瑞·伯森
明天出版社，2013 年

Leon's Story（nonfiction）
Leon Walter Tillage
Farrar, Straus & Giroux, 1997

《里昂的故事》（非虚构）
（美）里昂·沃尔特·提利志

The Littles（series）
John Peterson
Scholastic, 1970

《利特尔一家》（系列）
（美）约翰·彼得森

Look Out, Jeremy Bean!
Alice Schertle
David Slonim, Illus.
Chronicle, 2009

《小心，杰里米·比恩！》
（美）爱丽丝·谢特尔

Mick Harte Was Here
Barbara Park
Knopf, 1995

《米克·哈特在这里》
（美）芭芭拉·帕克

Missy Violet and Me
Barbara Hathaway
Houghton Mifflin, 2004

《维奥莱小姐和我》
（美）芭芭拉·海瑟薇

The Monster's Ring（series）
Bruce Coville
Pantheon, 1982

《魔法商店：怪物的戒指》
（系列）
（美）布鲁斯·康维勒

Mostly Monty
Johanna Hurwitz
Candlewick, 2007

《蒙蒂》
（美）约翰娜·霍维茨

My Father's Dragon（series）　　《我爸爸的小飞龙》（系列）
Ruth Stiles Gannett　　　　　　（美）鲁思·斯泰尔斯·甘尼特 著
Ruth Chrisman Gannett, Illus.　（美）鲁思·查丽斯曼·甘尼特 绘
Knopf, 1948　　　　　　　　　　南海出版公司，2014 年

On My Honor　　　　　　　　　《我发誓》
Marion Dane Bauer　　　　　　（美）马里恩·戴恩·鲍尔
Clarion, 1986

Owls in the Family　　　　　　《家中的猫头鹰》
Farley Mowat　　　　　　　　　（加）法利·莫厄特
Little, Brown, 1961

Pearl Verses the World　　　　《珀尔的诗歌世界》
Sally Murphy　　　　　　　　　（澳）莎利·墨菲 著
Heather Potter, Illus.　　　　　（澳）希瑟·波特 绘
Candlewick, 2011

The Reluctant Dragon　　　　　《懒龙的故事》
Kenneth Grahame　　　　　　　（英）肯尼思·格雷厄姆 著
Ernest H.Shepard, Illus.　　　　（英）欧内斯特·谢泼德 绘
Holiday House, 1989

The Rifle　　　　　　　　　　《来复枪》
Gary Paulsen　　　　　　　　　（美）盖瑞·伯森
Harcourt Brace, 1995

Rip-Roaring Russell (series)　《吵闹的拉塞尔》（系列）
Johanna Hurwitz　　　　　　　（美）约翰娜·霍维茨
Morrow, 1983

Shoeshine Girl　　　　　　　　《擦皮鞋的女孩》
Clyde Robert Bulla　　　　　　（美）克莱德·罗伯特·布拉
Harper, 1989

Skinnybones
Barbara Park
Knopf, 1982

《小不点艾利克斯》
（美）芭芭拉·帕克

The SOS File
Betsy Byars, Betsy Duffey, Laurie Myers
Henry Holt, 2004

《求救档案》
（美）贝特西·拜厄斯
（美）贝特西·达菲
（美）劳里·迈尔斯

Soup（series）
Robert Newton Peck
Knopf, 1974

《索普》（系列）
（美）罗伯特·牛顿·派克

Stone Fox
John R. Gardiner
Crowell, 1980

《斯通·福克斯》
（美）约翰·雷诺兹·加德纳

The Stories Julian Tells（series）
Ann Cameron
Pantheon, 1981

《朱利安讲的故事》（系列）
（美）安·卡梅隆

The Stray
Dick King-Smith
Dell, 2002

《迷路者》
（英）迪克·金-史密斯

Two Times the Fun
Beverly Cleary
Harper, 2005

《两倍快乐》
（美）贝芙莉·克莱瑞

The Whipping Boy
Sid Fleischman
Greenwillow, 1986

《王子替罪羊》
（美）席德·弗雷施曼

Who Was Steve Jobs? (nonfiction series)
Pam Pollack, Meg Belvisio
John O'Brien, Illus.
Grosset & Dunlap, 2012

《谁是史蒂夫·乔布斯?》(非虚构系列)
(美) 帕姆·波拉克
(美) 梅格·贝尔韦斯欧 著
(美) 约翰·奥勃良 绘

Out-of-Print Novels Too Good to Miss

值得怀念的绝版小说

Short Novels:
Four Miles to Pinecone
Jon Hassler

中短篇小说:
《距离潘科恩镇四英里》
(美) 乔恩·哈斯勒

Stargone John
Ellen Kindt McKenzie

《斯达戈恩·约翰》
(美) 埃伦·金特·麦肯齐

Wildfire!
Elizabeth Starr Hill

《山火》
(美) 伊丽莎白·斯塔尔·希尔

Wingman
Daniel Manus Pinkwater

《飞人》
(美) 丹尼尔·马努斯·平克华特

Full Novels
The Button Boat
Glendon and Kathryn Swarthout

长篇小说:
《纽扣船》
(美) 格尔顿·斯沃索特
(美) 凯瑟琳·斯沃索特

The Dog Days of Arthur Cane
T. Ernesto Bethancourt

《亚瑟·凯恩变成狗的日子》
(美) 埃内斯特·贝斯安考特

The Hero From Otherwhere
Jay Williams

《从别处来的英雄》
(美) 杰·威廉姆斯

Holding Me Here
Pam Conrad

《请把我留在这里》
(美) 帕姆·康拉德

Humbug Mountain
Sid Fleischman

《汉姆山》
(美) 席德·弗雷施曼

A Likely Lad
Gillian Avery

《一个有前途的小伙子》
(英) 吉莉安·艾弗里

Me and Caleb
Franklyn Meyer

《我和迦勒》
(美) 富兰克林·迈耶

Rasmus and the Vagabond
Astrid Lindgren

《小小流浪汉》
(瑞典) 阿斯特丽德·林格伦
中国少年儿童出版社, 2012 年

Run
William Sleator

《跑》
(美) 威廉·史立特

Stars in My Crown
Joe David Brown

《皇冠上的星星》
(美) 乔·大卫·布朗

Full-Length Novels

长篇小说

Adam Canfield of the Slash
Michael Winerip
Candlewick, 2005

《亚当·加菲尔德和校报》
(美) 迈克尔·温纳瑞普

The Adventures of Pinocchio
Carlo Collodi
Roberto Innocenti, Illus.
Knopf, 1988

《木偶奇遇记》
(意) 卡洛·科洛迪 著
(意) 罗伯特·英诺森提 绘
明天出版社, 2009 年

The Bad Beginning（series）
Lemony Snicket
Harper, 1999

《波德莱尔大遇险：倒霉的开场》（系列）
（美）雷蒙尼·斯尼凯特
译林出版社，2004 年

Bambi
Felix Salten
Aladdin, 1988

《小鹿斑比》
（奥）费利克斯·萨尔腾

Because of Winn-Dixie
Kate Dicamillo
Candlewick, 2000

《傻狗温迪克》
（美）凯特·迪卡米洛
新蕾出版社，2011 年

Black Beauty
Anna Sewell,
Charles Keeping, Illus.
Farrar, Straus&Giroux, 1990

《黑骏马》
（英）安娜·西韦尔 著
（英）查尔斯·克平 绘

Bridge to Terabithia
Katherine Paterson
Crowell, 1997

《通往特雷比西亚的桥》
（美）凯瑟琳·佩特森
新蕾出版社，2014 年

Bud, Not Buddy
Christopher Paul Curtis
Delacorte, 1999

《我叫巴德，不叫巴弟》
（美）克里斯托弗·保罗·柯蒂斯
河北教育出版社，2008 年

Caddie Woodlawn
Carol Ryrie Brink
Simon & Schuster, 1935

《伍德龙一家》
（美）卡罗·布林克
中国少年儿童出版社，1998 年

The Call of the Wild
Jack London
Multiple publishers（多个版本）

《野性的呼唤》
（美）杰克·伦敦

The Cay
Theodore Taylor
Doubleday, 1969

《珊瑚岛》
（美）西奥多·泰勒

Charlotte's Web
E.B.White
Garth Williams, Illus.
Harper, 2002

《夏洛的网》
（美）E.B.怀特 著
（美）加思·威廉斯 绘
上海译文出版社，2014 年

The City of Ember
Jeanne Duprau
Random House, 2003

《微光城市》
（美）珍妮·杜普洛

City of Orphans
Avi
Atheneum, 2011

《孤儿城》
（美）艾非

Claudette Colvin: Twice Toward Justice (nonfiction)
Phillip Hoose
Macmillan, 2009

《克劳戴特·科尔文：两次直面司法》（非虚构）
（美）菲利普·霍泽

Close to Famous
John Bauer
Viking, 2011

《接近出色》
（美）约翰·鲍尔

Danny, the Champion of the World
Roald Dahl
Knopf, 1975

《世界冠军丹尼》
（英）罗尔德·达尔
明天出版社，2009 年

Darby
Jonathon Scott Fuqua
Candlewick, 2002

《达比尔》
（美）乔纳森·斯科特·富科

A Day No Pigs Would Die
Robert Newton Peck
Knopf, 1972

Dear Mr. Henshaw
Beverly Cleary
Morrow, 1983

Deltora Quest: The Forests of Silence (series)
Emily Rodda
Scholastic, 2000

Dream of Night
Heather Henson
Atheneum, 2010

Dugout Rivals
Fred Bowen
Peachtree, 2010

A Family Apart (series)
Joan Lowery Nixon
Bantam, 1987

Finding Buck McHenry
Alfred Slote
Harper, 1991

Freak the Mighty
Rodman Philbrick
Scholastic, 1993

《不杀猪的一天》
（美）罗伯特·牛顿·派克

《亲爱的汉修先生》
（美）贝芙莉·克莱瑞
新蕾出版社，2014年

《拯救德尔托拉：寂静山林》
（系列）
（澳）艾米丽·罗达
化学工业出版社，2015年

《夜之梦》
（美）希瑟·亨森

《休息区的对手》
（美）弗雷德·伯恩

《家人分离》（系列）
（美）琼·洛伊·尼克松

《寻找巴克·麦克亨利》
（美）阿尔弗雷德·斯鲁特

《小天才与傻大个》
（美）罗德曼·菲尔布里克
安徽少年儿童出版社，2013年

From the Mixed-up Files of Mrs. Basil E. Frankweiler
E. L. Konigsburg
Macmillan, 1967

《天使雕像》
（美）E.L. 柯尼斯伯格
新蕾出版社，2011 年

Gentle Ben
Walt Morey
Dutton, 1965

《温和的本》
（美）沃尔特·莫雷
外语教学与研究出版社，2015 年

The Girl with the Silver Eyes
Willo Davis Roberts
Aladdin, 2011

《银色眼睛的女孩》
（美）维罗·戴维斯·罗伯茨

Good Old Boy
Willie Morris
Yoknapatawpha, 1981

《好老弟》
（美）威利·莫里斯

The Great Turkey Walk
Kathleen Karr
Scholastic, 1998

《赶火鸡》
（美）凯瑟琳·卡尔

Harry Potter and the Sorcerer's Stone (series)
J.K.Rowling
Scholastic, 1998

《哈利·波特与魔法石》（系列）
（英）J.K. 罗琳
人民文学出版社，2000 年

Hatchet (series)
Gary Paulsen
Bradbury, 2007

《手斧男孩》（系列）
（美）盖瑞·伯森
吉林文史出版社，2013 年

Holes
Louis Sachar
Farrar, Straus & Giroux, 1998

《洞》
（美）路易斯·萨奇尔
南海出版公司，2014 年

Homer Price
Robert Mccloskey
Viking, 1943

《荷马·普里斯》
（美）罗伯特·麦克洛斯基

I Was a Rat!
Philip Pullman
Kevin Hawkes, Illus.
Dell, 2002

《我是一只老鼠！》
（英）菲利普·普尔曼 著
（美）凯文·霍克斯 绘

In the Year of the Boar and Jackie Robinson
Bette Bao Lord
Harper, 1984

《猪年的棒球王》
（美）包柏漪

Incident at Hawk's Hill
Allan W. Eckert
Little, Brown, 1971

《鹰山事件》
（美）艾伦·埃克特

The Indian in the Cupboard (series)
Lynne Reid Banks
Doubleday, 1981

《魔柜小奇兵》（系列）
（英）琳妮·雷德·班克斯

Inventing Elliot
Graham Gardner
Dial, 2004

《发明埃利奥特》
（英）格雷厄姆·加德纳

James and the Giant Peach
Roald Dahl
Knopf, 1961

《詹姆斯与大仙桃》
（英）罗尔德·达尔
明天出版社，2009 年

Journey to the River Sea
Eva Ibbotson
Viking Penguin, 2001

《蝴蝶·天堂·探险记》
（英）伊娃·伊博森
光明日报出版社，2014 年

Kaspar the Titanic Cat
Michael Morpurgo
Michael Foreman, Illus.
Harper, 2012

Kensuke's Kingdom
Michael Morpurgo
Scholastic, 2003

The Kid Who Invented the Popsicle
(nonfiction)
Don L. Wulffson
Puffin, 1999

Killing Mr. Griffin
Lois Duncan
Little, Brown, 1978

The Land I Lost
Huynh Quang Nhuong
Harper, 1982

Lassie Come-Home
Eric Knight
Square Fish, 2007

Lily's Crossing
Patricia Reilly Giff
Delacorte/Dell, 1997

The Lion, the Witch, and the Wardrobe (series)
C.S. Lewis
HarperCollins, 1950

《泰坦尼克号上的猫》
（英）迈克尔·莫波格 著
（英）克尔·福尔曼 绘

《健介的王国》
（英）迈克尔·莫波格
人民文学出版社，2005 年

《发明冰棒的孩子》（非虚构）
（美）唐·伍尔夫森

《杀死格里芬先生》
（美）路易斯·邓肯

《我失去的土地》
（美）黄光勇

《灵犬莱西》
（美）埃里克·奈特

《莉莉的渡口》
（美）帕特里夏·赖利·基夫

《纳尼亚传奇：狮子、女巫和魔衣柜》（系列）
（英）C.S. 刘易斯
译林出版社，2011 年

The Lion's Paw
Robb White
A.W. Ink, 1946

《狮子的爪子》
（英）罗波·怀特

Listening for Lions
Gloria Whelan
Harper, 2005

《听狮子讲话》
（美）格洛丽亚·惠兰

Loser
Jerry Spinelli
HarperCollins, 2002

《失败者》
（美）杰瑞·史宾尼利

Lupita Mañana
Patricia Beatty
Harper, 2000

《露比塔·马纳纳》
（美）帕特里夏·贝蒂

Malcolm at Midnight
W.H.Beck
Brian Lies, Illus.
Houghton Mifflin, 2012

《马尔科姆在午夜》
（美）W.H. 贝克
（美）布莱恩·莱斯 绘

Maniac Magee
Jerry Spinelli
Little, Brown, 1990

《疯狂麦基》
（美）杰瑞·史宾尼利
浙江少年儿童出版社，2011 年

Martin the Warrior (Redwall series)
Brian Jacques
Philomel, 1994

《红城王国：勇士马丁》（系列）
（英）布莱恩·雅克
天天出版社，2015 年

The Midnight Fox
Betsy Byars
Viking, 1968

《午夜的狐狸》
（美）贝特西·拜厄斯

The Mighty Miss Malone
Christopher Paul Curtis
Wendy Lamb Books, 2012

《强大的马隆小姐》
（美）克里斯托弗·保罗·柯蒂斯

Mimi
John Newman
Candlewick, 2011

《咪咪》
（爱尔兰）约翰·纽曼

Mockingbird
Kathryn Erskine
Putnam, 2010

《知更鸟》
（美）凯瑟琳·厄斯凯恩
人民文学出版社，2013 年

The Moon over High Street
Natalie Babbitt
Scholastic, 2012

《大街上的月亮》
（美）纳塔莉·巴比特

The Mouse and the Motorcycle
(series)
Beverly Cleary
Morrow, 1965

《老鼠和摩托车》（系列）
（美）贝芙莉·克莱瑞

Mr.Popper's Penguins
Richard Atwater
Florence Atwater
Rovert Lawson, Illus.
Little, Brown, 1938

《波普先生的企鹅》
（美）理查德·阿特沃特
（美）弗洛伦斯·阿特沃特 著
（美）罗伯特·罗素 绘
新蕾出版社，2011 年

Mr. Tucket (series)
Gary Paulsen
Dell, 1997

《塔基特先生》（系列）
（美）盖瑞·伯森

Mrs. Frisby and the Rats of NIMH
(series)
Robert C. O'Brien
Atheneum, 1971

《尼姆的老鼠》（系列）
（美）罗伯特·奥布赖恩
湖南少年儿童出版社，2014 年

My Brother Sam Is Dead 　　　《我的哥哥山姆死了》
James Lincoln Collier　　　　　（美）詹姆士·林肯·科利尔
Christopher Collier　　　　　　（美）克利斯朵夫·科利尔
Simon & Schuster, 1974

My Side of the Mountain　　　《山居岁月》
Jean Craighead George　　　　（美）珍·克雷赫德·乔治
Dutton, 1959　　　　　　　　　新蕾出版社，2011 年

Nothing but the Truth: A Documentary Novel　　《囧男孩日记》
　　　　　　　　　　　　　　　（美）艾非
Avi　　　　　　　　　　　　　未来出版社，2013 年
Orchard, 1991

Nothing to Fear　　　　　　　《无所畏惧》
Jackie French Koller　　　　　（美）杰基·弗兰彻·科勒
Harcourt Brace, 1991

Number the Stars　　　　　　《数星星》
Lois Lowry　　　　　　　　　（美）洛伊丝·劳里
Houghton Mifflin, 1989　　　　河北教育出版社，2009 年

Otto of the Silver Hand　　　《银手奥托》
Howard Pyle　　　　　　　　　（美）霍华德·派尔
Dover, 1967　　　　　　　　　广西师范大学出版社，2004 年

Peppermints in the Parlor　　《客厅里的胡椒薄荷》
Barbarra Brooks Wallace　　　（美）芭芭拉·布鲁克斯·华莱士
Atheneum, 1980

The Pinballs　　　　　　　　《弹球》
Betsy Byares　　　　　　　　 （美）贝特西·拜厄斯
Harper, 1977

Plague Year
Stephanies S. Tolan
Fawcett, 1991

《苦恼的一年》
（美）斯蒂芬妮·托兰

Poppy (series)
Avi
Orchard, 1995

《鼠武士》（系列）
（美）艾非
文汇出版社，2012 年

Ramona the Pest (series)
Beverly Cleary
Morrow, 1968

《永远的雷梦拉：小淘气交朋友》（系列）
（美）贝芙莉·克莱瑞
新蕾出版社，2014 年

Roll of Thunder, Hear My Cry
(series)
Mildred Taylor
Dial, 1976

《黑色棉花田》（系列）
（美）蜜尔德瑞·泰勒
中国少年儿童出版社，1998 年

Rules of the Road
Joan Bauer
Putnam/Puffin, 1998

《交通规则》
（美）约翰·鲍尔

Sarah Bishop
Scott O'Dell
Houghton Mifflin, 1980

《莎拉·毕晓普》
（美）斯科特·奥德尔

Scorpions
Walter Dean Myers
Harper, 1988

《蝎子》
（美）沃尔特·迪安·迈尔斯

The Secret Garden
Frances Hodgson Burnett
Inga Moore, Illus.
Candlewick, 2007

《秘密花园》
（英）弗朗西丝·霍奇森·伯内特 著
（英）英格·莫尔 绘
北京联合出版公司，2015 年

Sideways Stories from Wayside School
Louis Sachar
Random House, 1990

《歪歪小学：全班都变成了苹果》
（美）路易斯·萨奇尔
南海出版公司，2012 年

The Sign of the Beaver
Elizateth George Speare
Houghton Mifflin, 1983

《海狸的记号》
（美）伊丽莎白·乔治·斯皮尔
河北教育出版社，2010 年

Slake's Limbo
Felice Holman
Atheneum, 1984

《地下 121 天》
（美）费利斯·霍尔曼
晨光出版社，2014 年

The Star of Kazan
Eva Ibbotson
Dutton, 2004

《喀山之星》
（英）伊娃·伊博森

Stormbreaker (Alex Rider series)
Anthony Horowitz
Philomel, 2000

《少年 007：风暴突击者》
（系列）
（英）安东尼·赫洛维兹
接力出版社，2004 年

Stuart Little
E.B.White
Harper, 1945

《精灵鼠小弟》
（美）E.B. 怀特
上海译文出版社，2004 年

Tales of a Fourth-Grade Nothing
Judy Blume
Dutton, 1972

《四年级的无聊事》
（美）朱迪·布鲁姆

Thank You, Jackie Robinson
Barbara Cohen
Lothrop, 1988

《谢谢你，杰基·罗宾逊》
（美）芭芭拉·科恩

Theodore Boone: Kid Lawyer
(series)
John Grisham
Dutton, 2010

《西奥多·布恩：少年律师》
（系列）
（英）约翰·格里沙姆

Toliver's Secret
Esther Wood Brady
Crown, 1988

《托利弗的秘密》
（美）埃丝特·伍德·布雷迪

The True Confessions of Charlotte Doyle
Avi
Orchard, 1990

《女水手日记》
（美）艾非
新蕾出版社，2011 年

Tuck Everlasting
Natalie Babbitt
Farrar, Straus&Giroux, 1975

《不老泉》
（美）娜塔莉·巴比特
二十一世纪出版社，2013 年

The Twenty-one Balloons
William Pène Du Bois
Viking, 1947

《二十一只气球》
（美）威廉·佩·迪波瓦

Understood Betsy
Dorothy Canfield Fisher
Henry Holt, 1999

《理解贝茜》
（美）多萝西·坎菲尔德·费希尔
江苏文艺出版社，2014 年

The Water Horse
Dick King-Smith
Dell Yearling, 2001

《深水传奇》
（英）迪克·金-史密斯
新蕾出版社，2012 年

Weasel
Cynthia Defelice
Atheneum, 1990

《鼬鼠》
（美）辛西娅·德菲丽丝

A Week in the Woods
Andrew Clements
Simon & Schuster, 2002

When the Tripods Came (Tripods series)
John Christopher
Dutton, 1988

When the Whistle Blows
Fran Cannon Slayton
Philomel, 2009

Where the Red Fern Grows
Wilson Rawls
Doubleday, 1961

Wolf Rider: A Tale of Terror
Avi
Aladdin, 2000

The Wonderful Wizard of Oz
L. Frank Baum
Numerous Publishers（多个版本）

The Year of Miss Agnes
Kirkpatrick Hill
Aladdin, 2002

Jim's Favorite Dog Novels

Big Red
Jim Kjelgaard

《树林里的一周》
（美）安德鲁·克莱门斯

《威尔历险记：三脚机器人来袭》
（系列）
（英）约翰·克里斯托弗
安徽少年儿童出版社，2013年

《当口哨吹响时》
（美）弗兰·坎农·斯莱顿

《红色羊齿草的故乡》
（美）威尔逊·罗尔斯
南海出版公司，2013年

《狼骑兵：一则恐怖故事》
（美）艾非

《绿野仙踪》
（美）弗兰克·鲍姆

《艾格尼丝小姐》
（美）柯克帕特里克·希尔

吉姆最喜欢的以狗为主题的小说

《义犬情深》
（美）吉姆·凯尔高
外语教学与研究出版社，2012年

Call of the Wild Jack London	《野性的呼唤》 (美) 杰克·伦敦
A Dog Called Kitty Bill Wallace	《一只叫凯蒂的狗》 (美) 比尔·华莱士
Foxy Helen Griffith	《小狐狸》 (美) 海伦·格里菲思
Hurry Home, Candy Meindert DeJong	《坎迪快回家》 (美) 门德特·德琼
Kavik, the Wolf Dog Walt Morey	《狼犬卡维克》 (美) 沃尔特·莫雷 外语教学与研究出版社，2013 年
Lassie Come-Home Eric Knight	《灵犬莱西》 (美) 埃里克·奈特
Old Yeller Fred Gipson	《老黄狗》 (美) 弗雷德·吉普森
Shiloh Phyllis Naylor	《喜乐与我》 (美) 菲琳丝·那勒 新蕾出版社，2011 年
Stone Fox John Reynolds Gardiner	《斯通·福克斯》 (美) 约翰·雷诺兹·加德纳
Where the Red Fern Grows Wilson Rawls	《红色羊齿草的故乡》 (美) 威尔逊·罗尔斯 南海出版公司，2013 年

Woodsong
Gary Paulsen

《林间歌声》
（美）盖瑞·伯森
吉林摄影出版社，2013 年

Poetry

诗歌

The Cremation of Sam McGee
Robert W. Service
Ted Harrison, Illus.
Kids Can Press, 1987

《萨姆·马吉的火葬》
（英）罗伯特·瑟维斯 著
（加）泰德·哈里森 绘

Danitra Brown, Class Clown
Nikki Grimes
E.B.Lewis, Illus.
HarperCollins, 2005

《达尼特·布朗：班级小丑》
（美）尼基·格兰姆斯 著
（美）E.B. 刘易斯 绘

Dirt on My Shirt
Jeff Foxworthy
Steve Bjorkman, Illus.
HarperCollins, 2008

《衬衫上的脏东西》
（美）杰夫·福克斯沃西 著
（美）史蒂夫·比约克曼 绘

Honey, I Love
Eloise Greenfield
Diane and Leo Dillon, Illus.
Harper, 1976

《亲爱的，我喜欢》
（美）埃洛伊塞·格林菲尔德 著
（美）黛安·狄龙
（美）利奥·狄龙 绘

If You're Not Here, Please Raise Your Hand: Poems About School
Kalli Dakos
G.Brian Karas, Illus.
Simon & Schuster, 1990

《如果你不在，请举手：关于校园的诗歌》
（加）卡利·达克斯 著
（美）卡拉斯·布莱恩 绘

I've Lost My Hippopotamus Jack Prelutsky Jackie Urbanovic, Illus. Greenwillow, 2012	《我弄丢了我的河马》 （美）杰克·普瑞拉特斯基 著 （美）杰基·厄本诺维克 绘
The Neighborhood Sing-Along Photographed by Nina Crews Harper Collins, 2011	《社区歌咏会》 （美）妮娜·克鲁斯 摄影
Oh, How Sylvester Can Pester! Robert Kinerk Drazen Kozjan, Illus. Simon & Schuster, 2011	《哦，西尔维斯特如何纠缠不休！》 （美）罗伯特·金纳克 著 （加）德雷泽·柯泽简 绘
Poems I Wrote When No One Was Looking Alan Katz Edward Koren, Illus. McElderry, 2011	《没有人看时我写的诗》 （美）艾伦·卡茨 著 （美）爱德华·科伦 绘
The Random House Book of Poetry for Children Jack Prelutsky Arnold Lobel, Illus. Random House, 1983	《兰登书屋儿童诗歌集》 （美）杰克·普瑞拉特斯基 著 （美）艾诺·洛贝尔 绘
Read-Aloud Rhymes for the Very Young Collected by Jack Prelutsky Marc Brown, Illus. Knopf, 1986	《给小孩子朗读的儿歌》 （美）杰克·普瑞拉特斯基 收集 （美）马克·布朗 绘
Where the Sidewalk Ends Shel Silverstein Harper, 1974	《人行道的尽头》 （美）谢尔·希尔弗斯坦 南海出版公司，2012 年

Anthologies 　　　　　　　　选集

Guys Read: Thriller 　　　　《男孩读物：惊悚故事》
Edited by Jon Scieszka 　　　（美）乔恩·席斯卡 编
Brett Helquist, Illus. 　　　　（美）布雷特·赫奎斯特 绘
Walden Pond Press, 2011

Hey! Listen to This: Stories to 《朗读手册 II》
Read Aloud 　　　　　　　（美）吉姆·崔利斯
Jim Trelease 　　　　　　　新星出版社，2016 年
Penguin, 1992

Read all about it! 　　　　　《朗读手册 III》
Jim Trelease 　　　　　　　（美）吉姆·崔利斯
Penguin, 1993 　　　　　　　新星出版社，2016 年

Scary Stories to Tell in the Dark 《黑暗中阅读的惊悚故事》
Collected by Alvin Schwartz （美）阿尔文·施瓦茨 收集整理
Stephen Gammell, Illus. 　　（美）史蒂芬·甘默尔 绘
Lippincott, 1981

Uncle John's Bathroom Reader 《约翰叔叔给儿童的厕所读物》
for Kids Only! 　　　　　　（系列）
The Bathroom Readers' Institute 厕所读物研究所
Bathroom Readers' Press

Fairy and Folk Tales 　　　童话和民间故事

Household Stories by the Brothers 《格林兄弟家庭故事》
Grimm 　　　　　　　　　（美）露西·克兰 译
Translated by Lucy Crane 　（美）沃尔特·克兰 绘
Walter Crane, Illus.
Dover, 1963

Mightier Than the Sword: World Folktales for Strong Boys
Collected and told by Jane Yolen
Harcourt Brace, 2003

《比剑更有力：给强大男孩的世界民间故事》
（美）简·约伦 收集重述

The People Could Fly: American Black Folktales
Virginia Hamilton
Leo and Diane Dillon, Illus.
Knopf, 1985

《会飞的人：美国黑人民间故事》
（美）弗吉尼亚·汉密尔顿 著
（美）利奥·狄龙
（美）黛安·狄龙 绘

Rapunzel
Adapted by Paul O. Zelinsky
Dutton, 1997

《风铃草姑娘》
（美）保罗·欧·泽林斯基
新星出版社，2011 年

Red Ridin' in the Hood and Other Cuentos
Patricia Santos Marcantonio
Renato Alarcão, Illus.
Farrar, Straus & Giroux, 2005

《小红帽》
（美）帕特里夏·桑托斯·马肯托尼欧 著
（美）雷纳托·阿拉克 绘

Snow White
The Brothers Grimm
Charles Santore, Illus.
Simon & Schuster, 2010

《白雪公主》
（美）格林兄弟 著
（美）查尔斯·桑托利 绘

Treasured Classics
Michael Hague, Illus.
Chronicle, 2011

《珍贵的经典》
（美）迈克尔·海格 绘

Jim's Favorite Fairy-Tale Parodies 　　吉姆最喜欢的改编童话

Betsy Red Hoodie
Gail Carson Levine

《贝茜的红色连衫帽》
（美）盖尔·卡森·莱温妮

Beware of Boys
Tony Blundell

《小心男孩》
（英）托尼·布伦德尔

Cinder-Elly
Frances Minters

《辛德爱丽》
（美）弗朗西斯·明特斯

Cindy Ellen: A Wild Western Cinderella
Susan Lowell

《辛德·埃伦：西部原生态的灰姑娘》
（美）苏珊·洛厄尔

The Giant and the Beanstalk
Diane Stanley

《巨人和仙豆》
（美）戴安娜·斯坦利

The Gingerbread Girl
Lisa Campbell Ernst

《姜饼女孩》
（美）莉莎·甘贝尔·昂思特

Goldie and the Three Bears
Diane Stanley

《戈尔迪和三只熊》
（美）戴安娜·斯坦利

Goldilocks and the Three Dinosaurs
Mo Willems

《金发姑娘和三头恐龙》
（美）莫·威廉斯
北京联合出版公司，2015 年

Goldilocks Returns
Lisa Campbell Ernst

《金发姑娘回来了》
（美）莉莎·甘贝尔·昂思特

I Am So Strong
Mario Ramos

《我很强大》
（比）马里奥·拉莫

I Was a Rat! (novel)　　　　　　　《我是一只老鼠！》（小说）
Philip Pullman　　　　　　　　　　（英）菲利普·普尔曼

Jim and the Beanstalk　　　　　　《吉姆和仙豆》
Raymond Briggs　　　　　　　　　（英）雷蒙·布力格

Kate and the Beanstalk　　　　　　《凯特和仙豆》
Mary Pope Osborne　　　　　　　　（美）玛丽·波·奥斯本

Little Lit: Folklore & Fairy Tale　　《小利特：民间传说和童话故事》
Funnies (comic book)　　　　　　（漫画）
edited by Art Spiegelman　　　　　（美）阿特·斯皮格曼
and Francoise Mouly　　　　　　　（法）弗朗索瓦丝·莫里

Little Red Riding Hood: A　　　　《小红帽：新奇草原的故事》
Newfangled Prairie Tale　　　　　（美）莉莎·甘贝尔·昂思特
Lisa Campbell Ernst

Nobody Asked The Pea　　　　　《没人问豌豆》
John Warren Stewig　　　　　　　（美）约翰·沃伦·斯蒂维格

The Paper Bag Princess　　　　　《纸袋公主》
Robert Munsch　　　　　　　　　（美）罗伯特·蒙施

The Principal's New Clothes　　　《校长的新衣》
Stephanie Calmenson　　　　　　（美）斯蒂芬妮·卡尔门森

Rumpelstiltskin's Daughter　　　　《侏儒怪的女儿》
Diane Stanley　　　　　　　　　　（美）戴安娜·斯坦利

Sleeping Ugly　　　　　　　　　《睡丑人》
Jane Yolen　　　　　　　　　　　（美）简·约伦

Somebody and the Three Blairs Marilyn Tolhurst	《某人和三个布莱尔》 (美) 玛丽莲·托尔赫斯特
The Three Little Aliens and the Big Bad Robot Margaret McNamara Mark Fearing	《三个小外星人和大坏蛋机器人》 (美) 玛格丽特·麦克纳马拉 (美) 马克·费林
The Three Little Rigs David Gordon	《三台小拖车》 (美) 大卫·戈登
The Three Little Wolves and the Big Bad Pig Eugene Trivizas	《三只小狼和一只大坏猪》 (希腊) 尤金·崔维查 人民文学出版社,2010 年
The True Story of the Three Little Pigs Jon Scieszka	《三只小猪的真实故事》 (美) 乔恩·谢斯卡 河北教育出版社,2007 年
The Ugly Truckling David Gordon	《丑陋的小脚轮》 (美) 大卫·戈登
The Wolf Who Cried Boy Bob Hartman	《小男孩来了》 (美) 鲍勃·哈特曼
The Wolf's Story Toby Forward	《狼的故事》 (美) 托比·福沃德

著作权合同登记图字：01-2016-2685

THE READ-ALOUD HANDBOOK, 7th Edition
by Jim Trelease
Copyright © Jim Trelease, 1979, 1982, 1985, 1989, 1995, 2001, 2006, 2013
Chinese (Simplified Characters) copyright © 2016
by ThinKingdom Media Group Ltd.
Published by arrangement with ICM/Sagalyn acting in association with ICM Partners
through Bardon-Chinese Media Agency
ALL RIGHTS RESERVED

图书在版编目(CIP)数据

朗读手册 /（美）崔利斯著；陈冰译. ——北京：
新星出版社，2016.7（2020.10重印）
ISBN 978-7-5133-1555-5

Ⅰ.①朗… Ⅱ.①崔…②陈… Ⅲ.①读书方法
Ⅳ.①G792

中国版本图书馆CIP数据核字(2016)第084069号

朗读手册
[美] 吉姆·崔利斯 著
陈冰 译

责任编辑	汪 欣
特约编辑	李 昕 张 羲
责任印制	史广宜
装帧设计	朱 琳
内文制作	博远文化
出　　版	新星出版社　www.newstarpress.com
出 版 人	马汝军
社　　址	北京市西城区车公庄大街丙3号楼　邮编100044
	电话(010)88310888　传真(010)65270449
发　　行	新经典发行有限公司
	电话(010)68423599　邮箱editor@readinglife.com
印　　刷	山东韵杰文化科技有限公司
开　　本	640毫米×960毫米　1/16
印　　张	20.5
字　　数	250千字
版　　次	2016年7月第1版
印　　次	2020年10月第20次印刷
书　　号	ISBN 978-7-5133-1555-5
定　　价	39.80元

版权所有，违者必究
如有印装质量问题，请发邮件至zhiliang@readinglife.com